全面从严治党与浙江实践 | 研究文丛　　浙江省"十四五"重点图书出版物出版规划

张树华　徐　彬◎主编

浙江的开放发展之路

INNOVATIVE PRACTICES OF ZHEJIANG PROVINCE

——从贸易兴省到加快建设开放强省

卜永光◎著

浙江工商大学出版社 | 杭州
ZHEJIANG GONGSHANG UNIVERSITY PRESS

图书在版编目（CIP）数据

浙江的开放发展之路 ：从贸易兴省到加快建设开放
强省 / 卜永光著. — 杭州 ：浙江工商大学出版社，
2024.5
（"全面从严治党与浙江实践"研究文丛 / 张树华，
徐彬主编）
ISBN 978-7-5178-6024-2

Ⅰ. ①浙⋯ Ⅱ. ①卜⋯ Ⅲ. ①开放经济－经济发展模
式－研究－浙江 Ⅳ. ①F127.55

中国国家版本馆 CIP 数据核字（2024）第 094261 号

浙江的开放发展之路：从贸易兴省到加快建设开放强省

ZHEJIANG DE KAIFANG FAZHAN ZHI LU：CONG MAOYI XINGSHENG DAO
JIAKUAI JIANSHE KAIFANG QIANGSHENG

卜永光 著

出 品 人	郑英龙
策划编辑	陈丽霞　任晓燕
责任编辑	唐　红
责任校对	韩新严
封面设计	屈　皓
责任印制	包建辉
出版发行	浙江工商大学出版社
	（杭州市教工路 198 号　邮政编码 310012）
	（E-mail：zjgsupress@163.com）
	（网址：http://www.zjgsupress.com）
	电话：0571 - 88904980，88831806（传真）
排　版	杭州朝曦图文设计有限公司
印　刷	杭州高腾印务有限公司
开　本	880 mm×1230 mm　1/32
印　张	8
字　数	200 千
版 印 次	2024 年 5 月第 1 版　2024 年 5 月第 1 次印刷
书　号	ISBN 978-7-5178-6024-2
定　价	62.00 元

总　序

　　2020 年初，习近平总书记赋予浙江"努力成为新时代全面展示中国特色社会主义制度优越性的重要窗口"的新目标新定位，这是浙江改革发展史上具有里程碑意义的大事。这个里程碑意义体现在两个层面：在省级层面，"重要窗口"的提出是对浙江这些年实践创新成效的肯定，是对浙江广大干部群众大胆开拓、务实肯干精神的肯定；但"重要窗口"还有更高层次的意义，那就是由浙江首创的许多制度和举措，是全国层面共性问题的浙江答案，是可以逐步推广到其他地区的成功经验，是新时代全面展示中国特色社会主义制度优越性的具体内容和建设路径。

　　作为中国革命红船启航地，浙江在推进全面从严治党实践中始终模范传承着中国特色社会主义的红色基因；作为改革开放先行地，浙江在制度和机制改革方面勇于创新，以生动的实践创造了异常丰富的研究资源；作为习近平新时代中国特色社会主义思想重要萌发地，诸多"浙江先发"实践在新时代拓展为全国层面的"顶层设计"。党的十八大以来，如何在新时代推进全面从严治党受到了广泛关注，相关论著大量涌现；与此同时，浙江作为中国革命红船启航地、改革开放先行地、习近平新时代中国特色社会主义思想重要萌发地的特殊地位，也引起浙江学界乃至全国研究者的关注。不少论著对浙江推进党的建设和制度创新的历史资源、现实做法及其理论启示，进行了较为深入的挖掘和总结。不过，总体上看，从全面从严治党的特定视角对浙江创新实践进行考察和研究，仍然存在限于具体领域而系统性和全面性不够，以及面向专业学者的理论性与面向普通读者的可读性上统筹兼顾不够等突出问题。这种研究和出版状况，相对于浙江作为"三个地"的特殊地位以及浙江打造"全面展示中国特色社会主义制度优越性重要窗口"的新实践，是相对滞后的。

"三个地"的特殊地位使浙江成为从省域层面阐释中国制度和研究新时期全面从严治党相关问题的理想立足点，也为本丛书沿着"浙江案例—中国方案—全面从严治党的经验与逻辑"路径开展学理研究提供了广阔空间。而从相关领域的实践进程及研究动态看，推动党的建设重心下移，全面发挥党在地方治理现代化中的引领作用，已经成为进一步深化全面从严治党，推动地方治理现代化的重要内容和主要方法。本丛书正是顺应这一研究和实践趋势，紧紧抓住全面从严治党和治理创新实践两个关键命题，系统全面地回答了"浙江为什么会产生这么多制度创新？""'浙江创新实践'为什么能解决全国层面的共性问题？""浙江的成功经验能不能复制，如何复制？"等一系列理论和现实问题。

本丛书由浙江省委党校全面从严治党研究中心组织，编委成员主要包括中国社科院政治学所和浙江省委党校的相关专业人员，并邀请了一批持续跟踪浙江实践，具备政治学、管理学、社会学等学科专业知识的中青年学者参与写作。本丛书以基层党建、政府职能、数字政府、社会治理、协商民主、人大建设等为研究角度，全面、系统地为读者解答了最多跑一次、党建引领基层治理、后陈经验、河长制、民生项目票决制、非公企业党建、毗邻党建等浙江经验的发展历程，以及这些经验背后的作用机制。

编　者

2021 年 6 月

坚持"跳出浙江发展浙江"开放发展理念

——代前言

不断扩大对内对外开放,是 1978 年以来浙江发展的突出主题和典型特征。本书旨在对浙江开放发展的实践历程和主要经验加以梳理和总结,特别是对其背后浙江地方政府的作用等问题加以剖析,以期能够较为系统地发掘其中有益的理念、规律和做法等。

在撰写本书的过程中,我一直在思考这样一个问题:关于浙江开放发展的历程和基本经验,能否找到一个具有典型性、标识性的概括? 随着认识的深入,我越来越觉得,"跳出浙江发展浙江"虽然没有涵盖浙江开放发展的全部要义,但无疑是其中的精髓,它大道至简,是浙江开放发展理念、实践及其基本经验的生动写照。

2005 年 3 月 21 日,时任浙江省委书记习近平同志在《浙江日报》"之江新语"专栏发表了一篇署名文章,题为《跳出浙江发展浙江》。文章开宗明义地强调:"'跳出浙江发展浙江',是浙江经济发展的必然要求,也是浙江在高起点上实现更大发展的战略选择。"

这篇富含哲学意蕴的文章所揭示的道理,既是对改革开放以来浙江发展经验的一种理论总结,也是站在新世纪新的历史起点上,对地方发展面临的普遍问题作出的战略思考。它使浙江践行的"走出去"与"引进来"有机融合的发展模式有了一个简洁生动的概括,也使浙江"跳出去发展自己"的发展辩证法从自发走向了自觉。

跳出一国一地，是地方顺应时代潮流、发展经济的必然选择，也是世界眼光和战略思维的体现。10 多年来，"跳出浙江发展浙江"已经成为浙江开放发展的一条重要经验和根本遵循，对浙江建设新时代全面展示中国特色社会主义制度优越性的"重要窗口"发挥着重要指引作用。当前我们强调的构建国内国际"双循环"新发展格局，也可以在这里找到思想渊源和理论启迪。

我们需要从历史和现实相贯通、国际和国内相关联、理论和实际相结合的宽广视角来理解这一开放发展理念所蕴藏的辩证逻辑。

一、跳出一国一地、坚持开放发展是时代的呼唤

回望 180 多年前，鸦片战争发生、中国被迫打开大门，"睁眼看世界"成为近代中国有识之士发出的第一声呐喊。自此以后，对外部世界的认知、态度和参与方式始终关乎我国国运。认识世界大势、跟上时代潮流，也成为中国仁人志士救亡图存、改造中国的目标与方法。

习近平总书记强调："认识世界发展大势，跟上时代潮流，是一个极为重要并且常做常新的课题。"那么，究竟什么是世界发展大势和时代潮流？

1916 年 9 月，孙中山先生到浙江观看了钱塘江大潮，并挥笔写下一幅著名的字："世界潮流，浩浩荡荡，顺之则昌，逆之则亡。"如今，离孙中山先生写下这句名言已经过去 100 多年了。回顾这百余年，在浩浩荡荡的世界潮流中，大家公认度比较高的一点，是整个世界不同地区之间的联系越来越紧密了。或者说，经济全球化是过去百余年中非常明显的一种世界发展大势、时代潮流。

全球化发展到今天,所谓"风月同天"已经不只是一句诗意的话语,而是关乎人类社会客观实际的真实描述。开启全球化以来,特别是"二战"结束以来,一国一地的发展越来越离不开外部世界提供的必要条件,实行对内对外开放成为各个国家和地区发展经济、对接现代文明的必由之路。在一个内部联系日益紧密的人类命运共同体中,地方发展经济既要立足自身条件搞建设,又要放眼世界,充分利用外部资源谋发展。

在阐释"跳出浙江发展浙江"理念时,习近平同志提到过一种"地瓜理论":地瓜的藤蔓向四面八方延伸,为的是汲取更多的阳光、雨露和养分,但它的块茎始终是在根基部,藤蔓的延伸扩张最终为的是块茎能长得更加粗壮硕大。

在思考地方发展问题时,我们应当借鉴"地瓜理论",以开放的胸怀看待和对待那些跳出去的人和物:他们(它们)就像延伸出去的"地瓜藤蔓",始终保持着与"块茎"的有机联系,进而在"地瓜"生物有机体内部及其与"大自然"之间构建起一种相互哺养、良性互动的"双循环"。浙江 40 多年来的改革开放,践行着"跳出浙江发展浙江"理念,也验证着"地瓜理论"的生命力。

二、"跳出浙江发展浙江"催生开放发展的"浙江现象"

"跳出浙江发展浙江"是时代的呼唤。那么,"跳出"需要什么样的条件?基于浙江的经验,为什么跳出?怎么跳出?跳出的效果如何?

先说"跳出"的条件。提到"跳"这个字,我想到了"温水里的青蛙"和"井底之蛙"这两种"青蛙现象"。两种环境中的青蛙为什么都没能向外跳出?因为它们不愿离开自己的"舒适区",缺乏"跳"的眼界、意愿与勇气。经济学中有一个概念叫"资源诅咒",说的是丰富的资源反而成为发展的累赘这样一种普遍现象。如果利用不好，再好的资源禀赋之于拥有它的人，也会像温水和井栏之于青蛙，让人眼界狭窄、安于现状、得过且过，甚至逐步丧失"跳"的能力。

接着来谈浙江为什么要"跳出"。浙江一方面有被称作"鱼米之乡"的杭嘉湖平原，有"钱塘自古繁华"的美誉；另一方面，从全省情况看，也是一个"七山一水二分田"、自然资源匮乏的省份，省域面积只占我国陆地版图的 1% 左右。改革开放之初，浙江面临穷山困水的现实难题，也不是完全没有"资源诅咒"的风险，可以说既有"温水之忧"，又有"井栏之困"。但血液中流淌的敢闯敢干的精神和文化基因，让浙江人勇敢地跳出了自己的舒适区，主动走向全国，走向世界。回头来看，"跳出浙江"既是摆脱资源条件限制的需要，也是浙江人开拓进取的主动选择。

再来看浙江是怎么"跳出"的。首先是思维方式的转变和发展模式的打造。随着超越地域限制、走向广阔天地的观念日益扎根浙江大地，这个东南小省逐步构建起自己的开放发展模式。以小商品开拓大市场，把小区块做成大产业，用小资本发展大经营，逐渐成为这种发展模式的鲜明特征。其次是"人"的跳出。在市场经济大潮中应运而生的浙商群体，很快成为"跳出浙江发展浙江"的一支生力军。关于浙商群体的构成，曾有一个"三个两百万"的说法：省内 200 万，国内其他省份 200 万，海外 200万。这样的说法在统计上并不精确，但反映了浙商勇闯天下市场的精神。"三个两百万"是浙江"地瓜经济"的生动写照，体现了开放发展道路孕育出的"三个浙江"——省域的浙江、中国的浙江、全球的浙江，也锻造了浙江经济的活力之源和澎湃动力，是浙江"人"的跳出的典型代表。最后是"物"的跳出。从 20 世纪 80 年代开始，"浙江商品城""温州商贸城"在全国乃至世界各地不断涌现，"浙江制造"也成了"中国制造"的突出代表。

"跳出浙江"的成效已经有目共睹：超越了地域限制的"浙江

人经济",让浙江逐步积累起资金和开放发展的经验,推动了浙江民营经济的崛起,催生出让世人刮目和惊叹的"浙江现象"。习近平同志在 2005 年将之作为文章标题阐释的"跳出浙江发展浙江"理念,既是对以往浙江开放发展实践的经验总结,又是一种理论的提炼和升华。

随着"跳出浙江发展浙江"理念从自发走向自觉,浙江的开放发展进入新阶段。我们可以透过义乌这样一个浙江内陆小城市的变化,来管窥浙江最近 10 多年来开放发展的新成就。在义乌这样一个浙江小县城,每年约有 1.3 万名外国商人常驻,50 万海外来访者进行短期购物,并将 100 余万个集装箱商品运往世界各地,世界绝大多数国家和地区都有人在这里常驻过。在国内外共建"一带一路"的背景下,义乌已经开通了 13 条中欧班列线路,是国内开设中欧班列线路最多的城市。义乌的商铺面积不大,拓展的却是全球市场;义乌的地理位置虽然并不得天独厚,物流却几乎通往世界每个角落。

网络上长期流传着义乌成为世界政治"晴雨表"、多次对全球重大政治事件的结果进行准确预测的故事。这些或真或假的"预测",同样体现了今日浙江与外部世界异常紧密的关联。义乌的情况虽有其特殊性,但也不过是浙江对外开放向纵深发展、深耕全球市场普遍情况的一个缩影。杭州、温州、宁波、舟山、义乌等城市,在我国对外开放布局和世界产业网络中都扮演着各自独特的角色;浙江一城、一地甚至若干村庄生产的某种产品占领全球市场多数份额的案例,更是屡见不鲜。在"一带一路"建设统领下,正在致力于推动高水平对外开放的浙江,已经成为新时代省域参与人类命运共同体建设的典型样本。

一切的政治经济都是全球的,一切的政治经济也都是地方的。随着两种现象合而为一、成为一枚硬币的两面,"跳出浙江"不仅带来了经济效益,也彰显了全球化时代的"命运共同体"效应。

三、在"跳出浙江发展浙江"开放发展理念指引下构建新发展格局

2003 年，时任浙江省委书记习近平同志作出浙江要发挥八个方面的优势、推进八个方面的举措的决策部署。在对浙江改革开放具有战略指导意义的"八八战略"中，"不断提高对内对外开放水平"被列为重要内容。2 年之后正式提出的"跳出浙江发展浙江"，则为浙江"不断提高对内对外开放水平"提供了清晰的思想引领和行动指南。从理论发展的历史脉络看，当前党中央强调的"统筹对内开放和对外开放""构建国内国际双循环相互促进的新发展格局"，也能在这里找到思想渊源。

2006 年，习近平发表《与时俱进的浙江精神》的署名文章，用 12 个字概括了浙江精神，"开放图强"是其中的重要内容。"开放图强"堪称"跳出浙江发展浙江"的精神内核，"跳出浙江发展浙江"则是"开放图强"的生动体现。

习近平总书记在浙江工作期间留下的关于推动开放发展的思想财富、精神财富和工作方法，对我们今天的工作仍然具有重要的指导意义。

经济全球化只是历史潮流中的一种主流，并非唯一趋势。环顾世界，逆全球化思潮依然势头汹涌，贸易保护主义持续蔓延，民粹主义等各种反建制力量还在不断获得新动能，新冠疫情再次让经济全球化遭受沉重打击。我们必须从持久战的角度认识我们将要面临的诸多风险与挑战。

浙江地处我国对外开放的前沿，也处在迎接国际形势变化带来的机遇与挑战的前沿。在践行新发展理念的新时代，浙江省委、省政府提出了"以'一带一路'建设为统领、构建全面开放新格局"的新目标。浙江参与"一带一路"建设具有战略交汇、天下浙商、第一大港、货畅四海、电子商务等比较优势。这些比较

优势,有不少是浙江在加强与外部世界联系中形成的,也需要在进一步深化与域外互联互通中加以巩固和发扬。

当前,我国处于近代以来最好的发展时期,世界处于百年未有之大变局,两者的同步交织和相互激荡日益加剧。在中华民族伟大复兴可期可见的新时代,面对更加逆风逆水的外部环境,我们爬坡向上的难度也在增加。居安思危,蒸蒸日上的中国也正面临着"温水之忧"和"井栏之困"的双重考验。

做好在较长时间内应对外部不利环境的准备,必须推动我国经济向以国内大循环为主体转变,但新发展格局绝不是封闭的国内单循环,更不是狭隘的省内、市内、县内等地方的内部循环。无论是构建"双循环"还是畅通国内大循环,都要求我们面向世界和未来坚持"跳出去发展自己"的重要理念。

在"跳出浙江发展浙江"的辩证逻辑中,"跳出"是方法,是时代的要求,"发展"是目的,是跳出时胸中所怀的"初心"。"跳出浙江发展浙江"体现了目的与手段的有机统一、价值与方法的相互协调。可以说,它不仅是浙江发展的一种具体模式,也蕴藏着在经济全球化曲折向前的时代洪流中谋划地方发展的普遍方法。从这个意义上说,这一经验特别是其展现出的发展辩证法,还具有全国性的重要参考价值,乃至富有世界性的普遍启示意义。

当然,"跳出浙江发展浙江"只是对浙江坚持开放发展的一种生动概括,而远未囊括浙江开放发展理念与实践的全部内容。本书的写作目的,就是希望能为系统梳理浙江开放发展的历史进程与经验启示做出些许贡献。我也相信,这种探索虽然立足于浙江,但其所体现的开放发展共性规律,将具有超越浙江地域的普遍意义。

目　录

浙江开放发展
历程的宏观考察

　　浙江是我国"走出去"战略的排头兵,是外向型经济特征明显的省份。2023 年,浙江生产总值(GDP)达到 8.26 万亿元人民币,合计约 1.15 万亿美元。如果放在全球 200 多个国家和地区中排名,浙江目前的年度 GDP 规模已经超过沙特阿拉伯、土耳其等,是阿根廷的 2 倍以上或马来西亚的 3 倍以上,能够列全球第 16 位。不过,改革开放之初的浙江,却只是一个生产总值只有 200 多亿元、艰难起步的经济小省。浙江的发展离不开改革,也离不开开放。浙江是如何在开放发展中实现华丽转身的? 本书上篇将对浙江开放发展的宏观历程进行探讨。

第一章　积跬步：浙江开放发展的早期历程

　　在全球化时代，任何国家和地区的发展都不可能再走封闭僵化的老路。20 世纪 70 年代末，我国的改革开放与世界范围内的新一轮全球化几乎同步开启；至 20 世纪 90 年代，全球化进程随着"冷战"的结束进一步加速，汇聚成人类历史上的所谓"超级全球化"浪潮，而在这个节点前后，党的十四大做出了建立社会主义市场经济体制的决定。浙江是改革开放的前沿省份，改革开放之初，在并不算高的起点上，浙江人勇敢地走出了自己的舒适区，以改革求开放，以开放促改革，铸就了开放型经济的基本形态。[①] 浙江之路在我国改革开放历史上留下了浓墨重彩的篇章，其从封闭走向开放的精彩蝶变，更具有样本价值和典范意义。本章将简要探析改革开放之初至 20 世纪末浙江开放发展的早期历程。

一、开放的起点：改革开放初期浙江的基本省情

　　提及浙江，人们往往会有相互矛盾的多重印象。一方面，有人会想起"文章锦绣地，江南富贵乡"之类的俗语，也有人会吟诵"钱塘自古繁华"一类的名句；另一方面，浙江大部分地区的自然资源禀

---

　　① 所谓开放型经济，"是在经济全球化背景下，一国或地区通过对外开放将本土经济与世界经济联系、融合，在世界范围内配置资源的类型与方式"。参见汪素琴：《江浙沪开放型经济发展模式比较》，《世界经济研究》2005 年第 12 期，第 21—25 页。

赋并不突出，诸多与资源相关的数据指标均低于全国平均水平。

浙江省自古就有"七山二水一分田"之说，这是浙江省自然地理环境的真实写照。20％的平原土地与5％的河流湖泊集中分布在浙江省北部，形成了水网密集的杭嘉湖平原；占省域面积75％的山地丘陵则大部分集中在浙中、浙南地区，这些地方山多地少、农业资源相对贫乏，生产方式与平原地区迥然不同。浙江省自北向南、自西向东的最远直线距离相近，约为 450 千米，整体陆域面积为 10.55 万平方千米，占全国陆地面积的比重仅为1.1％。除了直辖市和港澳台之外，浙江省域面积在我国省级行政区中只大于海南省和宁夏回族自治区。其中，耕地面积约为20817 平方千米，人均耕地面积在改革开放之初约为 450 平方米，不足同一时期全国平均值的 1/2、世界平均值的 1/6。

中华人民共和国的成立实现了让中国人民重新"站起来"的百年夙愿，但由于严峻的外部环境和复杂的历史原因，直至 20世纪 70 年代末，广大人民群众的物质生活仍然较为艰难。浙江虽有被誉为"鱼米之乡"的杭嘉湖平原，但在 20 世纪 70 年代末，人民的温饱问题尚未完全解决，生活物资匮乏、交通不便，仍是多数浙江人的生活常态。

1978 年，浙江省的生产总值为 232.9 亿元，排在全国第 12位，人均生产总值只有 331 元，排在全国第 16 位。[①] 浙江虽然不是当时的贫困省份，但受制于山地河湖的密集，难以开展大规模机械化农作物生产种植，自然资源也十分匮乏。以矿产资源为例，浙江全省几乎难以找到广泛分布的矿产资源，为数不多的矿产也以建材、石材等非金属材料为主。摆在浙江人面前的是较低的粮食生产率和较低的自然资源指数，这决定了浙江难以走资源集中型的重工业发展之路，也难以完全依靠规模化的农

---

① 章健主编：《浙江改革开放 20 年》，浙江人民出版社 1998 年版，第1 页。

业种植来摆脱贫困。

山多路难、交通不便,给改革开放之初浙江发展经济带来了诸多客观限制。当时社会上流传着一句俗话,叫作"浙江到,汽车跳",描绘的是浙江山路多、土路多、路况差的省域交通状况。从浙北省会杭州出发,前往浙南偏远山区,驱车需一天一夜。哪怕是在当时,这在只需要以直线距离来计算车程时间的平原地区,也是难以想象的。在新中国成立之后的 30 年左右时间里,浙江地处我国海防特别是台海斗争的前沿,国家较少在浙江布局重大工业项目。在重视工业的计划经济体系中,相对于一些老工业基地甚至农业大省,浙江在国民经济中的重要性并不突出。综合来看,浙江推动改革开放的起点并不高。

改革开放的开启,是 20 世纪下半叶中国政治和社会历史变迁中的重要分水岭,也带来了浙江发展的历史机遇。站在今天回顾历史,作为改革开放的几位"特长生",同样位于我国沿海地区的广东、江苏、浙江均在改革开放过程中实现了省域经济的快速发展。但将这三省置于改革开放之初的时代背景下来看:广东省受到的政策扶持力度大,且直接面对港澳地区,资金来源较为充足,可以说抢得了改革开放的政策先机并兼具得天独厚的地理优势;江苏省拥有较好的交通基础设施,集体经济底子相对较好;浙江省在当时的优势却并不明显。

不过,浙江人有穷则思变、善于把握机遇的传统特质。1978年底改革开放大幕的开启让不甘于贫穷命运的浙江人看到了历史性机遇。如何使浙江告别环境之困和民生之苦,找到一条不同于以往的新路? 这是浙江改革开放的先行者们不断探索的问题。

20 世纪 80 年代,浙江各地的巨变在很大程度上是从解放思想、对外开放起步的。从浙北平原到浙南山区,从城市摊位到田间地头,第一批"敢于吃螃蟹"的浙江人开始正式投身创业的时代洪流。这批后来被称作浙商的人,出身多为农民、工人。他们虽然大多文化水平不高,但头脑灵活,具有敏锐的观察能力,特别能吃苦,善于用开放的思维把握时代脉搏、寻找政策变化中孕育的商机。

改革开放初期,资金短缺、技术落后、经验匮乏是各地谋求发展面临的共同问题。在国家确定大政方针以后,各个地方在破解这些具体难题时,则更多靠自身"摸着石头过河"、各显神通。浙江面对国有经济相对薄弱、自然资源依存度低的境况,在既缺乏初始资金又缺少资源加持的前提下,想要找到一条能够长期走下去的开放发展新路子,必然面临重重障碍。

二、艰难的起步:以改革破冰释放开放发展的动能

邓小平同志指出,"现在的世界是开放的世界","发展经济,不开放是很难搞起来的"。[①] 十一届三中全会以后,"改革"与"开放"成为我国发展经济和推动社会全面进步伟大新征程中不可分割的两个方面。改革是开放的前提,没有改革就不会有开放;反过来,只有在开放中实现了自身的发展,改革才能真正走向深化。在具体政策实践上,作为改革开放总设计师的邓小平同志强调:"一个对外经济开放,一个对内经济搞活。改革就是搞活,对内搞活也就是对内开放,实际上都叫开放政策。"[②]

客观而言,1978年十一届三中全会召开后的最初几年,浙江的改革开放进程并未走在全国"第一方阵":从起步之初改革创新的力度看,浙江比不上率先实施"包产到户"的安徽;从引进外资、搞活市场等维度看,浙江又明显滞后于广东、福建这些得风气和地利之先,又勇于先行先试的开放先行省份。浙江在改革和开放两个方面,都并未"赢在起跑线上"。不过,浙江很快开始奋起直追,并在进入20世纪80年代后不久,成功跻身全国瞩目的改革创新模范、开放发展标兵之列。

---

① 《邓小平文选》(第三卷),人民出版社1993年版,第64、367页。
② 《邓小平文选》(第三卷),人民出版社1993年版,第98页。

浙江在探索实践中实现了对内搞活经济与对外开放经济的有机统一。浙江的开放是从改革起步的,而改革中逐步蓄积的动能,又推动着这个东南沿海省份不断实现着更高水平的对外开放。有学者指出,改革与开放是彼此关联、相互促进的。其中,以改革促开放,关键有两个方面:一是进一步发挥市场在资源配置中的基础性作用,引导商品和要素合理流动;二是加快企业改革,减少产权关系不顺和治理结构不完善引起的扭曲。以开放促改革,关键也有两个方面:一是在体制改革和制度创新中,更多更好地借鉴国际经验;二是通过引进多种所有制投资者、完善所有制结构和公司治理等举措增强微观经济。[①] 浙江改革开放的实践验证了这段论述是正确的。

既然不具备资源方面的优势,那就凭借不愿服输的拼劲和敢为天下先的闯劲,积极激发内生动力,从自我改变上下功夫,逐渐“杀出一条血路”——这正是浙江人的性格和文化传统。这种性格和传统充分体现在一个个拼搏奋斗、敢为人先的改革创业故事之中,而这些故事无论成败,也都已经被载入中国改革开放的光荣史册。以改革破冰释放开放发展动能的诸多案例,充分体现了改革与开放之间的相互促进关系。

(一)农业改革释放潜能

从改革开放之初中国的国情出发,解放农村生产力至为关键:“中国有百分之八十的人口住在农村,中国稳定不稳定首先要看这百分之八十稳定不稳定。城市搞得再漂亮,没有农村这一稳定的基础是不行的。所以,我们首先在农村实行搞活经济和开放政策,调动了全国百分之八十的人口的积极性。”[②]发端

---

① 江小涓:《中国开放三十年的回顾与展望》,《中国社会科学》2008年第6期,第66—85页。

② 《邓小平文选》(第三卷),人民出版社1993年版,第65页。

于农村的改革开放,根本动力即在于解放和发展生产力,调动起人的生产积极性。同时,将农村过于集中的劳动力从田间地头解放出来,转移到城市参与第二、第三产业的生产。作为最基础的产业——农业对于国计民生至关重要,而数以亿万计的进城农民工则对改革开放的持续发展影响深远。农业发展模式的转型提升,不仅仅使农业、农村和农民获益,其更深层次的意义在于,农业富余劳动人口释放出的人口红利在 20 世纪 80 年代填补了城市、乡镇各行各业发展所需的人员空白,保障了经济改革的持续稳定。

对于改革初期的农民来说,搞了多年的"大锅饭"让大家普遍失去了劳动的积极性,但农民同样也渴望谋求更好的生活。受制于早期城乡二元结构的发展,农民并不能够简单通过走进城市就实现身份角色的转换。只有当制度的藩篱被拆除时,农民的积极性才能真正被调动起来。不过,这看似应然的一切来得并没有那么顺利。1978 年底,天台县发生"犁豆风波",经《浙江日报》刊登,引起轩然大波;[①]随后,绍兴县的"单干大王"也成

---

① 1978 年,浙江台州天台县平桥公社党委为了保障水稻种植面积,强行犁掉黄豆造成黄豆减产。当年 11 月 25 日,《浙江日报》第一版刊登了该消息。这在台州地区,尤其是在农村基层干部中引起一场轩然大波。有的同志说,《浙江日报》刊登这样的报道,我们做农村工作的还要不要按计划种植水稻? 有的同志说,"以粮为纲"是我们的方针,大家都去种黄豆,还有谁去种水稻,我们要不要吃饭? 有的同志直言不讳地说,报纸这样宣传是向我们做基层农村工作的泼了一盆冷水,以后还有谁去做工作呢? 有的同志甚至说,以后记者来,黄豆给记者吃就是了。天台县平桥公社长洋大队的农民们却认为:这是一桩利用职权搞瞎指挥的事件,如果这样领导农业生产,农民即使讨饭也无路可走。"犁豆风波"折射了改革开放进程中具有普遍性的若干问题。比如,如何摆脱计划经济体制的束缚? 如何处理好党委、政府的政策导向与农民自发意愿及行动之间的关系? 参见郑普顺:《天台"犁豆事件"始末》,《炎黄春秋》2011 年第 11 期,第 21—24 页。

为众矢之的。不可否认,农业改革是在经历了多次反复,经历了
跌宕起伏之后才走上稳定发展轨道的。

针对包产到户前,浙江多地早已出现的实际包产到户的
举措,中央及省级层面起初仍然存在巨大的反对声,认为这
是极其不合时宜的举措。然而,事实胜于雄辩,到 1982 年夏
粮收获时,浙江粮食总产量从 1978 年的 1467.2 万吨增加到
1817.15 万吨,最终夏收后的农民人均纯收入则从 165 元增
加至 446 元。

改革后的农业生产关系极大地增强了农业种植的稳定性和
连续性,不再需要全体青壮劳动力齐上阵干农活,城市则通过开
放有效吸纳了这些劳动力,在劳动密集型产业集中的工厂企业,
招工难一时间不再成为问题。而对于农业来说,同样也存在外
向型的发展转型,越来越多的浙江农民和浙江农产品加工企业
走出家门,开启了农业外向型发展的新阶段,有效改善了浙江省
内耕地严重匮乏的状况。加工后的农产品再通过港口向外输
送,第一、第二、第三产业出现了高度融合的态势。至此,农民无
地可种,也无事可做的情况一去不返,经历艰难起步的浙江改革
开放终于将多股动力源汇聚在一起。走到这里,经济发展的巨
变看起来仅仅是个时间问题。

在艰难的改革开放起步阶段,浙江人坚持并不断发扬创新
创业精神,这种精神体现了逢山开路、遇水架桥的闯劲,融入了
滴水穿石、绳锯木断的韧劲,包含了锲而不舍、百折不挠的干劲。
正是凭借着自强不息、坚韧不拔、勇于创新、讲求实效的精神,浙
江人打破了固化的思维,在那个风云激荡的年代开拓了改革开
放的良好局面。

(二)工商改革探索吹皱一池春水

1979 年 11 月,章华妹尝试申请个体户营业执照,1 年后她
成为改革开放后全中国的第一位个体工商户。直到 40 多年后

的今天，她仍然坚持经营着一家面积不大的门面，忙碌地收拾着前头货架上琳琅满目的各式纽扣，而后头的空间依旧作为仓库储存货品。与章华妹一样，个体户经营是许多浙商迈出的第一步。起初，她也没有特别在意执照上印着的"10101"的背后含义。直到一次媒体的探访，她才知道自己是第一位个体工商户，此后她也曾决心一辈子坚持做"个体工商户"。当然，随着外向型经济的进一步发展，个体户已经远远不能满足生产经营的需要，最终她注册了一家名为华妹服装辅料有限公司的企业。她的生意随时间推移多次拓展，业务范围覆盖到周边不少区域，虽然只能算小微企业，但也足以让全家过上满意的生活。

1983年，《人民日报》《浙江日报》等媒体集中报道了海盐衬衫总厂厂长步鑫生的事迹，指出他勇于改革，废除"大锅饭"，实行按劳分配，在追求信誉和质量的过程中把一家濒临倒闭的小厂，办成了全省最大的衬衫企业。而1980年，步鑫生刚刚出任海盐衬衫总厂厂长兼党支部副书记时，这家由国有工厂更名而来的企业正处于危机当中。由于后计划经济时代，国家不再包销企业产品，这家拥有300多名工人的小厂，竟然连外出推销产品的销售员都没有，年产四五十万件衬衫，有一半积压在仓库里，工人工资没有着落，企业面临破产。

面对企业所处的困境，步鑫生认为，农村改革已搞得轰轰烈烈，城市改革也势在必行，因此他想为企业生存找到一条新路，遂于1981年6月在海盐衬衫总厂进行改革，提出"生产上要紧、管理上要严"的管理思路，以打破阻碍企业发展的"大锅饭"。仅仅用了3年时间，厂里的工业总产值就达到1028.58万元，企业实现利润58.8万元，上缴国家税款49.5万元，成为海盐县首家产值超千万元的企业和浙江省最大的专业衬衫厂。他的事迹被写成新华社内参《一个具有独创精神的厂长》，获得时任中共中央总书记胡耀邦的批示。随后，中央指示向全国推广其改革创新精神。全国掀起了一股"学习步鑫生热",短短 2 个月内,全国各地到海盐衬衫总厂参观学习的人数就高达 2 万多人。

转型成功后的结果总是光鲜亮丽的,而背后所经历的艰辛却是难以想象的,企业整体经历了多年高度集中的发展,想要转型谈何容易。更何况改革开放初期,许多政策并不明朗,只能"摸着石头过河"。转型升级意味着对旧有模式的彻底抛弃,转而选择一种看起来充满不确定性的道路,前途充满了未知的风险与挑战。实际上,即便是一度成为改革标杆、引发全国广泛关注的海盐衬衫总厂,也因为扩张发展的政策过于激进,在几年以后又陷入资不抵债的境地,步鑫生也被免去厂长职务。但"步鑫生们"的改革创新精神留下了抹不去的历史印迹,值得人们永远铭记。

(三)在摆脱桎梏过程中释放市场活力

1982 年 9 月,义乌发布通告正式开放小商品市场,并宣布了以允许农民进城经商和开放城乡市场为主要内容的"四个允许"。对于当时这个没有工厂、资源匮乏的小城而言,这一重大政策突破极大地推动了改革,促进了其开放发展。一石激起千层浪,在改革开放道路上仍处于起步阶段的浙江各地也迅速打破体制桎梏,积极解放生产力,在开放中创造发展机遇。

在当时既无明确政策也无先例的状况下,开放小商品市场需要政府领导者承担巨大的风险,一些领导干部对此很有顾虑,怕出问题。为了消除人们的这种顾虑,1982 年 11 月,义乌县委召开了一次特别的大会,时任义乌县委书记谢高华在会上明确表示,开放义乌小商品市场,出了问题他来负责,宁可不要乌纱帽。在改革开放之初的特殊形势下,"四个允许"和义乌当时探索实行的定额计征税制等举措在上报审批时并未得到及时回应。这些做法，在各层级引起争论，掀起了较大的风波。而谢高华同志说："那就一边报批，一边贯彻执行，有事我承担好了！"①为了能让义乌人民放开手脚干，当时县委还围绕如何开放小商品市场，做出了四条决定，其中一条是要求县有关部门大力支持群众从事商品生产经营，开"绿灯"，工商部门要准予登记，发放营业执照，银行、财税、执法等部门都要予以支持。对于不执行县委开放小商品市场决定的，予以撤职。

义乌的改革思路对于浙江改革开放以来长期给予企业较大自主权的做法产生了重要影响。小政府并不意味着职能的衰弱，也可以形成有为政府，并且专注于政府应当做好的事务。通过不断为企业提供更加优质的公共服务，党委、政府逐步适应将市场主体作为顾客或者服务对象的模式，不断尝试通过简化事项审批、优化政企关系的方式实现良性发展。

在义乌县委提出的"四个允许"基础上，浙江省委、省政府总结提出全省层面的"三个允许五个不"的工作思路，即：允许试，允许闯，允许犯错误；不争论，不攀比，不张扬，不气馁，不动摇。基层的工作热情由此得到极大激发，浙商凭借着极强的创造活力掀起了发展的热潮。

改革开放初期的人们，普遍不了解市场——这一被集体所有制回避多年的事物究竟能够发挥怎样的作用？但浙江经过温州、义乌等地的先行先试，党委、政府逐步认识到赋予企业更大生产经营自主权的重要性。有人称浙江民营经济的成功在于政府的彻底放松规制，在于无为而治，其实不然。浙江改革发展历史上的每一项重要政策的颁布实施，每一个重要时间节点上的决策，都经过了政府审慎的思考。在此基础上，

---

① 丁晓强：《做敢于担当作为的好干部》，《浙江日报》，2018年8月7日，第5版。

随着思想的解放和经验的积累,党委、政府越来越尊重市场规律,越来越尊重企业发展的自主探索,越来越尊重开放发展的时代潮流。

在实际管理过程中,政府通常采取允许先行先试的做法,这使基层干部和企业自身都有了更大的发展自主权。上级政府不会主动出台某项规定加以约束,而是等待下面的政策讨论充分,对合理的经验做法进行批准,默许浙商发挥创造力之后"先上车再补票",这一做法经过义乌小商品城的发展证明的确行之有效。

以此为背景,20 世纪 80 年代,浙江乡镇企业的经济总量以平均每年 50% 的速度增长,上缴税款以平均每年 30% 的速度递增。乡镇企业总产值占比也从 1982 年的 6% 上升到 1987 年的 43%,乡镇企业上缴税款占全省财政收入的 29%,职工占农村劳动人口的 28%。至此,乡镇企业在政府较少的干预下,直接拉动了浙江经济的快速发展。

(四)通过打破固化思维引领开放发展

1984 年 5 月,国务院公布了 14 个首批沿海开放城市,浙江的宁波和温州被列入其中。沿海开放城市可以在外资审批、对外贸易、企业改革、发展旅游业等方面享受中央给予的优惠政策。以宁波、温州为代表的浙江沿海地区抓住国家开放政策促成的历史机遇,充分利用自身优势,很快走上了特色鲜明的开放发展道路。

20 世纪 80 年代中期,由于社会环境的差异,相同时期参与改革开放的粤、苏、浙三省走出了三条差异化的道路,分别是广泛使用外资的深圳模式、重点扶持集体经济的苏南模式和小规模作坊式生产的温州模式。其中争论的焦点主要是在温州模式上。在当时的环境中,个体工商业在三大改造后已消失 20 年,此刻突然回归,到底是姓"资"还是姓"社",在人们思想尚未解放的社会氛围中，一时间引发了激烈争议。

　　长期固有的思维模式导致对事物的认识往往趋于二分，非黑即白，辩证的眼光荡然无存。然而，评价一件事物最好的方法还是看其实际发挥作用的多少。幸运的是，改革开放早期的浙江，恰恰有这样一群领导者，他们提倡一切都要从现实出发，凡是有利于经济的发展、有助于民众致富的方法，不应仅仅强调所谓意识形态的色彩。同时，他们还对只要出现发展较好的企业，出现经营较好的摊位，部分领导干部就得了"红眼病"，开始割尾巴的现象提出批评，认为这反倒是不尊重自然规律的直接表现。

　　通过这样一批改革先锋的抉择，浙江的经济发展从根本上破除了"唯公有制"的各种观点，为经济腾飞发展扫清了障碍，同时建立起一套尊重客观规律的评价体系，为日后保障民营经济的稳定运行打下了坚实基础。在思想解放过程中，浙江干部群众逐渐有了一些新的认识。在所有制方面，所有制共存的状况不再被人们视作洪水猛兽，非公有制经济逐步被人们接纳并被视作公有制经济的必要补充和有益支持。社会主义的最本质特点并没有刻意强调经济模式上的单一公有制，早年列宁也曾尝试实行"新经济政策"，因此拘泥于姓"资"姓"社"的问题是无助于发展的。另外，在政府管控与市场调节的关系方面，人们逐渐认识到，政府通过宏观调控和采用计划指标的方式管得过多、管得过死，就会令发展失去活力，适当强调商品经济的作用对于改变社会生产力极为落后的局面还是十分必要的。

　　回头来看，正是这样一系列思想观念的转变，成就了浙江对内改革、对外开放的先发优势。在这片曾经饱受资源短缺、生产之困的大地上，生产的潜能被无限激发出来。

　　个体的命运往往与历史进程密不可分，这在老一代浙商身上体现得非常明显。人们对新事物的认识和接受也总是要经历一个曲折的过程。在这个过程中,"敢为天下先"的开拓者也往往备受争议,甚至遭受打击。在不胜枚举的诸多案例中,温州"八大王"的遭遇在改革开放初期颇具代表性。

延伸阅读:温州"八大王"的遭遇①

在个体私营经济发源地温州,改革开放开启后的短短三四年中,涌现出诸多个体经营者。其中,在温州乐清柳市镇,"八大王"的名字很快在坊间流传。

"八大王"堪称改革开放以来第一批浙商的代表。他们在创业之初便坚持"开放做生意"理念,并将这样的理念贯穿到此后的商业道路之中。作为后人,我们可以站在40年后回望"八大王"更长时段的人生经历,审视其所代表的浙商开放经营的商业道路:

五金大王胡金林于20世纪80年代在浙江省内经商,90年代先后赴新疆、海南等地经营,进入21世纪后则转战东南亚,在柬埔寨创办国际电器公司并参股当地水电站建设。

旧货大王王迈仟在经营之初便主要从上海等地采购旧货配件、电器产品,通过拆洗、改装、加工赚取附加值。

矿灯大王程步青,在20世纪80年代中期以后赴上海经营电器。

目录大王叶建华,在改革开放之初因其精心设计的《产

① 案例材料由笔者参考相关资料综合整理。关于"八大王事件"的始末,更详细的情况可以参考马灿:《"温州八大王"民营经济嬗变符号》,《民营经济报》,2008年11月28日,第15版;何勇:《"八大王"平反:温州模式劫后余生》,《中国经营报》,2010年1月25日,第15版。

品样本》和《产品价目录》受到市场追捧，在当地闻名，后来一度远赴法国、意大利、美国，20 世纪 90 年代又回国创办汽修厂。

线圈大王郑祥青、螺丝大王刘大源，还有胶木大王陈银松选择了长期在本地经营。翻砂大王吴师廉也立足浙江，创办了浙江红光金具有限公司。

资源禀赋不足，那就从人上下功夫，人的潜能是无限的，人的改变为浙江带来巨大的发展势能。浙江民营经济的起步，就是这样一群敢为天下先、敢白手起家的人创造的。当然，"敢为天下先"也意味着需要冒"出头鸟"被"枪打"的风险。受"左"倾思想影响，"八大王"的经营活动被一些人视作投机倒把，甚至被看成"一切向钱看"、复辟资本主义道路的典型代表。1982 年，全国范围内打击经济犯罪活动拉开帷幕，浙江省则把温州市作为整治重点，争议之下的"八大王"很快被列为重点人员加以调查。浙江省专门成立"打击投机倒把工作组"，并在不久之后进驻"八大王"所在的乐清柳市镇。尽管存在一些争议，"八大王"的经营活动还是被定性为经济犯罪。

"八大王"虽然名头响亮，但绝不是商业大亨。他们在很大程度上可以被看成浙江小商品行业的早期从业者；他们是个体经营和民营经济的先行者，也曾在姓"资"、姓"社"的争议声中一度身陷囹圄。所幸时隔不久，他们便被平反，恢复经营自由。

"八大王"事件一度举国皆知，浙江刚刚起步的民营经济遭遇重创，被压得抬不起头来，产生了严重的负面影响。这也表明改革开放的道路必定充满曲折坎坷，乃至布满荆棘。走向开放发展的道路，最先需要的是冲破旧观念的束缚，实现思想的解放、头脑的开放。

好在此时的中国已经坚定地选择了改革开放的道路,开放的大门一旦打开,思想开放的进程必然被逐步推进。在改革开放时代洪流的影响下,温州市委、市政府逐步对"八大王"事件的性质有了新的判断,对该事件造成的负面影响也开始形成共识。

对"八大王"的公开平反在温州乃至全省都产生了积极而重大的影响。若干年后,已是知名温商的南存辉曾表示:"'八大王'平反后,我才敢正式申办求精电器开关厂(正泰集团的前身),否则我是不敢办厂的。"①

从一度备受争议的"八大王"开始,尤其是"八大王"被平反后,浙江在数十年的开放发展中涌现出一大批走在前列的"市场弄潮儿"。他们普遍成长于基层社会,有的干过工人,有的做过鞋匠,有的当过临时工,普遍白手起家。幸运的是,他们出生于一个不以出身论英雄的时代,中国的社会大环境和浙江的省域小环境为他们提供了干事创业的最佳土壤。改革开放后,第一批个体工商户、第一批私营企业主、第一批集贸市场、第一批股份合作制企业均诞生于这片土地。

(五)助推乡镇企业异军突起

改革开放以来,浙江乡镇企业不断探索自身发展模式,逐步将灵活性、轻量化的优势充分发挥出来,同时积极弥补资源、资

---

① 卢建文:《民营经济"试验田":温州》,中国青年出版社 2008 年版,第 42 页。根据 2020 年胡润研究院发布的报告,正泰集团市值超过 600 亿元。其前身求精电器开关厂创建于 1984 年。进入 21 世纪以来,正泰集团逐步发展成为涵盖众多业务领域的智慧能源解决方案全球提供商,业务遍及 140 多个国家和地区,拥有超过 3 万名员工,位列中国民营企业 100 强。

金等方面的短板,在各类风险和挑战中,展现出了极强的韧性。在政府和社会力量的共同助推下,浙江乡镇企业凭借不断释放的市场活力,从改革开放之初的"星星之火",逐步形成了在浙江遍地异军突起的燎原之势。自改革开放伊始至 20 世纪末的约 20 年时间里,浙江省乡镇企业所创造的生产总值与外汇收入超过全国总量的 1/10,成为浙江民营经济崛起的重要支撑。

追溯浙江乡镇企业改革的起源,还要从"股份合作制"这一浙江特有的股份形式说起。在 20 世纪 80 年代,浙江温州等民营经济先行地区率先尝试采用传统合作制与新型股份制相兼容的模式,改变了原有僵化的经营模式,也在最初的转型过程中有效降低了风险。这一模式特别是在乡镇、村庄的集体所有制经济改革中大放异彩,不到 10 年时间仅温州地区便有超过 2 万家乡镇企业完成了这一模式下的转型升级。

随着时间的推移,我国经济的市场化水平不断提升,乡镇企业又面临新的发展瓶颈。此时,浙江省各级政府坚持理性分析、科学判断,没有采用一刀切的办法,而是按照企业所面临的不同情况加以区分对待。对于发展情况较好的企业,通常采用吸引法人资本、外资等注入的方式,借助融资扩大生产经营规模,改进技术设备,实现升级发展;针对部分经营状况不佳的企业,尝试采用大型企业并购的方式,或向个人、社会出售的方式,将经营模式多元化,避免生产危机的扩大蔓延。这些做法在绍兴等地的纺织企业中效果显著,大批企业通过转型发展,形成了以轻纺工业为支柱的县域经济,进而成功在全省范围内根据实际情况推广复制,最终造就了浙江省内各县特色产业相互有差异、个个有龙头企业的繁荣局面。

通过政策环境的不断优化,政府减少对企业生产的计划和干预,聚焦于为企业创造良好的发展环境,这样的整体思路不断得到明确,政府尝试并探索转变与企业的关系。先进科学技术的普及又极大地提高了生产的效率,通过不断加大的科技投入,浙江乡镇经济的发展实现了生产与技术的融合,较高的产出比更加激励了乡镇企业的发展,呈现出遍地开花结果的局面。

浙江省内乡镇企业的异军突起是对既有计划经济僵化体制的一次挑战与突破,在市场经济到来前的时间节点上,为经济的快速腾飞做足了准备,深刻影响了未来全省乃至全国的经济发展模式。最终的结果是集体经济领域的生产潜能得以充分释放,彻底盘活了社会最末梢的经济版图,率先实现了新旧动能的互换。

(六)商品市场实现初步繁荣

如果说乡镇企业的转型发展激活了集体经济的发展,那么商品经济的不断兴起则使得城市经济潜能得以充分释放,在这一过程中出现的一大批集贸批发市场发挥了不可替代的重要作用。1980 年至 1990 年,经过 10 年的商品经济发展,浙江省非农业人口增长 4%,建制镇也由最初的不足 200 个发展至近 700 个,城镇居民消费能力得到明显释放,全省各地众多老字号产品焕发新生。

浙江地处江南鱼米之乡,古时即生产丝绸、茶叶等商品,作为南宋政治经济文化中心的临安,更是一度拥有极为繁盛的商市,各类商品琳琅满目。在国家建设发展趋于和平稳定的状态下,使商贸得以稳定发展,对改善居民生活条件、提升城市运作综合水平具有十分重要的现实意义。浙江省内区域商业贸易发达,改革开放初期,全省区域性商品交易的内容就已经涉及加工制造业、种植养殖业、纺织服装业等多个不同领域,兼顾百余个第二产业门类和数十个第一产业门类。

商品经济的快速发展不但对一座城市综合实力的提升有明显的推动作用,而且能够实现与乡镇经济的相互补充。一些原本就不适应城市化发展的小型企业开始陆续迁往综合成本更加低廉的乡镇；而部分乡镇企业为了谋求更加充分的发展，则选择前往城市开辟新的天地。其结果是，城市建设的参与力量更加多元化，城市所具有的功能属性也更加多样化，不同企业各自回归本应存在的位置。

一些历史悠久、人们耳熟能详的"老字号"，如五芳斋、知味观、楼外楼、王星记、张小泉、咸亨酒店、塔牌酒厂等，在改革开放之后强势回归。它们大多经历了从私有作坊到公私合营再到公有制的发展历程，饱经百年风雨，一路曲折发展，最后成为我国民族工商业标志性的名片，蕴藏着国家与时代的记忆。而更多的企业，则实现了从最初"冒牌货"到"代工厂"再到"新品牌"的蜕变，越来越多的企业注册了自己的商标，开始注重产品质量的提升，成为优质产品的代名词。

同时，逐渐丰富的商品也催生了集贸批发市场的兴起，其中最具代表性的，除了 1982 年创建的义乌小商品城，还包括 1989 年建设的杭州四季青服装批发市场、1994 年建成开业的海宁皮革城等大型新兴商品市场。大型集中批发市场不仅解决了周边商品采购分散的问题，使商品批发更为高效便捷，还带来了全新的商机。比如，浙江海宁并不出产动物毛皮，却建设成为全国皮草生产加工中心，并将皮草成品发往世界各地。分布在浙江各地的各类批发市场，在开放发展中面向全国乃至全世界打造生产链、销售链，催生出诸多各具特色和具有自身独特影响力的商品市场。

（七）港口经济初具规模

浙江省拥有漫长曲折的海岸线，沿海地区分布着为数众多的岛屿，长达 6141 千米的海岸线孕育了多个优良深水港口。宁波曾经是鸦片战争后最早开放的通商口岸之一，东面所辖的北仑和邻近的舟山市一同组成了优质的深水港区。浙南的台州、温州等地，则有多条河流通江达海，同样拥有发展港口经济的良好条件。继改革开放之初确定的首批4个经济特区之后,浙江的宁波与温州在1984年同时被确定为我国第一批沿海开放城市。此后,宁波与温州积极兴办经济技术开发区,成为全国重要口岸,为浙江开放发展创造了重要条件。

1986年4月,国务院、中央正式批复同意将舟山地区的沈家门、定海、老塘山3个原本彼此独立的港区整合,设置新的舟山港,这是浙江将分散港口优化合并的第一次探索。随后陆续推出的一系列港口经济发展举措吸引了众多国有资产与外资的投资参与,以海岸线周边散布的港湾和岛屿为基础,一批仓储项目投入使用,直接带动沿线经济的发展。除此之外,港口发展带来的附加经济产出更为显著:首先,以港口为中心带来了基础设施的极大改善,公路、铁路、码头甚至机场共同构成了立体化的综合交通枢纽,周边配套设施得到发展;其次,相关高经济附加值的产业陆续兴盛,港口经济背后挖掘出的巨大经济潜力得到充分印证,给地方经济带来较好的收益;最后,港区周边设施的改善对于整体投资环境提升效果显著,城市形象得到明显改善,特别是对吸引外资有正面推动作用。

根据统计,浙江改革开放初期经济发展所需的煤炭、石油、矿产等资源,大部分都是通过海上转运而来的,港口为浙江带来了发展所需要的宝贵自然资源,同时输送出了大批外销产品,对浙江的双向经济开放格局影响重大。1978年至1992年间,浙江省港口运输周转量增长393%,货物运输量增长135%,均远超同一时期公路、铁路的运输量,呈现出迅速提升的势头。

不仅仅是自然地理因素,随着沿海港口城市的建设而外出的群体,如在外闯荡的宁波人、勇于打拼的温州人也是这些城市发展港口经济的潜在人力资源。被形象地称为"宁波帮""温州帮"的群体遍布全球,成为浙江发展外向型经济的重要纽带。邓小平就曾发出"把全世界的'宁波帮'都动员起来建设宁波"的号召,他们也的确不负众望,凭借在海外的广泛人脉与财富积累,为浙江的开放发展提供了大力支持。

通过摆脱体制桎梏、打破固化思维、释放市场活力等系列举措，浙江逐步构建了开放型经济的"基本盘"。这个基本盘成为"凭鱼跃"的"阔海"和"任鸟飞"的"高天"。随后，市场弄潮儿大量涌现，很快成为浙江开放型经济的主角。正是这些弄潮儿在市场大潮中的翱翔驰骋，推动着浙江的开放型经济不断走向深化。

三、战略的形成："贸易兴省"战略的提出和实践

在总结前期改革探索和开放经验的基础上，1987 年浙江省委、省政府提出了"贸易兴省"战略。时任浙江省代省长沈祖伦同志多年后在其回忆文章中指出，该战略"充分体现了浙江改革的指导思想"。其回忆文章中还详细谈及该战略的提出背景、依据和具体内涵：

> "浙江从改革的需要出发，觉得应该有一个总的战略。我们考虑浙江本身的资源、市场有限，但有人力资源、人口素质、地理区位、沿海港口等优势。为了扬长避短，只有靠贸易兴省。这里说的'贸易'不像有人狭义地理解就是经商，而是广义上的贸易，就是要充分发展交换和分工，尤其是与国际上的交换和分工。这也是参照了日本战后一个时期强调贸易立国的经验……我们有自己的国情……不能在全国提贸易立国……从沿海省份来说，倒是可以提'贸易兴省'。"①

---

① 王祖强主编：《浙江改革开放口述史》，中共党史出版社 2018 年版，第 49 页。

不过,由于当时尚未确立市场经济的主导地位,计划经济思想仍然具有广泛影响,"贸易兴省"战略也的确容易让人联想到日本等国家采取的"贸易兴国"战略,甚至让人觉得可能与我国坚持的"独立自主""自力更生"原则相抵牾,该战略提出后引发了一些争议,甚至"受到个别老同志的批判"。

其后一段时间内,《浙江日报》发表了多篇文章阐释"贸易兴省"战略,《浙江经济》杂志也连续推出《出口导向 贸易兴省》《再谈出口导向 贸易兴省》两篇评论员文章。这些理论阐释文章回应了当时存在的一些思想困惑,强调"出口导向,贸易兴省"是浙江基于本省资源状况、经济条件、经济结构提出的重要战略,是为了发展贸易、开拓市场、振兴经济。该战略强调"提高劳动者素质""利用国际产业结构调整的机遇,发展劳动密集型产品出口""适应市场竞争的需要,积极推进科研与生产的结合,使科技成果尽快转化为现实生产力""通过外向循环,实现资源的有效转换,保证经济持续发展和效益提高"。因而,"出口导向"和对贸易的强调,只是一种解放生产力、发展生产力的手段,不能给其扣上"重商""唯商""全民经商"的帽子,进而加以批评。[1]

回头来看,"贸易兴省"战略的确是"敢为天下先",是具有前瞻性甚至超前性的开放发展战略。尽管在引发争议后,浙江在对该战略的宣传上转向低调,但在实践层面,它仍然是指导浙江外向型经济发展的一项重要战略。在当时浙江省委、省政府主要领导干部看来,"对地方做实际工作来说,口号问题原不是太重要的事。重要的是在正确思想指导下的实际举措",因而,浙江继续"在全省突出地抓外贸和外资,深化外贸改革,扩大建设

---

[1] 本刊评论员:《出口导向 贸易兴省》,《浙江经济》1988 年第 2 期,第 2 页;本刊评论员:《再谈出口导向 贸易兴省》,《浙江经济》1988 年第 8 期,第 2 页。

开发区"，并有效推动浙江外向型经济的快速发展。① 从实践效果看，"贸易兴省"战略引导下的浙江对外贸易的发展不仅扩大了开放，还反过来推动了改革的深化。正如有研究者指出：从早期的改革开放看，对外经贸方面的改革措施相当有力，其引入的示范效应推动了整个改革进程。它对改革发展的作用一点也不亚于农村改革。②

四、开放的案例：市场弄潮儿的涌现

实践表明，民营经济具有"船小好调头"的优势，往往能够在开放发展格局中更早嗅到商机、把握市场脉搏。改革开放后的第一代浙商就展现出了"敢于到世界市场的大海中游泳"的胆魄，积极利用外资。外向型经济的打造离不开企业家的先行先试，诸多优秀民营企业家的世界眼光和敢于尝试的精神，成为浙江开放型经济持续发展的重要驱动力量。

（一）敢于对接世界市场

1969 年，国家批准每个人民公社可以开办一家农机厂，得知消息后，24 岁的鲁冠球变卖全部家当筹集了 4000 元，带领 6 个农民创办了宁围公社农机厂。然而，鲁冠球的工厂没有地方买原材料，他就蹬着一辆破自行车到杭州城里的国营大工厂门口，将一些厂里不需要的边角料捡回去。改革开放之初，工厂已有 400 多名工人，年产值 300 余万元。

为了找准企业下一步的发展方向，鲁冠球来到北京，跑遍了

---

① 王祖强主编：《浙江改革开放口述史》，中共党史出版社 2018 年版，第 50 页。

② 周小川、杨之刚：《迈向开放型经济的思维转变》，上海远东出版社 1996 年版。转引自江小涓：《中国开放三十年的回顾与展望》，《中国社会科学》2008 年第 6 期，第 66—85 页。

北京的国营大厂。在北京,鲁冠球了解到,万向节(万向接头)是汽车传动装置的"关节"部件,国外汽车对万向节的质量要求极高,国内鲜有企业生产。尽管困难重重,鲁冠球还是决心在该领域做出尝试。1978年秋天,他将原来的工厂改名为"宁围万向节厂"。当时,周围农民连万向节是什么都不清楚。

天道酬勤。1984年,美国舍勒公司决定采购万向的产品,万向牌产品自此走出国门。从此,万向的发展再也没有回过头。1988年,鲁冠球以1500万元向镇政府买断万向节厂一半股权,摇身一变成为民营企业家。1994年,万向成为全国第一家上市的乡镇企业,注册成立美国公司,并先后收购了QAI公司、舍勒公司、UAI公司等美国企业,开创了中国民营企业收购海外上市公司的先河。万向,逐步从一个生产单一汽车配件的厂家成长为世界级汽车零部件企业。

从万向节厂到万向集团,鲁冠球的创业之路,是改革开放大潮中众多浙江企业家创业故事中的一个典型案例。他们秉持开放的精神,不断拓宽眼界,放眼全国,放眼世界,谋划企业发展,推动企业不断发展壮大,谱写了一个个可歌可泣的创业故事。

(二)利用外部资本助力企业成长

1979年,宗庆后回到杭州顶替母亲做小学校工。在校期间,他和2位退休教师承包了上城区校办企业经销部,主要给附近的学校送文具、棒冰等。1987年,42岁的宗庆后决定辞掉工作去创业。他筹借了14万元,与2位老师一起承包了杭州上城区校办企业经销部,这个经销部当时已是连年亏损。此后一段时期,宗庆后不怕辛苦,无惧风雨,每天戴着草帽、骑着三轮车走街串巷,叫卖棒冰和文具。在送货的过程中,他了解到很多孩子存在食欲不振、营养不良的问题,觉得是个机会,便找专家开发了一款面向儿童的营养液。1989年,一个名为娃哈哈的饮料品牌进入中国人的视野,时年44岁的宗庆后,成立了杭州娃哈哈营养食品厂,开始研发属于自己的产品。1991 年,他拿出 8000 万元兼并了拥有 2000 多名职工的国有企业——杭州罐头食品厂,娃哈哈食品集团公司正式成立。

此后,娃哈哈的产品生产线不断扩大,先后涉足包括含乳饮料、瓶装水、童装等在内的 150 多个品种。面对经营规模的不断扩大,通过民间融资获取大量资金已经非常困难,资金瓶颈成为制约企业进一步壮大的重要因素。1996 年,经过多轮谈判,娃哈哈与世界食品行业巨头达能签署战略合作协议,由达能出资 4500 万美元附加 5000 万元人民币商标转让款,成立合资公司。娃哈哈通过寻找外部资本解决了制约企业进一步壮大的资金瓶颈问题,再一次抓住了发展的机遇。

融资难是诸多企业常常遇到的"成长的烦恼"。1990 年上海证券交易所、深圳证券交易所相继成立后,上市融资成为浙江诸多有较强潜力和较大规模的企业的共同选择。随着我国现代企业制度的逐步建立,越来越多的浙江企业家选择股份制的现代经营道路。截至 1999 年底,浙江已经孕育出 36 家 A 股上市公司,位居全国前列。可以说,对社会资本甚至全球资本的有效利用,为浙江企业的发展注入了长足动力,助推了浙江民营经济走向规模化发展的道路。

(三)从县城小厂走向世界

1984 年,对修鞋匠出身、不到 20 岁的南存辉来说,是命运转折的一年,这一年,正泰集团的前身乐清县求精开关厂创立。求精开关厂初创之时,国内低压电器因缺少技术标准与专业工艺,假冒伪劣产品盛行。在 3 位老师傅的指导下,求精开关厂严把质量关,于 1986 年在行业内率先建起热继电实验室,1988 年在乐清领取了由国家机电部颁发的首批生产许可证。随后,在政府采取"打击、堵截、疏导、扶持"政策对温州低压电器进行整治的过程中,求精开关厂凭借过硬的产品质量和合法经营,成为扶持的对象。正因秉承质量至上的理念,产品受到用户青睐,南存辉的事业得到了突飞猛进的发展,企业影响力也开始跳出温州,获得外资青睐。1991 年,中美合资的正泰电器有限公司正式成立。

1992 年,党的十四大正式做出建立社会主义市场经济体制的决定;1993 年 11 月,党的十四届三中全会通过《中共中央关于建立社会主义市场经济体制若干问题的决定》。类似正泰集团这样的外贸企业,有了更加坚定的发展底气。在此之前,吸引外国投资是不少外向型企业发展的目标。随着市场经济体制的建立和不断完善,这类合资企业也更多地把开拓海外市场作为壮大企业实力的主要手段。自 20 世纪 90 年代开始,以浙江为代表的外向型经济省份,依靠港口航运的性价比优势,在对外出口贸易中抢得先机。在这种时代背景下,1994 年,正泰集团正式挂牌,正泰以资本为纽带,以市场为导向,以产品为龙头,以品牌为中心,步入集团化经营时代。为有效解决集团化运营带来的“企业多,难管理;法人多,难治理”问题,南存辉果断推行股份制改革,引入现代企业管理制度,使企业实现了从家族企业到现代化企业的转变。作为一系列“自我革命”后的标志性产物,浙江正泰电器股份有限公司于 1997 年获批成立;2010 年,成功登陆上海证券交易所,成为国内 A 股首家以低压电器为主营业务的上市公司。回顾正泰集团的创业史,这家从小县城走出来的企业,坚定执着地秉持开放发展的理念,积极实施“走出去、走进去、走上去”的循环战略,坚持整合全球优势资源,走出了一条独具特色的企业发展壮大之路。

(四)在接轨世界市场中实现发展的跃变

改革开放初期,提及浙商与浙江产品,很多人并没有太多好感。这主要源于 20 世纪八九十年代,浙江制造充斥着大量假冒伪劣、质量低下的商品。有一段时期,浙江商人几乎成为投机商贩的代名词。

这一状况早就在一批有胆识、有气魄的浙江企业家的努力下悄然改变。1987 年 8 月和 1999 年 12 月，杭州市工商管理部门连同质检、司法等单位 2 次在市中心烧毁数千双劣质皮鞋，但 2 次销毁有所不同的是，第一次的一把火烧的是原产于温州的贴牌皮鞋，而第二次"再烧一把火"则是把外地仿冒温州的假冒皮鞋集中销毁。10 年之间，浙江制造已经随着市场经济的确立完成了华丽转身。

时代的脚步从未停歇，浙商同样不曾停下前进的脚步。临近世纪之交，互联网这个在国外已成声势的事物，仍然令很多中国人感到神秘。1995 年，杭州一位名叫马云的年轻人，辞职后开始选择互联网领域创业，一家专门给企业做网页的公司就此开张，网站名为"中国黄页"，是中国最早的互联网公司之一。互联网究竟能为浙商带来什么？在当时还难以知晓。但有一点可以肯定，随着互联网信息技术与相关衍生产业的快速发展，传统模式下的发展路径既迎来转型提升的新机遇，也面临流程再造的新挑战。各地浙商在猜测之余也开始选择尝试将自己的公司线上化。从此，浙商参与构建的浙江开放型经济也逐步进入一个全新的时代。

五、浙江外向型经济的早期形态和基本格局

1980 年是浙江自营出口的第一年。当年浙江全省进出口总额仅为 2.52 亿美元，这相当于 1997 年 1 周时间创造的数字。"其成也巨，其始也简。"早期浙江外向型经济模式的起步，既得益于外部大环境，又离不开浙江对自身发展道路的准确定位和市场动能的有效释放。浙江作为自然禀赋并不占据优势的沿海省份，却有着直接面向海外的经营优势，通过制造业的生产加工，借助便利的港口物流，浙江制造源源不断输向海外，奠定了外向型经济的基本格局。"贸易兴省"战略的有效实施，在激活

国内市场的同时逐步拓宽了外部市场。浙江企业积极利用国际分工合作与国际产品交换提供的机遇，不断扩大外资利用规模，奠定了外向型的产业结构，逐步形成了先发优势。

(一)特殊省域环境下滋生的开放经济早期形态

从西晋覆亡、"衣冠南渡"起，我国经济中心开始由北方中原地带南移，江南逐步发展为中国经济和文化最繁盛的地区之一。"东南财赋地，江浙人文薮。"浙江是江南重地，形成了推崇经世致用和藏富于民的经济文化传统。从古今贯通的视角看，文化繁荣等"软力量"对经济发展的溢出效应，以及商业发达、藏富于民的传统，奠定了浙江省外向型经济发展的历史和社会基础，孕育着浙江商品经济的先发优势。

历史上外向型经济的雏形，成为改革开放后浙江开放发展的无形遗产。浙江省在近代早期现代化中积累的若干优势（如制造业），则为改革开放后浙江出口导向型产业的起步提供了直接帮助。比如，温州在改革开放早期，形成了以电气、鞋业、服装、汽摩配、泵阀等五大产业为支柱的产业链条和行业优势，这些产业均或多或少地有其历史基础。

在缺少资金来源的发展早期，浙商的店铺最为常见的形式便是"前店后厂"。说是厂房，或许用作坊来形容更为贴切。租一个几百平方米的房间，中间采用隔断隔离开来，后面一半用于产品生产，前面一半则摆上货架，直接对外出售。如果有需求，还可以提供外送配货服务。这种方式在今天看来是一种颇为简陋的经营方式，但就是采用这种原始的办法，浙江人在改革开放后的经济发展大潮中实现了艰难的起步。

(二)逐步构建起的开放发展基本格局

在浙江外向型经济的基本结构确立后，如何逐步放开市场、提升对外开放水平便成为一件头等大事。在这一过程中，浙江在合理利用外资的基础上走向了规模化经营，逐步构建起开放发展的基本格局。

改革开放之初，我国外向型经济的发展离不开对外资的引进利用。对于原始资金极为短缺的浙江而言，能够直接用于生产投资的外资显得弥足珍贵。十一届三中全会之后的最初几年，浙江相较于广东等省份，在引进外资上明显滞后，但在全省的共同努力下，浙江引进外资的规模不断攀升。引进外资总额也由 1980 年的 132.1 万美元跃升至 2000 年的 16.1 亿美元，增长 1200 多倍，有效供给了浙江产业发展。同期，浙江进出口总额实现年均 24.7% 的快速增长。开放也推动着浙江产业不断优化升级，浙江制造在全球价值链中所处的地位得到提高。

规模化的生产经营给浙江发展增添了更多新动能，增强了其在市场经济条件下抵御外部风险的能力。党的十四大确定建立市场经济体制以后，国家积极鼓励发展对外贸易，强调发挥地方的积极性，保障对外贸易经营者的经营自主权。这种政策导向，为浙江外贸型企业的发展壮大提供了重要历史契机。浙江顺势加快开放发展的步伐，率先在全国外经贸系统进行股份制试点工作，进而提出了"四上、三抓、二转"的外贸发展新思路。①

20 世纪 90 年代起，浙江出口的商品由最初产业附加值低的茶叶、丝绸等农副产品和服装、布料等初级产品，逐步转为具有一定技术水平的成套工业产品，不少外向型企业的生产规模迅速扩大，营业额不断攀升。1999 年，浙江基于开放发展的新形势，先后提出实施对外贸易"四个多元化"和"两个推动"战略。

---

① "四上、三抓、二转"即省级外贸专业公司、市县外贸公司、自营出口生产企业和三资企业"四路大军"并驾齐驱，扩大出口，外贸、外资、外经"三外"一起抓，转换企业经营机制，转变经贸行政管理部门职能。参见省委党史研究室：《贸易兴省战略》，《浙江日报》，2011 年 5 月 22 日，第 2 版。

"四个多元化"强调以出口经营主体多元化带动出口市场多元化、出口商品多元化和贸易方式多元化。"两个推动"即推动省内专业市场向海外延伸,创办境外分市场;推动省内企业赴境外投资创业,加快省内产能过剩产业向境外转移。[①] "四个多元化"和"两个推动"促进了浙江对外贸易的结构优化,也带动了浙江产业的转型升级。依托改革开放的政策红利并充分挖掘本省开放资源,浙江率先在全国实现了"县县有外贸"的开放发展传奇,一改经济落后、资源匮乏、生活贫困的面貌,逐步成长为经济外向型特征明显的"外贸大省"。

(三)面临挑战的转型发展

2000 年 1 月,站在 21 世纪新起点上,浙江省委、省政府印发《关于进一步扩大对外开放加快发展开放型经济的决定》,提出了"构筑开放型经济发展的新框架""实施开放型经济发展的新战略"等系列举措。具体而言,该文件强调实施"大经贸"战略、"科技兴贸"战略、"以质取胜"和"市场多元化"战略、"大高新"战略、"两个推进"战略等系列战略。这一方面表明了浙江省委坚定不移加快开放型经济发展的决心,另一方面表明浙江省委对开放发展面临的挑战和转型压力有了清醒的认识。正如该文件开篇即指出的:"改革开放以来,我省对外开放取得了显著成绩,有力地推动了全省经济社会的发展。但是,从总体上看,我省开放型经济与经济社会发展水平和所处的区位优势不相适应,与新世纪发展的战略目标要求还有较大的差距。"[②]

---

① 赖存理、赵建华:《浙江对外开放基本经验初探》,《浙江统计》2009年第 1 期,第 16 页。

② 《中共浙江省委、浙江省人民政府关于进一步扩大对外开放加快发展开放型经济的决定》,参见 http://www.110.com/fagui/law_70085.html。

曾有学者断言，以温州模式为代表的浙江经济发展方式将在 21 世纪初面临发展断档的巨大风险。在当时看来，这绝非危言耸听，浙江经济自奠定了发展基础之时起就面临不少突出的问题。这些问题，诸如假冒伪劣商品现象严重、缺乏具有国际竞争力的品牌等，在 20 世纪 90 年代随着市场经济体制的确立变得更加严峻。浙江制造业大多属于低端的劳动密集型产业，随着劳动力成本的不断攀升，低端产业承受着巨大压力，也面临着难以为继的局面。此外，随着创业者财富的增加，浙江经济开始出现脱实向虚、金融化、地产化等危险苗头。自 20 世纪末城市居民住宅商品化以来，浙江多地出现的"炒房团"引发了全国性关注。资金由实体经济流向地产、矿业、金融行业的现象，可能会对浙江经济的长远发展带来严重负面影响。除了这些已经涌现的问题，浙江开放发展还面临不少新情况、新问题。比如，在改革开放之初的一段时期，虽然不少浙商有走出去创业的经验，但在一个时期内，他们对省域经济的反哺作用并未得到充分发挥，如何发挥遍及全球各地的浙商的作用，拉动浙江开放发展的步伐，逐步成为浙江人必须思考和着力实践的重要课题。

延伸阅读：浙江省副省长绷断皮带的故事[①]

柴松岳，浙江普陀人，1988 年至 1996 年出任浙江省副省长，1998 年 1 月当选为浙江省省长。这件关于皮带的趣事，就发生在他担任副省长期间，后来在多个场合被很多人提及。

有一年夏天，柴松岳跟省财政厅和交通厅的 2 位女副厅长去北京出差，8 月北京天气炎热，不一会儿就汗流浃背。

① 本部分内容主要参考柴燕菲主编：《浙江改革开放 40 年口述历史》，浙江科学技术出版社 2018 年版。

办事处工作人员见状,就把空调气温调低。或许是因为室内外温差太大,柴松岳刚跟2位女副厅长聊了几句就打了一个大喷嚏。原本这是一件微不足道的小事,可柴松岳突然发现裤子好像松垮了。

"糟糕,原来是皮带断了!"对面是2位女同志,加上夏天穿衣单薄,柴松岳又不好意思明说,就捏住皮带断裂的地方让她们坐一会,自己往里间走去。"你们先坐一会儿。"

柴松岳快速走进自己房间,顺手将门关上。他把断裂的皮带从裤子上抽出来观察,发现断裂的位置里面是一层马粪纸(学名黄板纸),外面用破布包了起来,然后用胶水粘在一起,最外面一层则用塑料压起来。

后来,朱镕基总理来浙江检查工作,柴松岳把在北京出差皮带断了的经过说了一遍。朱镕基听了哈哈大笑,打趣说:"你这个是报应,报应。温州的假冒伪劣产品骗到你这个管工业的副省长身上了,你才引起重视,我过去跟你讲了几次你还不当回事。"柴松岳则尴尬地笑了笑。

在故事传播开后,温州市委曾派人给柴松岳送来一条真皮带,还带话说:"这是我们书记、市长专门给您赔礼道歉的,请您一定要收下!"柴松岳本来是不想收下的,可一想到这件事如果就这么不了了之,就觉得不行,于是他收下了。柴松岳对送来皮带的这名干部说:"皮带我收下,通过这件事,我也收下了你们温州打假的决心。"

20世纪90年代起,温州市委、市政府先后提出"质量立市""二次创业""信用温州,品牌强市"等口号,制定了提高温州产品质量的"358质量工程"等措施,集中烧毁大批假冒伪劣商品,还把8月8日集中大批量烧鞋的这一天定为"诚信日"。温州市政府还颁布了我国第一部质量立市的地方性法规——《温州市质量立市实施办法》,其中的规定极其严格,比如："对制售假冒伪劣商品的企业和个体工商户，视其情节，实行停业整顿、吊销营业执照，并知照全国各地工商部门，5 年之内其主要负责人不准在本市担任企业法定代表等处罚；对制造、销售危害人身安全与健康、坑害农业生产商品，造成严重的后果，依法追究其刑事责任。"

经过断臂求生式的大规模集中整治，"温州制造"逐步走出"假货"阴影，质量得到显著提升，涌现出诸多领跑制造业高质量发展的品牌企业。

上述这些问题，从总体上看都是浙江企业发展中的"成长的烦恼"，但它们并不能掩盖浙江在改革开放开启后约 20 年间所取得的巨大成就。与此同时，我们也应当看到，尽管浙江已经建立起外向型产业体系，但破解"成长的烦恼"特别是其深层症结、实现经济可持续健康发展并非易事。浙江亟须通过省域系统的新战略一揽子破解发展中遭遇的突出问题。这一时代的重任将交棒于 21 世纪浙江发展的决策者。

如果将今日的浙江经济比作一艘破浪前行的巨轮，那么改革开放之初的"浙江号"还只是一叶不起眼的小舟。值得庆幸的是，这艘小舟在改革开放政策的指引下找到了正确航向，同时也有一群任劳任怨、胆识过人的水手划桨破浪，他们共同处理着前行途中遭遇的各种风险和问题。浙江改革开放早期的基本格局就是这样一幅画卷：政府与企业密切配合，地方干部与创业浙商一同勤勉工作，政府放下身段致力于释放民间和市场的潜能，一条路不行就换另一条，遇到艰难险阻就跋山涉水挺过去。通过持续努力奋斗，浙江逐步在并不显眼的开放起点上取得了耀眼的开放发展成就。

第二章　谋大局："八八战略"擘画浙江开放发展的新蓝图

经过 20 世纪八九十年代的奋力发展,浙江逐步成为改革开放的先行省份,开放程度不断提升。进入 21 世纪,随着我国加入世界贸易组织(WTO)和对外开放步伐的加快,浙江的外向型经济发展在迎来新机遇的同时,也面临着诸多前所未有的挑战。习近平同志在浙江工作期间指出:"进入新世纪新阶段,随着浙江经济的不断发展和规模的日益扩大,我们在发展中又遇到许多困难,既有'先天的不足',又有'成长的烦恼',原有的一些优势正在减弱,新的矛盾又在产生。"[①]针对浙江面临的新形势,习近平同志创造性地提出了"八八战略",不仅从理论高度系统总结了浙江经济社会发展蕴含的内在优势,还紧密结合实际提出了具体的目标、方向和举措,为浙江更高水平的开放发展擘画了宏伟蓝图。

一、"八八战略"的提出背景及内涵

21 世纪之初的浙江,在坚定奉行改革开放政策 20 多年的基础上,经济、政治、文化、社会等各方面建设取得了显著成就,GDP 总量和人均 GDP 均位列全国前茅,提前实现了社会全面

---

①　习近平:《不畏艰难向前走》,《之江新语》,浙江人民出版社 2007 年版,第 144 页。

小康的发展目标。在这种时代背景下，日后成为中国最高领导人的习近平同志赴任浙江改革开放后第六任省委书记。习近平同志对浙江充满感情。2016 年，他在二十国集团工商峰会开幕式上做主旨演讲时深情地说："我曾在这里工作了 6 个年头，熟悉这里的山水草木、风土人情……参与和见证了这里的发展。"

2002 年，习近平同志到浙江工作后，就马不停蹄地下基层进行密集调研，到 2003 年春节前，就已经把全省 11 个市跑了一遍。"他一路走，一路看，一路听，一路思考"，为科学酝酿新时期浙江全面发展战略进行了系统准备。[①] 2003 年 7 月，浙江省第十一届四次全体（扩大）会议顺利召开，习近平同志发表重要讲话，提出浙江要在展望未来的同时，全面发挥八个方面优势，推进八个方面的举措，由此形成了对浙江发展具有重要历史意义的"八八战略"。"八八战略"是习近平同志调任浙江省委书记后，领导省委干部通过实地考察、密切规划后所取得的成就。此外，习近平同志还在会议上正式提出了加快实现全面建成小康社会以及提前实现现代化等超前理念。

"八八战略"的主要内容是：进一步发挥浙江的体制机制优势，大力推动以公有制为主体的多种所有制经济共同发展，不断完善社会主义市场经济体制；进一步发挥浙江的区位优势，主动接轨上海、积极参与长江三角洲地区合作与交流，不断提高对内对外开放水平；进一步发挥浙江的块状特色产业优势，加快先进制造业基地建设，走新型工业化道路；进一步发挥浙江的城乡协调发展优势，加快推进城乡一体化；进一步发挥浙江的生态优势，创建生态省，打造"绿色浙江"；进一步发挥浙江的山海资源优势，大力发展海洋经济，推动欠发达地区跨越式发展，努力使海洋经济和欠发达地区的发展成为浙江经济新的增长点；进一

---

① 中央党校采访实录编辑室：《习近平在浙江（上）》，中共中央党校出版社 2021 年版，第 2—3 页。

步发挥浙江的环境优势,积极推进以"五大百亿"工程为主要内容的重点建设,切实加强法治建设、信用建设和机关效能建设;进一步发挥浙江的人文优势,积极推进科教兴省、人才强省,加快建设文化大省。

浙江省委和习近平同志提出"八八战略",既契合了浙江在新的历史阶段经济社会发展的现实需要,也有其深厚的时代和理论渊源。一方面,2002 年党的十六大提出"全面建成小康社会,加快推进社会主义现代化,为开创中国特色社会主义事业新局面而奋斗"的宏伟目标,如何实现科学发展成为突出的时代议程。另一方面,面对中国加入 WTO 之后的开放发展新形势新压力,如何探索出一条更快速度、更高质量的发展道路,成为浙江人民的迫切要求,是摆在新一届浙江省委、省政府面前的重大课题。

"八八战略"的提出,体现了浙江省委和习近平同志对省域科学发展之路的深刻认识。"八八战略"第一个层面的"八",全面系统科学地总结了浙江经济社会发展所具有的体制、区位、产业、空间、生态、地理、环境、人文等八个方面优势,从理论上解决了浙江发展有什么、靠什么的问题;第二个层面的"八",从目标、方法、路径等角度,面向实践回答了浙江发展朝哪个方向走、走什么道路、抓哪些工作等战略问题。可以说,"八八战略"不仅仅是浙江发展的行动指南,更是战略思维、辩证思维、系统思维、创新思维等辩证唯物主义思维方式在浙江省开花结果的伟大理论创造。

具体地讲,"八八战略"强调在统筹全局、协调各方的前提下,充分依托既有突出优势,明确基于这些优势发展的战略方向。这一战略注重各方效益同步提升的稳步发展,强调城市与农村之间的交流联动、发达地区和欠发达地区的协同共进,关注物质文明、精神文明、政治文明、社会文明的全面协调发展,提出了生态文明可持续发展等体现时代趋向和人民关切的重大发展战略。①

"八八战略"是结合浙江历史、现状和未来的跨越式发展战略，是从 20 多年开放发展的实践中提炼而来、立足时代的战略决断，既具有世界眼光和战略思维，又具有浙江特色和浙江气派，重点关注如何发挥浙江优势、如何补齐浙江发展短板这两方面的关键性问题。"八八战略"将国家发展战略与浙江发展战略相结合，将国内环境和国外环境相结合，将浙江历史、现状和未来相结合，构成了浙江改革开放和现代化建设的总体战略布局。

二、"八八战略"引领浙江开放发展谱写新篇章

习近平同志指出，"战略问题是一个政党、一个国家的根本性问题。战略上判断得准确，战略上谋划得科学，战略上赢得主动，党和人民事业就大有希望"②。习近平同志自青年时期起就高度关注战略问题，其主政浙江时提出"八八战略"，把"不断提高对内对外开放水平"列为重要内容，体现了决策者的世界眼光、战略思维和大局胸襟。

邓小平同志指出："关起门有两种，一种是对国外；还有一种是对国内，就是一个地区对另外一个地区，一个部门对另外一个部门。两种关门都不行……这就要求对内把经济搞活，对外实行开放政策。"③习近平同志在"八八战略"中强调"进一步发挥浙江的区位优势，主动接轨上海、积极参与长江三角洲地区交流与合作，不断提高对内对外开放水平"，这与邓小平同志"对内搞活""对外开放"相结合的思想是一脉相承的。站在今天的视角，"对内对外开放"与构建新发展格局强调的"国内国际双循环"也

---

① 习近平：《干在实处　走在前列——推进浙江新发展的思考与实践》，中共中央党校出版社 2006 年版，第 75 页。

② 《习近平谈治国理政》（第二卷），外文出版社 2017 年版，第 10 页。

③ 《邓小平文选》（第三卷），人民出版社 1993 年版，第 64—65 页。

是完全一致的。

2001 年加入 WTO 之后，中国全面参与全球进出口和商贸往来，改革开放速度进一步加快。习近平同志指出："为适应经济全球化趋势，必须进一步树立全球战略意识，把增强国际竞争力作为一个重大的战略取向，坚定不移地扩大对内对外开放，为推进发展创造更大的空间。"①浙江作为沿海省份，依托得天独厚的沿海优势和改革开放的政策红利，凭借发达的民营市场经济和各区域极具竞争力的特色产业，在改革开放之初就参与到国际对外贸易中。经过数十年的开放发展，浙江省内经济和对外经贸高速发展。进入 21 世纪后，信息化革命迅速席卷全球，科技革命日新月异，产业化推动生产要素全球流动，国际竞争进一步加大。浙江经济面临着体制机制创新、结构调整、产业升级等问题，块状经济发展模式面临着从初级形态到高级形态演进的转型困境，同时市场调节经济存在着自发性、盲目性和滞后性的缺点，以及市场规则不健全的问题。开放发展体系面临着进一步提升。习近平同志到浙江工作后，很快对这种省域开放发展新形势有了深刻认识，他指出："加入世贸组织几年来，我国对外开放有新的发展，同时一些问题也凸显出来。我们要在扩大开放的条件下实现经济又快又好发展，必须统筹国内发展和对外开放，在更大范围、更广领域和更高层次上参与国内外经济合作与竞争。"②综合来看，"八八战略"不仅是顺应时代潮流发展对浙江省的正确定位与认识，更是依照具体省情，为浙江省量身定做的科学的发展策略。2004 年 3 月，在习近平同志的主持下，浙江省委、省政府高规格召开全省对外开放工作会议，出台

---

① 习近平：《干在实处　走在前列——推进浙江新发展的思考与实践》，中共中央党校出版社 2006 年版，第 64 页。

② 习近平：《干在实处　走在前列——推进浙江新发展的思考与实践》，中共中央党校出版社 2006 年版，第 33 页。

《关于进一步扩大开放的若干意见》，提出努力实现浙江从"外贸大省"向"开放大省"跨越的总体目标。以这次会议为标志，浙江的开放发展进一步提质增速，进出口总额、利用外资规模、境外投资规模等外向型经济指标逐年攀升。

在"八八战略"的指引下，浙江坚定走开放发展道路，坚持对内对外开放一起抓，由点及面，大力推动经济、社会、文化领域全面开放，逐步形成了全方位、多层次、宽领域的开放发展新格局。2001年，浙江进出口外贸企业只有5000多家，到2006年快速增长到2万多家，其间外贸出口年均增长速度达33.2%，外贸出口在全国出口中的比重也逐步提高，外贸顺差显著增加。

"八八战略"引领下的开放新实践进一步拓展了浙江对外合作的地理空间。截至2007年，浙江已与全世界200多个国家和地区建立了经贸往来，不仅加强了与美、日、韩以及欧洲国家等发达经济体的经贸交流，丰富了经贸合作的内容和形式，还有效提升了与东盟国家、中东地区、南美、非洲等新兴市场的合作，不断扩大对外出口的规模。民营企业成为浙江海外投资的主力军，纺织、机械、轻工、电子、建筑业和资源开发则成为浙江企业"走出去"的主导产业。

为了帮助浙江企业主动适应WTO框架下的国际贸易规则体系，浙江及时出台了一系列适应入世需要的地方性法规和政策，加强对世贸组织和国际贸易政策的研究，积极为企业提供法律服务、信息咨询和人员培训等服务工作。良好的营商环境为浙江开放发展奠定了坚实基础，经济领域对外开放大门的逐步扩大，也推动了浙江在文化、教育、医疗、科技等多个领域的对外交流。在文化领域，浙江与世界100多个国家和地区开展了形式多样、内容广泛的文化交流活动，并构建起多层次、多渠道的国际文化交流网络。在国际教育领域，进入21世纪以来，浙江吸收的国际留学生数以每年20%的速度增长，2007年，全省共有91个中外合作办学机构和项目，招收国际留学生6000余人。

在医疗卫生领域,涉外医疗卫生的资金、技术、人员等交流合作不断拓展,截至 2007 年底,全省先后派出 300 多批、600 多人次赴境外参加中医学的国际合作交流,与 20 多个境外机构建立了医教研合作关系,接待境外中医学留学进修人员 2000 余人次。① 在科技领域,浙江与 45 个国家和地区建立政府间或民间合作关系,仅"十五"计划期间,浙江就实施了 300 余个国际科技合作项目,对外科技交流合作成效显著。

在习近平同志离任浙江省委书记的 2007 年,浙江核准在境外投资的机构超过 3000 家,遍布全球 127 个国家和地区,居全国首位;全省实际利用外资规模首次突破百亿美元,出口规模首次突破千亿美元;全省进出口总额比世纪之初翻了两番,达到 1768 亿美元。这些成就的取得,与"八八战略"的实施和习近平同志对浙江开放发展工作的重视是分不开的。

三、"跳出浙江发展浙江"

(一)顺应开放时代的战略思考

改革开放之初,我国强调利用西方的资本和技术发展自己。"引进来"成为事实上的一项重要国家战略,也是对外开放的核心内容之一;相比之下,"走出去"则直到进入 21 世纪后,才逐步成为我国对外开放的重点工作,并与"引进来"共同成为我国开放发展的关键支撑。不过,早在 1979 年 8 月,国务院就提出了"出国办企业"的政策,开始尝试性地发展对外投资。1997—1998 年亚洲金融危机发生后,外经贸部、国家经贸委、财政部联合出台《关于鼓励企业开展境外带料加工装配业务的意见》,旨在支持我国企业以境外加工贸易方式"走出去"。

---

① 陈一新、徐志宏编:《浙江改革开放 30 年辉煌成就与未来思路》,浙江人民出版社 2008 年版,第 262 页。

在世纪之交,我国开始着重强调"走出去"的重要性及其与"引进来"的关系平衡问题。2000年1月,江泽民同志在中央政治局会议上提出:"'走出去'和'引进来',是我们对外开放基本国策两个相辅相成的方面,二者缺一不可。这二十年,我们是以引进来为主,把外国的资金、技术、人才、管理经验等引进来,这是完全必要的。不先引进来,我们的产品、技术、管理水平就难以提高。你想走出去也出不去。现在情况与二十年前不同了,我们的经济水平已大为提高,应该而且也有条件走出去了。"①2000年3月,全国人大九届三次会议期间正式提出实施"走出去"战略。党的十五届五中全会再次明确该战略,并将其与西部大开发战略、城镇化战略、人才战略并列为当时的主要国家战略。2007年,党的十七大报告进一步指出:"坚持对外开放的基本国策,把'引进来'和'走出去'更好结合起来,扩大开放领域,优化开放结构,提高开放质量,完善内外联动、互利共赢、安全高效的开放型经济体系,形成经济全球化条件下参与国际经济合作和竞争新优势。"这表明,我国"走出去""引进来"的双向开放已经在不断向纵深发展。

在习近平同志早年从政生涯中,开放发展就已经成为其发展思想中的一项重要理念。从20世纪80年代起,他就对"引进来""走出去"及其彼此关系问题进行了思考阐释,特别是对"走出去"问题做出了前瞻性思考。1988年,他担任宁德市委书记不久,就在集中调研的基础上撰写了《弱鸟如何先飞——闽东九县调查随感》一文。文章开头部分直率地点明"在发展商品经济的海阔天空里,目前(1988年)很贫困的闽东确是一只'弱鸟'",在强调要树立"先飞"意识后指出,"既飞,当然力图漂洋过海,要向外飞,在国际市场上经风雨,在市场经济中见世面",提出"由于时间、地点、生产要素组合不一样,开放模式也是多种多样的,

---

① 《江泽民文选》(第二卷),人民出版社2006年版,第569页。

不可能照搬特区、开放城市的做法。要根据自己的实际情况,摸索出一条与之相适应的路子"。习近平同志在文中着重阐释的"飞洋过海的艺术",至今仍引人深思,对地方探索开放发展道路具有重要启发价值。①

到浙江工作后,习近平进一步发展了"要向外飞,在国际市场上经风雨,在市场经济中见世面"的思想。2005 年 3 月 21 日,在《浙江日报》"之江新语"专栏上,时任浙江省委书记习近平同志旗帜鲜明地提出"跳出浙江发展浙江"的观点,强调"跳出浙江发展浙江"是浙江经济发展的必然要求,也是浙江在高起点上实现更大发展的战略选择。习近平同志指出,进入 21 世纪新阶段,随着浙江经济的不断发展和规模的日益扩大,一些原有的优势正在减弱,新的矛盾不断产生,浙江的发展正进入一个关键时期。②

浙江是国内最早一批面临所谓"中等收入陷阱"的省份,也较早迎来了发展的转型任务和阵痛期。在这个关键时期,浙江的发展面临着严峻的考验,要想使经济发展取得新的突破,就必须进一步优化市场结构,以更大力度拓展和优化国内外市场布局,以更大力度的开放发展破解"成长的烦恼"。

---

① 习近平:《摆脱贫困》,福建人民出版社 1992 年版,第 1—3 页。
② 习近平:《跳出浙江发展浙江》,《之江新语》,浙江人民出版社 2007 年版,第 144 页。另外,根据《浙江日报》文章的披露,"跳出浙江发展浙江"论断的提出过程大致如下:2004 年 5 月 13 日至 23 日,习近平同志率领浙江省党政代表赴四川、重庆、湖北学习考察,深入贯彻党中央关于实施西部大开发的重大战略决策,其间提出了"跳出浙江发展浙江"的思想。在结束考察几个月后,2004 年 10 月 29 日,习近平同志在全省对口支援和国内合作交流工作会议上,明确提出要"立足全局发展浙江、跳出浙江发展浙江"。随后,在 11 月 3 日举行的省委十一届七次扩大会议上,习近平同志系统阐述了"跳出浙江发展浙江"的战略思想。参见《钱江奔涌向大洋——习近平总书记在浙江的探索与实践·开放篇》,《浙江日报》,2017 年 10 月 9 日,第 2 版。

（二）拓展发展空间的务实举措

理论和经验均表明，当一个区域的经济发展达到一个较高水平后，随着资源和要素的制约不断加剧，环境承载压力不断加大，原有的产业结构无法提供更高的生产效率，必然需要拓展发展空间，在更大范围内重新整合资源和要素。

对此，习近平同志明确强调浙江必须"在更大的空间内实现更大发展"，他指出："目前，我省正处在进一步扩大开放的关键时期。浙江土地面积小、自然资源相对贫乏，要有效解决我省发展中的资源要素问题，在新一轮竞争中占据主动，不能仅仅局限在十万一千八百平方公里区域面积上做文章，必须跳出浙江发展浙江，在大力引进各种要素的同时打到省外去、国外去，利用外部资源、外部市场实现更大的发展。"①为了突破发展瓶颈，习近平同志提出要实现"凤凰涅槃""腾笼换鸟"，浙江省委、省政府积极推动产业转型升级，建设科技强省和品牌大省，推动资源要素向高附加值产业集聚，鼓励和支持企业在省门之外、国门之外开拓创业，在更大空间更大范围内获取发展的资源和要素。

习近平同志在浙江工作期间特别注重同步推进"走出去"与"引进来"工作，强调"妥善处理'走出去'与'引进来'的关系，既为浙商走出去搭桥铺路，做好引导，又为浙商的回归搭建平台，创造良好的投资环境、创业环境，使更多在外创业有成的浙商反哺家乡，在更高的层次上实现更快更好的发展"。②

在改革开放的早期阶段，积极鼓励浙商走出去，有利于他们在更大的空间内实现更大的发展，而当浙商在省外、海外做大做

---

① 习近平：《在更大的空间内实现更大发展》，《之江新语》，浙江人民出版社 2007 年版，第 72 页。

② 习近平：《不畏艰难向前走》，《之江新语》，浙江人民出版社 2007 年版，第 145 页。

强之后,大力推动省外、海外浙商回乡投资,能够从资本、人才、科技等领域为浙江经济转型注入新活力。因而,"跳出浙江发展浙江"与推动"浙商回归"之间并不矛盾,反而能够相互促进、相得益彰。为了破解发展中遇到的诸多新问题,突破发展瓶颈,浙江省委、省政府启动了"浙商回归"工程,这一工程被列为 2012年浙江省政府的"头号工程",并在此后持续推进。"浙商回归"既是理性和亲情的召唤,又是帮助正在转型升级的浙江民营经济度过阵痛期、实现持续发展的迫切需要。

在贸易投资全球化和世界各地之间人员往来日趋频繁的新时期,浙商既是地方的、浙江的,又是全国乃至全球的。实施"浙商回归"工程绝不是要把浙商禁锢到省内或"栓回"某个特定地方,而是要鼓励省外、境外的浙商通过回乡创业与原籍地建立有效纽带,成为浙江经济发展及其与外部世界互联互通的积极推动者。

"跳出浙江发展浙江"与"浙商回归"之间关系的背后,还涉及"请进来"与"走出去"之间的关系。"请进来"有助于更好地"走出去","走出去"也并不意味着脱离和浙江的联系。在建设"一带一路"的宏伟新征程中,浙江省委、省政府牢牢把握"跳出浙江"和"发展浙江"的辩证统一关系,在推动"浙商回归"和参与"一带一路"建设中实现了二者的良性互动。

(三)民间资本寻找出路的必然选择

流动性和逐利性是资本的天然属性。经济学的理论和实践表明,当一个国家或地区的经济发展到一定水平后,过剩的资本就会跨区域寻找新的出路,从而导致跨国、跨区域投资现象的产生。英国经济学家约翰·邓宁(John Dunning)通过对世界范围内 67 个不同国家外投情况进行分析研究,得出结论:一个国家的国民生产总值(GNP)与该国对外投资呈现明显的正相关关系。当某国人均 GNP 小于 400 美元时,该国几乎不会有什么对外投资行为；当其人均 GNP 在 400—1500 美元时，该国开始有对外投资行为；当该国人均 GNP 达到 1500—2500 美元时，该国便开始不断增加投资行为；当其人均 GNP 达到 2500—4750 美元时，该国对外投资行为会有一个明显的递增。更多的研究显示，在一个国家内部，因为不涉及关税壁垒、贸易政策、文化差异以及跨境结算等问题，资本流动的阻碍会大大减少。①

2005 年前后，浙江省的人均 GNP 就已经超过了 2500 美元。按照经济模型的预测，浙江对外投资已经蓄积了爆发的动能。不过，即便是在市场经济条件下，无论是经济发展还是对外投资，都不可能自动发生。如果"坐井观天""守株待兔"或甘做"温水里的青蛙"，经济发展创造的投资潜能在现实中也会走向"难产"，甚至"胎死腹中"。在世界经济史上，这样的例子在发展中国家和地区并不罕见。

习近平同志在浙江工作期间充分认识到了浙江进一步开放发展的时代要求，敏锐地捕捉到了企业和民间资本"走出去"的客观需求，省委、省政府及时出台各类政策和制度，积极鼓励、引导和支持浙江企业和企业家"走出去"发展，真正将投资潜能转变成浙江开放发展的实际成果。大量浙江企业和企业家开始走出省门、走出国门，在更广阔的天地创新创业，参与全球市场的资源整合和竞争。

（四）弥补资源短缺的客观要求

改革开放以来，浙江省的经济发展取得了巨大的成功，但进入 21 世纪后，浙江企业早期凭借成本优势和低价策略迅速抢占市场的发展模式，在新形势新环境下越来越难以维系。消费者呼唤更高品质的产品和服务，人力成本上升也对劳动密集型产

---

① 齐晓华：《对外直接投资理论及其在国内的研究》，《经济经纬》2004 年第 1 期，第 126—128 页。

业造成挑战。浙江作为资源小省,资源和环境的承载力不足问题也十分突出。2005 年,浙江省委政研室针对浙江在外工业企业的生产经营情况实施了一项调查,结果显示,这些企业每年的产值合计达到 1500 亿元。省委政研室做了一个测算,如果把这些企业全部置于浙江省内,根据浙江当时的土地资源和工业用电情况,按照每 666.67 平方米土地 100 万元工业产值、每 100万元工业产值 4 万千瓦时电能计算,这些企业每年至少需要100 平方千米土地和 60 亿千瓦时电能。改革开放 20 多年后,在新的经济环境下,面对高速发展过程中滋生的各类问题和矛盾,要想继续保持高质量快速发展,就需要对资源和要素进行重新整合和分配,为经济发展培养新动能。

(五)区域协调发展的正确道路

"跳出浙江发展浙江",是浙江在科学发展观的指引下,走区域协调发展道路的正确选择。习近平同志强调:"'跳出浙江发展浙江',不仅是浙江经济社会发展的必然要求,也是一种全局意识和政治责任。""我们必须始终站在全局和战略的高度,在加快自身发展的同时,积极参与西部大开发、中部崛起、东北地区等老工业基地振兴,促进长三角地区和长江经济带的联动发展,努力为全国大局作出积极的贡献。"①习近平同志明确了浙商和浙江企业"走出去"的重点方向:一是支持中西部地区和东北老工业基地振兴;二是接轨上海、融入长三角。这既是浙江省委观大局、讲政治的表现,又是浙江扬长补短,发挥自身优势,在区域协同发展的正确道路上与相应地区实现优势互补、互利共赢的表现。

---

① 习近平:《干在实处　走在前列——推进浙江新发展的思考与实践》,中共中央党校出版社 2006 年版,第 111 页。

延伸阅读:民企奥康的西部情怀

2006年1月,重庆市璧山县与来自浙江温州的中国鞋业巨头奥康集团就投资建设中国西部鞋都工业园区合作项目正式签约。奥康集团将投资8亿元,2年后完成工业园建设,进而引进100家制鞋企业,实现皮鞋年产量超亿双,从而建成我国西部最大制鞋基地。

重庆市璧山县是渝西经济走廊上的第一县,具有良好的交通区位优势和发展空间。璧山有着悠久的皮鞋生产历史,现已发展成为中国十大皮革皮鞋生产基地之一。而奥康集团为进一步扩大生产规模,一直谋划在西部做更大的文章。所以此次双方联手可谓共赢。

奥康投资璧山不仅可以增强璧山鞋业的市场意识和品牌意识,促进产业升级,对本地鞋业产业发展起到重要的推动作用,也为璧山提供了大量的就业机会。工业园区投产后,为当地提供了3万多个就业岗位。

在国际经济大环境下,中国经济正迈向高质量发展,浙江省走在最前端,借助大数据、人工智能、物联网等科技手段在经济、政治、文化、生活等领域取得了巨大的突破,同时浙江企业还加强与上海及其周边长三角地区的交流合作,共同推动经济发展。上海及其周边长三角地区是我国最具经济实力的城市群,地理位置优越,会集了大量的专业领域人才,是科技创新创造的汇集地。而上海是长三角地区经济发展的龙头,其国际经济、金融、贸易、航运中心的定位不仅给浙江旅游业、建筑业、会展业等带来无限商机和直接效应,而且对于全面促进浙江加快发展外向型经济,加速城市化进程具有重要意义。浙江省一直重视自身发展的优势,也注重与上海发展的差异性。在与上海合作的过程中,以更加主动的态度去接轨上海,充分利用好上海的溢出效应,整合资源,形成优势互补。随着合作的不断成熟,合作的风险逐渐减小,合作的深度、广度也不断加强,浙江省与上海的合作为中国经济的发展提供了巨大的推动力,也为其他省市的跨省合作积累了丰富的经验。

四、做大做强"浙江人经济"

毛泽东同志指出,"世间一切事物中,人是第一个可宝贵的","一切物的因素只有通过人的因素才能加以开发利用"。①发展经济是为了人,而其过程也必须充分依靠人,发挥人的创造性和主观能动性。改革开放以来,浙江迅速跻身发达省份行列,说到底就是因为有效发挥了人的能动性。浙江人的能动性不仅体现在推动省域发展上,还体现在"浙江人经济"上。习近平在《浙江日报》的"之江新语"专栏发表的《"浙江人经济"拓展浙江经济》一文中,从"生意无地域、市场无疆界"的浙江人生意谈起,从敢于走出去创业等角度揭示了"浙江人经济"成功的秘诀。②

"浙江人经济"是一种文化概念,也是一个开放的概念。所谓"浙江人",不仅是指名扬海内外的浙江知名企业家,也包括,甚至更重要的是浙江千千万万的普通人民群众。浙江开放型经济的辉煌,既有马云、鲁冠球这样缔造了商业帝国企业家的突出贡献,也离不开让鸡毛飞上天的货担郎、从小作坊起步让浙江制造走向全球的普通经营者和劳动者的贡献。

在浙江工作期间,习近平同志提出了"浙江人经济"这一重

---

① 《毛泽东选集》(第四卷),人民出版社1991年版,第1512页。

② 习近平:《"浙江人经济"拓展浙江经济》,《之江新语》,浙江人民出版社2007年版,第233页。

要概念,明确指出"'浙江人经济'则是浙江人在浙江以及浙江以外任何地方创造的经济总量。……浙江的发展模式……也是能够为全国乃至世界经济做出重要贡献的发展模式"。① 多年来,浙江人在浙江省域以外创造的经济价值体量之巨,足以"再造一个浙江"。"浙江人经济"现象的形成,是浙江内源发展和对外开放、外向拓展紧密结合的产物,在经济领域和地理层面上造就了本土浙江、省外浙江和海外浙江"三个浙江"。

(一)本土浙江:夯实内源发展的坚实基础

浙江省土地和矿产等资源较为稀缺,内源发展成为经济社会发展的主要驱动力。② 习近平同志指出:"浙江过去从一个'资源小省'发展成为经济大省,主要靠的是内源发展。""内源发展为主,是浙江的优势所在,也是我省在发展中较好地实现强省和富民目标有机统一的重要原因。"③浙江推动内源发展的重要表现,在于大力支持民营经济、个体经济发展壮大,鼓励广大老百姓成为创业者,让浙江人在浙江本土发家致富。

改革开放没有现成的经验可以借鉴。20 世纪 80 年代,浙江摸着石头过河,在推进国有企业创新体制机制的同时,逐步走向合理引导非公有制经济发展的正确道路。1993 年,浙江省委、省政府下发《关于促进个体、私营经济健康发展的通知》,提

---

① 习近平:《"浙江人经济"拓展浙江经济》,《之江新语》,浙江人民出版社 2007 年版,第 233 页。

② 关于内源发展的内涵,有学做作出了较为简要但相对比较全面的阐释:"内生或内源性的发展理论寻求一种由发展地区内部来推动和参与、充分利用发展地区自身的力量和资源、尊重自身的价值与制度、不照搬西方发达国家发展模式的发展。"参见邓万春:《内生或内源性发展理论》,《理论月刊》2011 年第 4 期,第 44—46 页。

③ 习近平:《干在实处 走在前列——推进浙江新发展的思考与实践》,中共中央党校出版社 2006 年版,第 102 页。

出对个体、私营经济实行"四个不限"（不限发展比例、不限发展速度、不限经营方式、不限经营规模）。此后，浙江坚持毫不动摇地鼓励、支持和引导非公有制经济发展，在体制机制上为民营经济发展松绑解绑，充分调动了广大人民群众创新创业的积极性。2004 年，浙江召开民营经济工作会议，会上受表彰的百强非公企业，90％以上的老板都是农民出身。① 万向集团的鲁冠球、正泰集团的南存辉、横店集团的徐文荣等一大批知名企业家，就是抓住了历史机遇，实现了从农民到企业家的身份转变。以他们为代表的浙江民营企业家，大都是白手起家，他们具备敢为天下先的勇气胆略和艰苦奋斗、不怕困难、勇于创新的精神品质。改革开放年代成长起来的一大批浙江企业家，不仅在奋斗中实现了自己的人生价值，还共同打造了浙江民营经济的光辉历史，推动了浙江的内源发展。

　　块状经济是浙江经济的另一重要特色。为了实现个体经济相互连接，形成规模化优势，政府的政策导向和民间资本的投资方向往往不谋而合。以相同产业区域性集聚为主要特征的块状经济，在浙江农村地区迅速壮大，逐步形成了"一镇一品、一县一业"的发展格局。海宁皮革城、柯桥轻纺城、义乌小商品市场、永康五金等，都是块状经济发展壮大的产物。调查显示，2005 年浙江全省工业总产值在 1 亿元以上的"块状经济"达到 360 个，工业总产值 18405 亿元，占全部工业总产值的 60.9％。② 这些数字充分体现了浙江块状经济的强大实力。浙江块状经济的形成原因当然是多方面的。其中，"浙江人经济"与资本高度关联，与块状经济呼应联动、相互支持，是块状经济背后不可忽视的重要驱动力。

---

① 陈一新、徐志宏编：《浙江改革开放 30 年辉煌成就与未来思路》，浙江人民出版社 2008 年版，第 91 页。

② 潘家玮、沈建明、徐大可等：《2005 年浙江块状经济发展报告》，《政策瞭望》2006 年第 7 期，第 4—6 页。

（二）省外浙江：提升对内开放的质量水平

"浙江人经济"的魅力在于其外延性。随着国内市场经济不断发展，不少浙江人特别是已经在浙江本土积累了资本和经验的浙商，将谋求发展的目光投向了省外，于是赴省外投资创业的浙江人群体迅速壮大。进入 21 世纪，在浙江省委、省政府"跳出浙江发展浙江"政策的推动下，一大批浙江人带着资金、技术、品牌和先进的管理经验走向祖国的四面八方，扎根他乡艰苦创业（其中当然也有白手起家者）。这时的浙商，已经逐步摆脱从事弹棉花、补鞋子、磨豆腐等"别人不愿意做的事"的小买卖人形象，正在从小规模的商品贩卖和服务业转向市场建设和实业投资领域。他们在全国各地开拓市场，经营服装、小商品、轻纺、日用品、房地产，甚至涉足互联网等新兴技术行业，一度在省外形成一大批"浙江村""温州村""台州街""义乌路"等城市"新地标"，做起了"别人不敢做的事"。

浙江人在省外几乎再造了一个浙江。比如，2008 年，浙江人在省外创办公司超过 26 家，总投资超 3 万亿美元，省外"浙江人经济"的销售规模达 1.77 万亿元，是当年浙江省生产总值的 80%，缴纳税金 1234 亿元，解决了 1136 万人的就业。2010 年，在省外务工经商的浙江人数达 600 万，省外个体工商户经营人数首次超过省内人数。[①]

浙江人在省外大规模的投资创业，与浙江省委、省政府的推动支持和政策引导是分不开的。进入 21 世纪以来，浙江省委、省政府高度重视跨区域合作发展，在接轨上海、积极融入长三角的同时，加大对中西部省份资金、技术、人才的支持。浙江不仅将参与西部开发、振兴东北老工业基地等国家战略作为政治任

---

① 《"浙江人经济"现象扫描》，参见 http://zjnews.zjol.com.cn/system/2011/02/20/017307345.shtml。

务,也视其为进一步加快浙江开放发展、提升对内开放水平的重大机遇。2002年5月,浙江省政府出台《关于我省参与西部大开发工作的意见》,强调"遵循'市场运作、优势互补、互惠互利、共同发展'的基本方针,通过各地、各部门和企事业单位的共同努力,进一步疏通与西部地区的物资流、技术流、信息流和人才流,初步形成一个联合开发、流通顺畅、竞争有序的大市场,达到共同受益、共同发展的双赢目的"[①]。从2000年开始,浙江省委主要领导率党政代表团先后赴新疆、甘肃、青海、四川、重庆、云南、安徽、江西、湖北等中西部省份学习考察,同时组织大型经贸代表团与这些省份开展合作。截至2007年底,通过上述活动签署的合作项目达1414个,协议投资总额达1362亿元。[②] 与此同时,浙江省委、省政府还高度重视同东北地区的经贸交流合作,从2003年开始,浙江坚持每年由政府牵头组团参加"中国·哈尔滨国际经济贸易洽谈会",每年均签订大量项目协议,以实际行动支持东北老工业基地振兴事业。

延伸阅读:娃哈哈的"西进北上"之路[③]

　　从1994年对口支援三峡、在涪陵设立第一家省外企业开始,娃哈哈响应国家西部大开发的号召,先后在中西部、贫困地区及全国各地投资设厂,在推动当地经济发展的同时也

---

①　《浙江省人民政府关于我省参与西部大开发工作的意见》,参见 https://www.zj.gov.cn/art/2002/5/8/art_1229591319_64391.html。

②　陈一新、徐志宏编:《浙江改革开放30年辉煌成就与未来思路》,浙江人民出版社2008年版,第68页。

③　本则材料根据《浙江日报》相关报道整理,主要参考资料为:《钱江奔涌向大洋——习近平总书记在浙江的探索与实践·开放篇》,《浙江日报》,2017年10月9日,第2版。

使自身得到快速发展。

2004 年 5 月 16 日，正率浙江省代表团在中西部考察的习近平同志，来到娃哈哈四川广元分公司。习近平同志在考察中肯定"娃哈哈在帮扶中走出了一条企业运作、市场导向、优势互补、互惠互利的路子"。宗庆后说，娃哈哈的企业实践充分践行了习书记对浙商企业参与中西部开发中"既开发西部，又发展浙江经济"的双赢期待。从 2002 年开始，娃哈哈"西进北上"、靠近消费市场就地设厂的战略步伐越迈越大。娃哈哈在西部地区的年销售额从不到 7 亿元迅速上升到如今的逾百亿元，西部分公司达到 21 家。"西进北上"的战略使娃哈哈在全国扩张建厂投资，从浙江走向全国，成为全国的"娃哈哈"，成为我国知名的饮料和纯净水生产企业。经过多年的全国耕耘，省外的娃哈哈企业利税额和产值已经超过浙江本地的娃哈哈企业。娃哈哈在产生巨大经济效益的同时，也注重社会责任的履行，带动贫困地区的经济发展，实现社会效益与经济效益的统一。

（三）海外浙江：开创对外开放的新局面

"浙江人经济"的另一个重要特征是放眼世界、勇闯天下，积极融入全球大市场。2012 年在央视一套黄金时段热播的电视剧《温州一家人》引发了社会广泛关注。该电视剧讲述了 20 世纪 80 年代初，温州一户普通农民家庭走出家门，背井离乡，在我国各地和欧洲艰苦创业的故事。故事开始，温州农民周万顺一家人卖掉祖屋，筹钱闯荡。周万顺将女儿送往意大利，自己和妻子从捡破烂、做销售员开始，一步一步走到做皮鞋、做纽扣、挖油井，历经酸甜苦辣，终于建成现代化企业。周家女儿阿雨，则在意大利从读书和打工开始，一步步成长为跨国企业老板。电视剧的剧本虽经过了艺术的加工和虚构,但剧中不少人物有其原型。该电视剧植根于改革开放历史中的浙江沃土,有着深厚的历史基础、事实基础:剧中这样的家庭,在浙江各地特别是在侨乡温州、青田等地,并不罕见。改革开放以来,浙江人及浙江籍华人华侨在海外投资创业的故事,代表了一代中国商人的奋斗史,也是"海外浙江"故事的艺术呈现。

截至 2010 年,在海外创业的浙商队伍已发展到 130 多万人。庞大的海外浙商队伍既促进了浙江省进出口贸易、产业转型升级和经济发展,也推动着浙商文化、浙江文化走向世界,加强了中外经贸和文化的交流互动,架起了中外友好的桥梁。[①]在这些走出国门的企业中,民营企业充当了主力军。随着浙江民营企业的发展壮大,其海外投资和经营的途径也逐渐多样化,除了传统的商品贸易、投资设厂,在海外收购、兼并、上市的浙江企业也越来越多,成为浙商走向世界的新方式。

延伸阅读:吉利集团收购沃尔沃

浙江吉利控股集团是我国著名的汽车企业,连续多年进入中国企业 500 强。早在 20 世纪 90 年代,吉利集团就大力引进科技人才,加强技术研发和创新,获得了不俗的成绩,一跃成为中国汽车行业 10 强企业,并多年保持 10 强企业排名。在国家级层面,吉利集团还成为首批"国家创新型企业",这充分证明了吉利集团的科技和创新研发实力。

远在大洋彼岸的瑞典,另一家全球知名汽车企业沃尔沃公司,也正处于业务发展的成熟期。2010 年,拥有 80 多年

---

① 袁晖:《浙商"走出去"的国际化困境》,《浙江统计》2009 年第 12 期,第 19—21 页。

历史的沃尔沃公司业务遍布全球，有近 2 万名员工。沃尔沃在包括中国在内的世界众多国家设立生产线，产品销售至世界 100 多个国家和地区。

2010 年 3 月 28 日，吉利集团与福特汽车签署收购协议，宣布出资 18 亿美元收购沃尔沃公司 100% 的股权。吉利集团的这次完美收购，在规模上成为中国汽车企业收购外国公司之最。

五、"八八战略"对我国开放发展的启示意义

进入 21 世纪以来浙江开放发展所取得的成绩，既得益于国家改革开放基本方略提供的宏观政策环境，也是"八八战略"在浙江落地生根的必然结果，是科学发展观在浙江的生动实践。"八八战略"是被实践证明了的浙江开放发展的正确纲领与战略方针，同时也对我国开放发展具有多方面的启示意义。

(一) 要坚持对内开放与对外开放有机统一的全面开放发展

受"改革开放"等重要话语及其历史进程的影响，提到"开放"，很多人自然想到利用国外资本和技术等举措，甚至不自觉地将"开放发展"等同于"对外开放"，进而将开放政策简单地理解为消除本土与外国和国际社会经济联系过程中的障碍。不过，对推动地方发展而言，这样的理解显然是不准确的，甚至是错误的。"八八战略"作为一种地方发展战略，主张的是"对内""对外"两种类型并重的开放，在举措上则突出强调发挥浙江区位优势，"主动接轨上海、积极参与长江三角洲地区合作与交流"。习近平同志强调，浙江"'走在前列'还必须吸纳各省区市的优长，并瞄准国际先进水平，用国际先进标准来衡量和要求自

己,顺应当代世界科技和经济发展的潮流。我们要具有世界的眼光和开放的思维,把浙江的发展置于更加广阔的背景中来观察、认识和思考,在更大范围、更高层次上找座次、定坐标,不断激发推进发展的动力、活力和勇气,在新一轮的发展中走在前列,尽领风骚"。①

"八八战略"引领下的浙江开放是全方位、多层次的双向开放。"八八战略"强调充分利用国际国内两个市场、两种资源,以更高水平的开放带动更高层次的发展。2003 年 8 月 12 日在《浙江日报》"之江新语"专栏,习近平同志发表了一篇题为《两条腿走路好》的文章。这篇文章强调:"引进外资,不仅是一个资金问题,更重要的是引进技术、人才和管理,促进产业结构的调整和提升的问题,是一个扩大开放的问题,是一个与国际接轨的问题。我们一定要转变观念,采取有效措施,加大利用外资的力度,提高对外开放的水平。"②习近平同志在推动浙江发展过程中特别强调处理好内源发展与对外开放之间的关系,他强调指出:"统筹国内发展和对外开放,是落实科学发展观的重要内容。就我省而言,就是要处理好内源发展与对外开放、外向拓展的关系。""随着经济全球化趋势深入发展、国际产业重组和生产要素转移加快,随着我省部分比较优势逐步弱化、要素资源制约日益加重、企业自身扩张需求不断增强,进一步扩大对外开放、加快外向拓展的要求更加紧迫。"③长期以来,浙江在"八八战略"的指引下,坚持"走出去"和"引进来"相结合,坚持对内对外开放同

---

① 习近平:《干在实处　走在前列——推进浙江新发展的思考与实践》,中共中央党校出版社 2006 年版,第 46 页。

② 习近平:《两条腿走路好》,《之江新语》,浙江人民出版社 2007 年版,第 15 页。

③ 习近平:《干在实处　走在前列——推进浙江新发展的思考与实践》,中共中央党校出版社 2006 年版,第 101—102 页。

步推进,不仅对国外开放资本与企业,还主动推进与国内其他地区的深度合作,取得了高水平开放发展的显著成就。浙江开放发展的经验表明,开放发展不仅要扩大对外开放,引进资金、人才、技术、管理等稀缺资源,同时还要坚持对内开放,促进要素在区域内的充分流动,搞活本土市场。实践也证明,离开了各个地方的"对内开放",一个国家的对外开放也是无法持续的。

（二）要坚持为开放发展营造良好的营商环境

良好的营商环境是产业发展的重要保障。走开放发展的道路必然要以公平、诚信、友善、法治的营商环境为基础。长期以来,浙江在服务开放发展、打造优质营商环境方面采取了多方面措施。

一是牢固树立诚信营商的理念,积极建设信用浙江。习近平同志高度重视信用建设,提出了建设"信用浙江"的目标。他在"之江新语"中发表了《努力打造"信用浙江"》一文,强调:"'人而无信,不知其可';企业无信,则难求发展;社会无信,则人人自危;政府无信,则权威不立。""我们一定要高度重视信用建设,努力打造'信用浙江'。""充分发挥政府在信用建设中的表率作用,树立诚信的形象,建设'信用政府'。"[①]浙江各级政府始终把诚信作为政府公正公信之源,在招商引资、惠企助企的过程中积极履诺践诺,维护政策的连续性和稳定性,为企业营造企稳向善的政策制度环境,减少企业发展的后顾之忧。

二是深化政府职能转变,积极打造服务型政府。浙江各级政府严格按照为民、务实、清廉的要求,在转变政府职能上动脑筋、下功夫,甘当企业和群众的"店小二",不断提升政务透明度,

---

① 习近平:《努力打造"信用浙江"》,《之江新语》,浙江人民出版社2007年版,第18页。

真心诚意为民服务。长期以来,企业在"走出去"的过程中遇到什么困难,政府就帮助企业解决什么困难。当企业在贷款融资、培训招工、涉外合作等领域遇到困难时,政府都能积极采取措施,及时回应企业的急难愁盼问题。

三是加强法治政府建设,积极营造服务市场经济的法治环境。浙江各级党委、政府高度重视法治建设,按照有法可依、有法必依、执法必严、违法必究的要求,积极维护市场经济的秩序和公平正义。一方面加强立法保障,加强地方性法规和制度供给。针对改革开放中遇到的一系列法律问题,浙江积极行使地方立法权,及时回应市场对于法律保障的需求。另一方面严格落实依法行政的要求,公平对待每一家企业,对破坏市场规则、违反法律要求的行为坚决查处,从而有效规范了市场主体的活动。

习近平同志在浙江工作期间高度重视外事工作,坚持把外事工作当作浙江对外开放的重要抓手。他强调,"浙江得改革开放风气之先,融入经济全球化的时间比较早,范围比较广,程度比较深,要做到地方外事工作服从服务于国家总体外交和地方经济社会发展,充分发挥浙江的区位优势、产业优势、体制机制优势,形成政治与经济、政府与民间、中央与地方的立体交叉外交,进一步提高浙江对外开放水平"。[①] 他亲自推动浙江与法国阿尔卑斯滨海省、摩洛哥拉巴特大区、美国新泽西州、澳大利亚西澳大利亚州等签约成为友好省州,首创了在境外举办"浙江周"等工作举措以吸引外资。习近平同志还多次率代表团赴国外招商引资。比如,2005 年 7 月他亲自率团访问韩国,出席了"2005 浙江(韩国)投资说明会"并发表主旨演讲,现场与 LG、SK 等韩国企业签订了 40 个投资项目,总投资额达到 11.68 亿

---

① 中央党校采访实录编辑室:《习近平在浙江(上)》,中共中央党校出版社 2021 年版,第 2 页。

美元。在习近平同志的推动下，当年位居世界 500 强之首的沃尔玛落地浙江，日本三井住友成为在浙江经营的第一家外资银行，东京海上日动火灾保险株式会社等成为入驻浙江的第一批外资保险公司。①

（三）要坚持因地制宜推进开放发展

不同国家有不同国情，不同地域也有自身独特的情况。对于具体地方来说，开放发展没有必然适用的既定道路可以直接"拿来"，没有固定不变的现成经验可以照搬"复制"。浙江及其不同地区的开放发展，靠的是地方党委、政府和人民群众基于对本地具体情况的深入了解和对世情、行情的敏锐洞察，大胆尝试，逐步探索。浙江的开放发展，走的是因地制宜的道路。

"八八战略"的现实基础，就是浙江经济社会发展在体制、区位、产业、空间、生态、地理、环境、人文等八个方面的独特优势。实践证明，搞开放发展，不同地域、不同国家因其现实条件千差万别，所选择的道路、采取的措施、突破的方向也必然是不同的。这种规律，对浙江省内走差异化的开放发展道路同样适用。

习近平同志在浙江工作期间高度重视调查研究工作，在此基础上，他常常鼓励各地发挥本土资源优势，探索具有本地特色的开放发展道路。比如，2002 年 11 月下旬，习近平同志担任浙江省委书记不久，就来到浙江经济较为落后的丽水市调研。在丽水市景宁县，他提出："你们这里还有一个特点，就是'茶乡竹海'。茶文化博大精深，茶业经济的潜力是很大的。目前，我们面临的问题就是怎么处理农药残留量太大的问题，因为农药的残留量太大了，出口就会受影响。外国现在搞绿色壁垒，一定要注意发展绿色食品，这样出口才有优势。国内也在搞绿色食品，

---

① 中央党校采访实录编辑室：《习近平在浙江（上）》，中共中央党校出版社 2021 年版，第 4—11 页。

最重要的是要注重食品安全。"①这样一段简明扼要的论述,不
但指明了景宁的优势所在,而且将生态发展理念、民本发展理
念与开放发展理念融合起来,对于后发展地区扬长避短、化短
为长、在更好融入国内外市场进程中发展自己,具有重要启示
作用。

　　浙江的经验启示我们,搞开放发展必须因地制宜、统筹施
策。一是要对发展的基础有深刻认识。要明确本地区经济社会
发展的优势有哪些、短板在哪里,需要向外拓展什么、从外部引
进什么。二是要对市场的需求有正确把握。要充分了解自身的
优势、劣势、面临的机遇和挑战,针对不同市场、不同类型的用户
群体和不同的需求,制定短期、长期的市场发展目标,从而选择
正确的开放发展目标和道路。三是要在策略选择上组合施策。
既要有"扬长"的大手笔,又要有"补短"的扎实行动,采取有力措
施解决影响产业发展的各方面短板问题。

(四)要有效协调政府、市场和社会的角色分工促进开放发展

　　高水平推进开放发展,既不能单纯依靠市场"无形之手"的
自我调节,又不能完全依赖政府"有形之手"的大操大办,必须在
发展的过程中有效协调好政府、市场和社会的角色分工。"八八
战略"指引下的浙江开放发展,就走出了一条政府举措科学合
理、市场活动积极有效、社会支撑坚实有力的道路。浙江的政府
一是做好产业规划,在发展什么产业、怎么发展产业方面有清晰
的认识,二是提供优质的公共服务,为企业"走出去"创造一切有
利的条件。广大浙商和浙江企业作为市场主体,既能形成块状
经济的"集团军"协同作战,又能在激烈的市场竞争中努力进取、

---

　　①　中央党校采访实录编辑室:《习近平在浙江(下)》,中共中央党校
出版社 2021 年版,第 47 页。

勇立潮头,使得浙江开放发展的市场大环境充满效率和活力。此外,浙江的人文社会在经济不断发展的过程中同步形成了与开放发展相兼容的文化环境,"求真务实、诚信和谐、开放图强"的浙江精神为浙江的开放发展提供了强大的精神动力。这部分相关内容,本书将在后面章节予以详细阐释。

第三章 谱新篇：以"一带一路"为统领全面推进开放强省

建设"一带一路"是我国适应世界动荡变革的新形势，为引领新型全球化和进一步扩大对外开放提出的重要倡议。浙江参与"一带一路"，具有全球浙商、港通天下、互联网经济发达等比较优势。可以说，"一带一路"的提出为浙江进一步稳固与发展外向型经济带来了历史性机遇，有助于其进一步扩大开放、实现高质量发展；而浙江也将通过自身的积极参与，为"一带一路"建设注入活力，在我国开放发展新格局中发挥更加重要的作用。

一、"一带一路"与浙江在其中的角色

(一)全球化时代开放发展的务实方案

如果说"构建人类命运共同体"思想的提出集中反映了中国作为一个世界大国"以天下为己任的担当精神"，那么"一带一路"的稳步推进则是中国在全球治理中"积极做行动派、不做观望者"的生动体现。然而，"行动派"往往难以逃脱被"观望者"质疑乃至"抹黑"的命运。在"一带一路"倡议提出之初，国际社会有不少国家抱有疑虑。一部分疑虑源于对该倡议的目的和本质缺乏了解，一部分疑虑是因为一些别有用心的国家有意歪曲。从最初的"新殖民主义论""朝贡体系复活论""地缘扩张论"等诸种奇谈怪论，到"一带一路"会让发展中国家背负沉重债务的"债务陷阱论"，"一带一路"建设的推进始终与各种质

疑的声音相伴而行。

不过，随着一系列重大成就的取得和国际社会对该倡议认识的深入，多数质疑的声音已经逐渐消解或不攻自破，少数新的恶意攻击论调无视逻辑和基本事实、"低级黑"的特征愈发明显，因而也变得越来越无力。"一带一路"倡议提出以来，"六廊六路多国多港"的互联互通架构在短短几年间基本形成，众多合作项目已经落地生根、开花结果。2017 年，首届"一带一路"国际合作高峰论坛有 29 位全球领导人和 130 多个国家和地区的 1500 名代表参会。至 2023 年，中国已与 150 多个国家和地区、30 多个国际组织签署共建"一带一路"合作文件，举办了 3 届"一带一路"国际合作高峰论坛，成立了 20 多个专业领域多边合作平台。随着时间的推移，"一带一路"建设由点到线、由线到面逐步推进，进度和成果超过不少人的预期。

"万物得其本者生，百事得其道者成。""一带一路"建设"大道越走越宽阔"，从根本上是因为这一倡议既继承了中国"以天下为己任""道济天下之溺"的担当精神，又秉持了"构建人类命运共同体"的伟大新理念，既体现了中国作为最大发展中国家和最大新兴经济体的责任担当，又为消解全球治理赤字提供了一剂良药。

"一带一路"既是一项面向世界、涉及众多国家和地区的开放性倡议，又和我国国内诸多地方的发展密切相关。建设"一带一路"，从国际上看需要加强与共建国家的对接合作，从国内看，需要党中央的"一分布置"，更在于各个地方的积极参与、"九分行动"。考察"一带一路"的核心精神和背后机理，我们不难发现，秉持"共商、共建、共享"精神的这一宏伟倡议，不仅是中国参与全球治理的核心举措和具体方案，还有助于世界各国增加信任、减少冲突，促进世界各国共同发展，它集中体现了开放发展的时代理念，是开放发展的务实方案。

(二)浙江在"一带一路"中的角色

在改革开放的历史进程中,浙江逐步形成了外向型经济发展格局。"一带一路"倡议的提出为浙江开放发展提供了新的历史机遇,浙江省委、省政府提出"以'一带一路'建设为统领、构建全面开放新格局"的新目标,在开放发展之路上始终坚持干在实处、走在前列、勇立潮头。

"一带一路"建设与浙江的开放格局是高度契合的。浙江在改革开放初期即形成了以乡镇企业、商品市场、港口经济为主要动能的发展方式,外贸依存度较高,特别是出口在浙江经济社会发展中具有举足轻重的作用,港口作为经济社会发展战略资源的带动作用非常明显。习近平同志在浙江工作期间十分重视港口建设,提出"要按照'统筹规划、合理布局、优势互补、共同开发'的原则,进一步搞好全省沿海港口及综合集疏运系统规划,加快形成以宁波—舟山深水港为枢纽,温州、嘉兴、台州港为骨干,各类中小港口为基础的沿海港口体系"。[1] 在"一带一路"实施的新时代背景下,正是得益于高度发达的港口经济,通过铁路运输形成的与内陆的进一步联通也得以不断巩固,依托欧亚大陆桥在运输过程中发挥的重要作用,欧亚大陆腹地生产出的琳琅满目的商品打通了对外输送的通道,而浙江港口引入的集装箱,也得以不断通过"中欧班列"输送到中亚、中东和欧洲,陆海双向联通格局日益完善。浙江充分发挥自身在互联互通网络中的独特作用:一方面拓展国内市场,打破省内资源匮乏的枷锁,培育一大批以商贸物流、批发转运为主的商品集散地,积极畅通国内大循环;另一方面瞄准海外市场推动制造业转型升级,持续寻找新的海外增长极,在畅通国内国际双循环中走在了前列。

---

[1] 习近平:《干在实处 走在前列——推进浙江新发展的思考与实践》,中共中央党校出版社 2006 年版,第 218 页。

"一带一路"为浙江深化对外开放带来了历史性的新契机。对全面深化改革、持续推进产业转型升级的浙江而言，推动高质量发展需要探寻新的增长方式，"一带一路"为"跳出浙江发展浙江"提供了新的广阔空间。"一带一路"共建国家众多，中东地区、南亚地区、东南亚地区许多国家的人口总量和市场潜力巨大。一些国家自然资源、矿藏储备较为丰富，价格也较为低廉，但受制于当地的产业发展状况，资源未得到充分使用，这恰好能与制造业发达的浙江形成互补。虽然沿线地区从总体上看并不安定，但对于善于走出去开拓新市场的浙商和浙江企业来说，可以说是"水深浪急有大鱼"。近年来，随着"一带一路"建设的推进，浙江对部分中亚、中东国家的出口已经连续保持每年20%左右的增速。在此背景下，意大利、德国、捷克等国家业已在浙江设立了工业园或产业园，义乌国际商贸城的展销中心更是吸引了沿线越来越多的国家和地区设置展区。与此同时，浙江与共建"一带一路"国家的人文交流也更趋密切，浙江赴共建国家的人数和共建国家来浙江旅游、交流、学习、任教的人员数量都有了较大增长。

（三）浙江参与"一带一路"建设的优势

浙江在参与"一带一路"建设中具有显著优势。浙江省委曾从八个方面对浙江参与"一带一路"建设的优势进行了梳理，即战略交汇、天下浙商、第一大港、货畅四海、电子商务、平台集成、体制先发和文化底蕴等八个方面的优势。[①] 这一概括系统而明了，其具体含义不难理解，此处仅就其中个别方面做简要阐释。比如，浙江所处区位是"战略交汇"且优势明显。浙江既是长江三角洲中承上启下的重要纽带，又是长江经济带的重要支点枢

---

① 《树立开放强省鲜明导向打造"一带一路"战略枢纽》，参见 http://www.zjdj.com.cn/xbrsgc/gcdt/201706/t20170607_4180183.shtml。

纽;西太平洋地区的北方航线与南方航线在此交会;杭嘉湖平原环抱的杭州湾"大湾区",宁波所处的甬江、奉化江水系,台州濒临的台州湾与椒江,温州出海的温州湾与瓯江等,均与广阔的海洋一道,构成海上航运的重要通道。自唐代起,浙江的杭州、越州(今绍兴)、明州(今宁波)等地即成为重要港城,我国对外出口的主要商品如江南丝绸、茶叶、瓷器等,大量从浙江装船驶向海外。外国入华僧侣、使团也多经浙江辗转内陆,他们带来了众多优秀的海外文化。

除了上述从浙江自身来看的八个方面优势,浙江还与意大利、德国、捷克等中东欧国家和若干非洲国家建立了较为密切的联系,这些联系涉及双边贸易、相互投资、技术合作、人员往来、人文交流等多个方面,为浙江携手这些国家以"一带一路"为契机进一步深化合作奠定了良好基础。比如,浙江已经携手"一带一路"共建国家和地区建立了中意宁波生态园、浙江中德(台州)产业合作园、浙江中捷(浦江)产业合作园、浙江中韩(衢州)产业合作园等 10 多个国际产业合作园,为浙江与"一带一路"共建国家的产业合作打造了越来越多的平台。此外,浙江还具有浙江籍侨商在"一带一路"沿线分布较为集中、影响力较大等优势,本书第七章将对相关情况做简要阐释。

二、"一带一路"对浙江开放发展的统领作用

"一带一路"倡议提出后,浙江高度重视其对浙江发展的重大意义,提出了争当"一带一路"建设排头兵的目标。近年来,浙江坚持把"一带一路"作为全面推进开放强省的重要统领,全方位融入长三角区域一体化发展,对接国家对外开放发展的各项战略部署,切实增强了浙江参与"一带一路"建设的工作实效。

"一带一路"建设为浙江开放发展创造了新平台。开放发展

是浙江省社会经济发展的主要优势之一。从开放型经济的发展情况来看，浙江对外贸易发展水平高，跨境电商发展迅猛，自由贸易区建设成效显著。开放型经济孕育了浙江参与"一带一路"建设的独特优势，"一带一路"建设的推进也为浙江继续开放发展提供了新平台。比如，浙江在参与"一带一路"建设进程中持续推进大湾区建设，以杭州湾经济区建设为重点，逐步形成了"一核三引擎四廊带十平台"的大湾区空间形态格局，实现了浙江大湾区建设与"一带一路"建设的良性互动。①

　　"一带一路"建设为推动长三角区域一体化发展提供了新契机。"一带一路"一经提出，很快成为长三角区域协同发展的重要纽带，有助于该区域构建政策协同机制，增强长三角区域联动、经济集聚与对外合作的水平。"一带一路"倡议提出以来，浙江积极接轨上海、融入长三角区域一体化发展进程，建立了与其他省份特别是华东省市的经济合作机制，在长三角区域中的定位更加明确。在融入长三角区域一体化发展进程时，浙江始终秉持互利共赢的理念，积极加强与其他省市的产业合作，推动全省各地的产业转型升级。

　　"一带一路"建设为加快浙江的自贸区建设和贸易发展提供了新动力。2013年，"一带一路"倡议提出，同年上海自贸试验区正式挂牌。此后，浙江也积极学习上海自贸区建设的经验，加快自贸区建设。浙江自贸试验区金义片区通过加强从义乌出发的中欧班列建设，将铁路贸易的影响力辐射至欧亚大陆50多个国家和地区、160多个城市。浙江在推动"一带一路"物流枢纽

---

　　① 一核，即以杭州湾经济区为核心；三引擎，即以杭州、宁波、温州三大都市区为主引擎；四廊带，即联动发展沪嘉杭湖科创大走廊、杭绍甬智能制造产业大走廊、沪甬舟海洋经济大走廊、甬台温临港产业带；十平台，即打造杭州江滨国际智造新区、宁波环湾智能经济新区、争创自由贸易港等十大高能级平台。

建设的同时,大力开展新型跨境易货贸易试点工作,率先建立海关报关、数据统计等闭环管理制度。宁波、温州等地还积极推进省海洋经济发展示范区建设,有效发挥了浙江沿海城市作为大宗商品国际物流中心、"一带一路"支点城市的作用,提升了浙江海洋经济的综合实力和核心竞争力。

延伸阅读:"义新欧"何以成为"一带一路"上的"金丝带"①

2023 年 3 月,中国人民大学重阳金融研究院与义乌市场发展研究院合作发布的"义新欧"研究报告指出,"义新欧"是"一带一路"与中欧交往的"金丝带",它响应了共建国家扩大国际经贸投资的时代呼唤。

"义新欧"背靠浙江充足的货源市场,是全国唯一的民营企业参与的中欧班列平台。和国内很多依托省会中心城市运营的中欧班列不同,"义新欧"的起点城市是不靠边境不靠海,也不是大型城市的义乌。但"义新欧"交出的成绩却非常亮眼。2018 年 12 月 26 日,浙江省"一带一路"国际物流联盟成立;2021 年 6 月 7 日,"金华—匈牙利布达佩斯"班列首发;2021 年 11 月 9 日,"温州号"班列首发;2022 年 3 月 17 日,"台州号"班列首发。2014 年至 2022 年,"义新欧"班列义乌平台开行数分别为 1 列、35 列、100 列、168 列、320 列、528

---

① 本阅读材料由笔者根据以下几份新闻资料综合整理:(1)《解码义新欧:一场横跨欧亚大陆的双向奔赴》,原载 2023 年 3 月 10 日"潮新闻"平台,也可参见 http://zjydyl.zj.gov.cn/art/2023/3/10/art_1229691750_38-952.html;(2)《未来可期! "义新欧"连接世界　改变浙江》,参见 https://www.kankanews.com/detail/6ryd8vbKNyK;(3)《大有可为! 义新欧成"一带一路"与中欧交往的"金丝带"》,参见 https://baijiahao.baidu.com/s?id=1760416038889793193&wfr=spider&for=pc。

列、974 列、1277 列、1569 列。2023 年 7 月 29 日，全国第 10000 辆中欧班列从义乌出发。10 年来，10000 多辆班列，19 条运营路线，联通了 51 个国家和地区，"义新欧"班列连接陆海，横跨东西，辐射周边，为浙江外贸进出口的高质量发展提供了坚实助力。

没有靠天吃饭的地理优势，"义新欧"却在成功的路上越走越远。"义新欧"到底有哪些特殊之处？又为何能够脱颖而出？

"义新欧"的"特殊"，首先在于专注市场先行。"义新欧"是目前唯一全民营机制运营的中欧班列。市场的驱动，是"义新欧"运行数据节节攀升的最根本原因。回顾"义新欧"的诞生，市场基因注入之深，全国无出其右。如果只能卖全球，不能买全球，贸易的循环做不起来，中欧班列就有可能成为"花架子"。为此，在各方的努力下，"义新欧＋"贸易模式应运而生，即通过进口和转口贸易，快速消化"义新欧"从欧洲带回来的商品。这个模式的底气，有赖于浙江的民富。浙江乃至整个长三角旺盛的消费力，成了红酒和西班牙火腿等欧洲产品的绝佳归宿。"义新欧"用实践证明，市场先行，尊重市场规律，仍然是落实开放提升的不二法门。

"义新欧"的"特殊"，其次在于政策落地精准。"义新欧"的发展，虽然是市场先行，民营机制运行，但在政策的有效赋能中获益良多。政府出台或者争取政策，只要能给企业运行做加法，排除发展痛点，该出手时就出手。比如，由于传统铁路运输单据不具有海运提单的金融流通功能，2022 年，义乌启动"义新欧"铁路运单物权融资改革项目。浙江稠州商业银行股份有限公司、义乌市农信融资担保有限公司、中国人民财产保险股份有限公司义乌市分公司、义新欧贸易服务集团有限公司四方合作,签署了铁路运单物权化项目战略合作协议,让"义新欧"铁路运单有物权、可保障、能融资。在"义新欧"的运行体系里,市场运营和政府部门的政策导向相辅相成。企业和政府部门的角色定位是准确的。两者在市场化的竞争环境下,都没有越位,也没有缺位。

"义新欧"的"特殊",还在于产业链破圈。最早单纯的铁路货运业务已经成为过去时。"义新欧"的班列运行也不再局限于字面意义上的城市。产业链条已经如地瓜的藤蔓一样,蔓延到了更远的地方。截至2023年初,"义新欧"中欧班列运行网络已经联通亚欧大陆50个国家和地区、160多个城市,已在杭州、金华、衢州、湖州等地开设7家"义新欧"进口商品直营店,经营2000余种进口商品。除了做得更广,还要做得更精。浙江人的生意经,从小到大,从无到有,从有到精,在这里也体现得淋漓尽致。国际贸易中,货物走出去是常规操作,在境外形成枢纽节点,才是关键。只有融入当地的市场生态,破圈才会成为可能。在国内,"义新欧"中欧班列已集聚浙江、上海、广东、安徽、江苏、山东、福建、江西等15个省市的货源,这些货怎么走?欧洲城市的需求怎么样?两者怎么配套?要解决这些问题,在欧洲拓展境外运营网络成为首选。在"义新欧"铁路开通9周年之际,"一带一路"捷克站已建成投用,布局欧洲、东南亚海外仓等都已经提上了日程。产业链破圈,其实就是中欧班列运营模式的破圈。把产业做深,把发展脉络走实,让中欧班列成为一个优质的"地瓜",这也是避免各地中欧班列"内卷"的好办法。

三、在融入长三角区域一体化中打造开放发展"桥头堡"

（一）"一带一路"倡议与长三角区域一体化发展战略的汇聚交融

长三角地区指的是长江入海口所涉及的地区，位于我国东南部，涵盖上海市、江苏省、浙江省、安徽省三省一市。长三角地区土壤肥沃，自古就有"鱼米之乡"之称，近代以来得风气之先，工商业发展起步较早。改革开放以来，长三角地区经济快速发展，是我国目前经济发展速度最快、经济总量规模最大、最具有发展潜力的经济板块。在我国改革开放战略向纵深推进以及"一带一路"倡议的引领下，长三角地区的融合发展迎来了新契机。

融入长三角是进入 21 世纪以来浙江加快发展的重要政策举措。2002 年 10 月 16 日，到浙江工作不久的习近平同志代表省政府与清华大学签署省校全面合作协议。在这一背景下，他亲自谋划并直接推动组建了"浙江清华长三角研究院"，通过布局"金三角"引领浙江发展方向。在"八八战略"中，"主动接轨上海、积极参与长江三角洲地区合作与交流"则成为浙江发挥区位优势、不断提高对内对外开放水平的主要战略举措。

长三角是我国经济发展最活跃、开放程度最高、创新能力最强的区域之一，长三角一体化的有效推进与"一带一路"建设相互呼应，构成了新时代我国开放发展整体布局的重要组成部分。习近平总书记在 2018 年 11 月举办的首届中国国际进口博览会开幕式上的演讲中提出，"将支持长江三角洲区域一体化发展并上升为国家战略，着力落实新发展理念，构建现代化经济体系，推进更高起点的深化改革和更高层次的对外开放，同'一带一路'建设、京津冀协同发展、长江经济带发展、粤港澳大湾区建设相互配合,完善中国改革开放空间布局"①。这标志着长三角一体化在国家开放发展总体布局中的地位进一步提升,掀开了长三角一体化发展的历史新篇章。

(二)浙江融入长三角区域一体化发展进入历史新阶段

党的十八大以来,"一带一路"倡议的提出为浙江进一步扩大开放提供了重要历史契机。"独行快,众行远。"这句谚语不仅可用于揭示国际上各国协同共建"一带一路"的实践逻辑,还适用于描述国内一些省份和区域携手参与这项伟大倡议的共同行动,因而这项倡议客观上也有利于长三角地区在共同行动中推进区域一体化。随着"一带一路"建设的推进,浙江陆港火车(义乌中欧班列)与海港巨轮(宁波舟山港)等独特资源,不仅促进了浙江开放经济形态的进一步壮大,还对长三角地区的开放发展起到了日益显著的辐射作用。

浙江省深入贯彻党中央推动长江三角洲区域一体化发展的国家战略,经过深入研究和科学论证,于 2020 年 1 月印发《浙江省推进长江三角洲区域一体化发展行动方案》(以下简称《方案》),提出"坚持全域融入、战略协同、重点突破、合力推进",同时围绕"高层次扩大对外开放""建立长三角统一的开放大市场"等目标推出了诸多重大举措,再次明确要"以'一带一路'建设为统领,加快推进开放强省建设,构筑一批高水平开放发展平台,增强国际竞争合作优势,共同打造对外开放新高地"。《方案》还对浙江进一步融入长三角地区提出了阶段性要求:到 2022 年,浙江省一体化发展示范区应初见成效,并且初步形成长三角一体化发展体制机制;到 2025 年,全省域全方位融入长三角一体化发展,形成完善的发展格局;到 2035 年,形成现代化经济体

---

① 《习近平谈治国理政》(第三卷),外文出版社 2020 年版,第 206—207 页。

系,各项基础设施在全省范围内实现更高水平互联互通,长三角区域形成共建共享机制,建立完善的统一开放市场体系,全面形成高质量的一体化发展格局。《方案》的出台标志着浙江融入长三角区域一体化发展进入新的历史阶段。

浙江省在推进长三角一体化发展中,既是重要建设者,又是直接受益者。在新的历史时期,浙江经济实现高质量发展,必须抓住长三角一体化发展带来的历史机遇。在推动长三角一体化发展中,浙、苏、皖、沪各有所长,需要实现优势互补,形成相互赋能、"1+1+1+1>4"的良性发展格局。上海无疑是长三角一体化发展的龙头地区,但浙江也有自身的比较优势。比如,浙江数字经济发展领域的表现,不仅在长三角地区,而且在全国甚至世界范围内,都是可圈可点的。近年来,浙江省在加快融入长三角协同发展过程中,也积极发挥自身在数字经济领域的比较优势,积极做大做强以智慧产品、数字经济为核心的新经济业态。2019年,浙江省以新产业、新业态、新模式为主的"三新"经济呈现14.5%增长,占浙江省生产总值的10%;2022年,"三新"经济增加值占浙江省生产总值的比重进一步跃升至28.1%。

四、浙江参与"一带一路"建设的成效与前景

自"一带一路"倡议提出以来,浙江省委、省政府抓住时代机遇,依托浙江优越的地理位置、发达的民营经济和深厚的产业基础,积极推动浙江参与"一带一路"的实践,取得了显著成效。浙江省与"一带一路"共建国家服务贸易往来发展迅速,服务贸易对"一带一路"沿线国家的出口增速持续高于全国平均水平。浙江省以"一带一路"为统领,向东拓展"海上丝绸之路",建立了与东南亚、中亚等各国的贸易往来关系;向西依托"长江经济带",打造面向西亚、东欧的"陆上丝绸之路",打造了开放发展的新格局。

以"一带一路"为开放发展的统领,积聚浙江开放发展新能

量。浙江省委、省政府把国家战略与地方特色相结合,以"一带一路"为统领,形成陆海内外联动、东西双向互济的开放格局。抓住时代机遇,发挥浙江外贸大省和拥有全球大港等优势,打造"海、陆、空、网"全方位的开放发展大通道。加快浙江自由贸易区和自由贸易港建设,不断对其扩权赋能。加快现代物流枢纽建设,打造义甬舟开放大通道,构造"一带一路"重要枢纽。浙江依靠前期发展中积累的优势,大力发展电子商务、信息技术、云计算、数字经济、生态健康产业,以结构优化提升浙江对外发展水平,推动浙江高质量发展,形成开放强省新格局。以 G20 杭州峰会和杭州亚运会的成功举办为契机,进一步与国际接轨,优化营商环境,提升城市国际化水平和省域对外开放发展水平。近年来,中美贸易摩擦不断,美国在贸易、科技、金融等领域对我国实施全面打压政策。新冠疫情的暴发和蔓延,使我国对外贸易进一步受到冲击,作为拉动经济发展的"三驾马车"之一的出口也随之增长放缓。在此背景下,浙江进出口贸易却逆势增长,进出口贸易总额屡创新高。浙江抓住"一带一路"的发展机遇,推进枢纽港口建设,对外经济增长强势,进出口贸易、对外贸易投资、对外贸易结构等数据表现优异,外向型经济发展水平提升。其中,浙江对"一带一路"共建国家出口率更是逐年稳步增长,出口结构和外贸方式也得到进一步优化。

以"一区、一港、一网、一站、一园、一桥"为开放框架,构造浙江开放发展新格局。建好"一区",即自贸试验区。强化中国(浙江)自贸区建设,推动浙江自贸区扩区,推进环杭州湾建设,打造世界先进制造业产业集群,在 2035 年将杭州湾建设成为现代化、国际化大湾区,构建浙江开放发展新增长极。筑好"一港",即国际枢纽港。以宁波港、舟山港、杭州港等海、陆、空和信息港为关键支点,打造海上、陆上、空中、网上四位一体的国际大通道,着力推进全省域、全方位互联互通。联好"一网",即数字贸易网。拓展和"一带一路"共建国家的经贸往来,大力推动现代服务业、现代农业和制造业开放，通过扩大开放领域推动浙江全方位开放。同时，依托电子世界贸易平台（eWTP）和我国电子商务创新实践的先进经验，发展跨境电商，推动与各国的线上贸易往来，打造"线上丝路"。布好"一站"，即境外服务站。打造服务境外贸易的节点网络，重点建设捷克站，服务浙江企业更好地走出去，扩大与世界各国的贸易。造好"一园"，即国际合作园。在国外建设浙江省企业产业园，发挥产业园的产业集聚优势和园区集成服务能力，更好地服务本国企业对外投资建厂。架好"一桥"，即民心连通桥。除了与各国的经贸往来，"一带一路"的持久稳固更需与各国民心相通，互联互通。加强与各国的文化、教育、医疗等交流合作。

优化省域开放平台布局，推动浙江开放走向纵深。参与"一带一路"建设，深入推进对外开放。浙江不只是几个城市的开放，更是全省域的开放；不只是经贸往来的开放，更是包括经济、社会、人文、生态的全方位开放。为了推动浙江开放走向纵深，浙江前瞻性地优化省域开放平台，提升开放合作能力。推动浙江自贸区扩区，推动杭州、宁波和金义片区的开放范围和开放深度，规划中国（浙江）自贸试验区2.0版，推动自贸区赋权扩区的工作。同时扩大开放程度，跳出舟山设置新片区，打造义甬舟开放大通道，形成"一区多片"的开放格局。2017年9月，浙江省还成立了境外投资企业服务联盟，旨在助力浙江企业在"一带一路"建设中走出去，提升国际化经营能力，打造为企业提供专业化、系统化、集成化服务的公共平台。创新推动对外贸易发展方式转变，打造数字贸易中心，依托浙江发达的数字经济、信息技术、大数据、云计算优势，鼓励阿里巴巴等大型互联网公司推进电子贸易走向全世界，为浙江数字治理、数字平台和数字贸易提供服务。加快外贸出口优化升级，培育浙江出口名牌，培育以技术、标准、品牌、质量、服务为核心的外贸竞争新优势，发展外贸新业态、新模式，不断提高出口的附加值和效益。

落实一批重大项目，加快"一带一路"投资建设。近年来，围绕"一带一路"发展与建设，浙江省签署、动工了一大批拓展开放的重大项目。浙江民营企业联合投资股份有限公司、浙江省产业基金有限公司、浙江省交通投资集团有限公司等携手成立规模达 50 亿元的浙江丝路基金，旨在服务浙江企业海外高科技、品牌等并购，并为浙商企业提供融资服务。浙江省海港投资运营集团与招商局港口集团股份有限公司共同投资超 70 亿元，推动境内境外港口股权项目，促进省内企业走出去，参与国外投资建设。围绕"一带一路"枢纽行动计划，浙江省启动投资规模达 14805 亿元人民币的"义甬舟开放大通道"项目，分解十大任务和 200 多项重大支撑项目，推动浙江全面开放。坚持引资引技引智相结合，支持嘉兴、湖州等地建设高质量外资集聚先行区，完善外商投资企业服务体系。

形成陆海内外联动的开放格局，"一带一路"通道建设领先全国。浙江利用其处于沿海、位于长江三角洲的地理优势，建立起"海上丝绸之路"和"陆上丝绸之路"的开放发展通道，形成陆海内外联动的开放格局。宁波港和舟山港的货物吞吐量已经连续多年位居世界第一，该港口让宁波和舟山成为"海上丝绸之路"贸易通道的重要节点城市，海上丝绸之路贸易带从宁波舟山港出发，经过南海、印度洋、红海沿线各国，包括南亚、东南亚、东非和欧洲诸国，为浙江海上贸易创造了异常广阔的发展空间。"陆上丝绸之路"贸易通道从中国西北进入中亚、东欧沿线各国。浙江"陆上丝绸之路"主要依托"义新欧"中欧班列，从浙江金华义乌出发，绵延至西班牙马德里等诸多亚欧大陆城市。浙江积极发挥义乌小商品市场的货源优势，"全球买，全球卖"，深化与"一带一路"各国之间的贸易往来。"义新欧"班列专线不断增加，专列数量和发车次数为全国最多。依托浙江货源优势和发达的电子商务，浙江"网上丝绸之路"通道发展水平居全国前列。成立杭州、宁波、义乌等多个国家级、省级跨境电商综合试验区，打造电商产业群，通过"网上丝绸之路"连接"一带一路"各国。多年来，浙江跨境电商销售额、出口额居全国前列。

"一带一路"倡议提出前，浙江在"贸易兴省"等战略的驱动下，逐步形成了"两头在外，大进大出"的开放模式。[①] 这种开放模式"借船出海、借鸡生蛋"，使浙江在较短时间内深度融入世界产业链条和全球分工之中，有其重要历史意义。不过，在新时代构建以国内大循环为主体、国内国际双循环相互促进的新发展格局中，这种发展模式已经难以适应更高水平开放发展的新要求。在"一带一路"建设的新时代背景下，中外政策沟通、设施联通、贸易畅通、资金融通和民心相通持续推进，为我国特别是作为改革开放先行省份的浙江优化开放发展模式、推动更高水平的对外开放提供了历史契机。浙江也正在抓住这宝贵的历史契机，不断培育其参与国际合作和竞争的新优势。

---

① "两头在外"，是把生产经营过程中的两头，即原材料供应和产品销售放到国际市场上；"大进"，是指进技术、进管理、进资金以及进必要的原材料；"大出"，是指发展加工出口、产品出口。

第四章　铸特色：浙江若干典型地区的开放发展

　　浙江是改革开放的先行省份,地处我国开放发展的前沿,在推动对内对外开放方面有着诸多成功案例和宝贵经验。改革开放 40 多年来,浙江走出的一条从"外贸大省"到"开放大省"再到"开放强省"的蝶变之路,从根本上说得益于搭上了中国经济迅速发展的时代列车,得益于浙江历届省委、省政府的顺势谋划,同时也得益于全省各地的主动创新。杭州实现了由历史文化名城、旅游胜地到现代之城、开放之城的历史变迁;宁波在"一带一路"中占有重要地位,并拥有世界吞吐量最大的港口,形成了融汇天时地利人和的开放发展模式;以温州为代表的浙江沿海地区,是改革开放后我国外向型经济最早起步的代表性地区;无地理优势的义乌等地,也逐步发展成为我国联通国际国内、拓展全球市场的典型地区。

　　开放发展的"浙江经验"不是一个抽象概念,也不是单纯依靠顶层设计或全省统一规划人为打造的"标准化产品",而是由丰富多彩的地方实践共同组成的多元化的体系。浙江各个地方的开放发展既有其个性,又有其共性,本章将简要阐释杭州、宁波、温州、义乌 4 个典型地区的开放发展特色。

一、杭州市的开放发展

(一)杭州市开放发展的简要历程

杭州是一座历史文化名城,拥有西湖、钱塘江、大运河、良渚遗址等诸多历史文化遗迹。在实施改革开放后的二三十年内,杭州逐步形成了以民营经济为主体、以历史文化资源为依托的城市发展模式。不过,从总体上看:在改革开放实施后的相当长一段时间内,杭州仍然更多地被人们以历史文化名城和旅游胜地熟知;经济上虽然取得了不错的成绩,但与沿海城市甚至若干省内城市相比,开放程度方面的比较优势并不明显。

20世纪90年代,杭州市提出"一个目标,三个规划"的发展思路,聚焦把杭州建设成为长三角南翼中心城市和现代化国际风景城市的目标定位,形成发展战略、精神文明规划和建设"强市名城"系统规划,同时提出"内学萧山、外学苏州"等发展口号,城市建设取得了明显进步。①

到20世纪末,杭州的现代化程度和对外开放程度得到了明显提升,杭州市也进一步确定了以对外开放带动城市建设的发展战略,并提出了新的开放发展思路。时任杭州市委书记李金明同志回忆:

> "我们把对外开放带动整个经济的发展作为一个重要的战略思想,实施了'三外并举、四区联动'的方针。所谓'三外',就是外资、外贸、外经;'四区',就是指国家批准的四个国家级开发区,即经济技术开发区、高新技术产业开发区、国家之江旅游度假区以及萧山

---

① 王祖强主编:《浙江改革开放口述史》,中共党史出版社 2018 年版,第 98—102 页。

经济技术开发区。我们称之为'三外并举、四区联动'。实施这个开放带动战略后,对外开放的水平不断提高。"①

2008年全球金融危机发生后,世界经济增长动能长期不足,甚至陷入了常态化的危机之中。不过,杭州的开放型经济却在世界面临的不稳定性和不确定性中抓住了历史机遇,实现了新突破。在全球市场经济复苏乏力、全球服务贸易环境保护盛行的大环境下,杭州坚持实施"开放带动"战略,通过进军互联网等前沿科技产业,推动企业走向国际市场,参与国家竞争与合作,对外开放水平得到了空前提升。

回顾改革开放的历史,相当长一段时间内,在多数人的印象中,宁波、温州、义乌等城市,更能代表浙江的开放发展模式,而不是杭州,但进入21世纪特别是党的十八大以来,这种情况已经发生根本性变化:杭州的开放发展明显进入提质增速的快车道,已经发展成为越来越引人瞩目和国际化的创新之都、开放之城。

(二)杭州市开放发展的成果

1.城市国际化持续推进

2008年,杭州正式确立了"国际化"定位。随着开放步伐的加快,这一定位更加明确。2016年,利用主办G20杭州峰会的契机,杭州市出台《关于全面提升杭州城市国际化水平的若干意见》,强调"面对举办2016年G20杭州峰会和2023年亚运会等重大机遇,杭州城市国际化发展进入了重要'窗口期'",提出"着

---

① 浙江电视台摄制组:《潮起浙江——浙江改革开放二十年纪实》,浙江人民出版社1999年版,第102页。

力打造具有全球影响力的'互联网＋'创新创业中心、国际会议目的地城市、国际重要的旅游休闲中心、东方文化国际交流重要城市等四大个性特色,加快形成一流生态宜居环境、亚太地区重要国际门户枢纽、现代城市治理体系、区域协同发展新格局等四大基础支撑"等系列举措,进而把杭州建设成"世界名城"和"美丽中国建设样本"。① "四大个性特色""四大基础支撑"的提出,标志着杭州进一步明确了开放发展的目标和举措。

2016 年 9 月,G20 杭州峰会成功举办,产生了"金名片"效应,使杭州为世界所瞩目:一方面,围绕 G20 杭州峰会筹办,浙江集全省之力所做的大量工作,大大推动了杭州的建设和发展;另一方面,杭州如诗如画的城市风光和现代化的城市面貌进一步为世界所认识,显著提升了杭州的国际知名度。2016 年 10 月,国际标准化组织城市可持续发展标准化技术委员会(ISO/TC 268)全球工作会议正式宣布,授予杭州全球首个城市可持续发展国际标准试点城市。随后,良渚古城遗址被列入《世界遗产名录》,以阿里巴巴为代表的大型企业加快在全球拓展跨境电商业务等,进一步提升了杭州的国际知名度和影响力。2023 年 9—10 月,延期 1 年的杭州亚运会成功举办,再次把杭州置于镁光灯下。尽管世界范围内宏观经济压力明显上升,但新征程上的杭州仍然以坚定的步伐加速走向世界,世界也在更深层次上影响着杭州的发展。

2. 数字经济领先发展

如果说让无数文人墨客吟咏兴叹的西湖是杭州作为历史名城的象征,那么数字经济则在很大程度上是现代杭州的重要标志。"全球移动支付之城""云计算之城""人工智能之城"建设的

---

① 《中共杭州市委关于全面提升杭州城市国际化水平的若干意见》,参见 http://cgw. hangzhou. gov. cn/art/2016/8/24/art_1229473528_5887-6117. html。

持续推进,不仅将数字资源转变成了这座历史文化名城产业筑梦的新蓝海,还推动了杭州在数字化、信息化、智能化时代更高水平的开放发展。数字经济已经成为杭州产业经济的关键引擎,体现着这座城市发展的"高度"。一是信息产业集群优势明显。软件和信息服务业是信息产业的核心,杭州以争创"软件名城"为目标,已经建成东南西北 4 个软件园,以"信息港"、国家级杭州高新技术产业开发区(滨江)等产业聚集区为龙头,整合园区优势和区域特色,形成优势互补的产业格局,进一步增强产业集聚效应。二是电子商务发展迅速。杭州的电子商务发展在全球都处于领先水平,全国 1/3 的综合性电子商务网站和专业网站都落户杭州。杭州拥有全球最大的 C2C 平台——淘宝、全国最大的 B2C 网站——天猫、全国最大的民营网络支付平台——支付宝等等。三是创新创业平台建设体系完善。进入网络时代,杭州通过未来科技城、云栖小镇、青山湖科技城、云城等诸多创新创业平台,实现了国内外创新创业资源特别是数字经济资源的集聚,日渐成为具有全球影响力的"互联网＋"创新创业中心。杭州数字经济增速已经连续多年在全国城市中排名第一,跨境电商覆盖全球 220 多个国家和地区。近年来,杭州提出"打造全国数字经济第一城"的目标,数字经济仍然处于快速发展的进程当中。

3. 对外贸易迅速发展

20 世纪 80 年代,杭州市外贸进出口规模总体较小,至 1990 年,年度交易额只有 1.45 亿美元。20 世纪 90 年代以来,杭州进出口总额不断攀升,至 2022 年,已经突破 1000 亿美元。杭州市外贸出口产品以高新技术、机电等技术密集型产品为主。随着杭州产业结构的逐步优化,其在国内国际贸易链、产业链中的地位持续提升。近年来,杭州在对外贸易规模不断扩大的同时,跨境电商等新型贸易形式发展迅速。2015 年 3 月,国务院批准设立中国(杭州)跨境电子商务综合试验区。随后,浙江省人民政府印发了具体实施方案。在阿里巴巴集团等大型电商平台的带动下,杭州加快发展跨境电商外贸新模式。2022 年,杭州跨境电商进出口总额达到 1203 亿元。杭州集聚了全国 2/3 的跨境电商平台,规模以上跨境电商企业达 832 家,跨境电商贸易额占杭州外贸总额的 19.2%,跨境电商贸易构筑起杭州外贸高质量发展的新支撑,也成为其开放型经济的重要组成部分。①

4.吸引投资能力不断提升

招商引资是促进开放发展的重要途径。改革开放以来,杭州市招商引资的规模不断扩大,质量也在持续提升。有数据显示:2017—2023 年杭州投资吸引力连续 6 年在全国城市中位居第五;数字经济、先进制造业、生物医药等杭州重点发展的产业,成为吸引投资的主要行业。2020 年新冠疫情暴发后的 3 年,全球经济和国内经济受疫情影响严重,杭州经济发展虽然同样受到明显冲击,但积极依托自身数字技术优势另辟蹊径,"云招商""云签约"等新型"直播",以及"健康码""网红经济"等新兴产业兴起,其发展势头迅猛,使得更多外国投资者看好杭州的经济发展空间。

杭州市在几十年的对内对外开放发展过程中取得了突出的成就,创造了 6 个"中国之最":民营企业全国 500 强数量最多,文化创意产业发展最快,城市环境舒适度最高,投资和商业环境最佳,休闲生活环境最好,居民幸福感最强。② 杭州经验的形成固然有赖于其历史文化名城带来的特殊资源,但杭州开放发展的经验对城市现代化建设而言,仍然具有可资借鉴的普遍价值。

---

① 相关数据根据《杭州数据年鉴》(https://www.hangzhou.gov.cn/col/col805867/index.html)、杭州统计局官网数据(http://tjj.hangzhou.gov.cn/)等综合整理。

② 安蓉泉:《杭州改革开放 30 年的探索历程和基本经验》,《杭州研究》2008 年第 3 期,第 5 页。

二、宁波市的开放发展

宁波位于杭州湾南岸,地处长江三角洲的南翼,东边是东海和太平洋,地理位置优越。宁波历史悠久,既是古丝绸之路的活化石,又是近代中国沿海城市开放的先行者。1984 年,宁波被国务院列为全国 14 个沿海开放城市之一。依托"宁波帮""宁波港"等自身优势,宁波在改革开放和城市建设领域取得了辉煌成绩,走出了一条具有自身特点和优势的开放发展之路。

习近平同志非常关心宁波的发展,在浙江工作时期,他就提出了"港口是宁波最大的资源,开放是宁波最大的优势"的重要论断,并在讲话中加以系统阐释。[①] 他强调,宁波要坚持"以开放促发展","要建设国际性的港口城市,必须始终把对外开放摆在突出位置,加快推进外向型经济发展,不断提高对外开放水平"。[②] 多年来,宁波牢记习近平同志的殷殷嘱托,坚持以开放促发展,成为典型的外向型经济驱动城市,宁波舟山港也发展成为全球"第一大港"。

(一)把全世界"宁波帮"动员起来建设宁波

对中国商业文化稍有了解的人,对"宁波帮"这个词一定不会感到陌生,它泛指在外地进行商业经营活动的宁波人。"宁波帮"是中国传统的"十大商帮"之一。在发生鸦片战争,中国大门被迫打开后,宁波成为最早的通商口岸之一。随着与外部世界的联系不断加强,头脑灵活、敢闯敢干的宁波人不仅积极在本地经营,还大批走向上海等城市。他们从宁波老外滩起航,乘坐小

---

① 习近平:《干在实处　走在前列——推进浙江新发展的思考与实践》,中共中央党校出版社 2006 年版,第 482 页。

② 习近平:《干在实处　走在前列——推进浙江新发展的思考与实践》,中共中央党校出版社 2006 年版,第 484 页。

帆船冒着风雨,穿过杭州湾,最终到达远东大城市上海。早在20世纪20年代,上海各国公共租界总计近70万华人中,就有近40万来自宁波的商人。在上海的宁波商人在不断拓宽眼界的同时努力发掘商机,他们受到欧美现代产业发展经验的影响,对传统手工作坊进行升级,创办了诸多具有一定规模和技术含量的工厂,实现了工商业的初步发展,逐步形成了具有地域特点的商帮。早在1916年,来宁波(别称为甬,彼时多用此称)考察的孙中山先生即在其对宁波商界的演说中提到:"凡吾国各埠,莫不有甬人事业,即欧洲各国,亦多甬商足迹,其能力之大,固可首屈一指。"①这表明,早在百余年前,"宁波帮"即已遍布全国并走向世界。

"宁波帮"不仅孕育出包玉刚、邵逸夫等著名企业家,还缔造了"第一艘商业轮船""第一家商业银行""第一家日用化工厂""第一批保险公司""第一家信托公司""第一家证券交易所"等百余项中国"第一"。在近代以来中国社会和历史的沧桑巨变中,大多传统商帮都走向了没落,但"宁波帮"仍在不断缔造辉煌,堪称近代中国的第一大商帮。

改革开放后,邓小平同志十分关心宁波的改革开放和城市建设。他提出"宁波帮"和"宁波港"是宁波的两大优势。1984年8月1日,邓小平同志在北戴河会见了包玉刚,做出"把全世界的'宁波帮'都动员起来建设宁波"的重要号召,并亲自为即将组建的宁波大学题写校名。1988年1月,84岁的邓小平再次到访浙江。根据时任浙江省委书记薛驹同志的回忆,邓小平同志十分关心浙江特别是宁波的对外开放进展情况,他向浙江省委主要同志询问的问题包括:"你们这个开放的情况怎么样? 宁波的飞机场修起来没有? 北仑港修得怎么样了? 包玉刚说是投资

---

① 《一个又一个商帮衰落了,"宁波帮"为何能历久不衰?》,《宁波晚报》,2012年4月13日,第A14版。

要办钢厂,怎么样了?"①可以说,邓小平同志对宁波发展的亲切关怀,特别是他关于用好"宁波帮"和"宁波港"两大优势的重要论述,为宁波指明了走开放发展之路的方向。

(二)宁波市开放发展的历程

1.1979—1983 年:解放思想,冲破束缚

改革开放之初,宁波人民逐步解放思想,冲破原有的束缚,发挥港口优势带动经济建设,对外开放水平不断跃上新台阶。1979 年 6 月,宁波港正式对外开放。随着第一艘日籍轮船"湖山丸"到达港口,往来于世界不同地区满载货物的轮船在随后几年快速增多。顺应对外开放的新趋势,宁波组建了中国国际旅行社宁波支社、国际海员俱乐部、"甬港联谊会"等组织。1980 年 12 月,宁波市首家中外合资企业东方眼镜制造有限公司成立。这一时期,宁波港口、机场、道路、通信等基础设施建设开始起步,宁波与外界联系的便利程度显著提升。

2.1984—1991 年:凝聚资源,赢得先机

20 世纪 80 年代,宁波相继被我国政府列为进一步对外开放城市(外商投资享有特殊的优惠政策)、计划单列城市(享受省一级经济管理权限)、较大的城市(有权制定地方性法规)、国家综合配套改革试点城市、历史文化名城等。国家的政策支持使宁波在我国对外开放中赢得了先机。宁波市专门组建了对外开放领导小组,完善了海关、商检、边防等涉外监管机构,加强了对对外开放的规范性引领。

在邓小平同志的亲自关心下,宁波的对外开放迈上了快车道。1984 年 4 月,经国务院批准,宁波成为 14 个沿海开放城市

---

① 浙江电视台摄制组:《潮起浙江——浙江改革开放二十年纪实》,浙江人民出版社 1999 年版,第 98 页。

之一;同年 10 月,国务院批复了《关于宁波市进一步对外开放规划的请示报告》,该报告提出把宁波建成华东地区重要工业城市和对外贸易港口的目标;同年年底,时任中共中央书记处书记谷牧在向邓小平同志汇报 14 个对外开放城市工作时说:"北方看大连,南方看宁波。"①

这一时期,宁波的对外贸易迅速发展,据说当时这座城市每 4 人中就有 1 人从事外贸相关工作。② 宁波相继建立了经济技术开发区和北仑港工业区,依托港口优势,开始建设石化、电气、化工等相关能源工业产业集群。宁波坚持人员、商品"走出去"与资金、技术"引进来"双向发力,积极邀请宁波籍港商、外商前来访问、交流与投资,推出了动员凝聚"宁波帮"的系列举措。这些举措有力地推动了宁波的开放发展。进入沿海开放城市"第一方队"后,宁波的外向型企业大量涌现。

3.1992—2001 年:市场驱动,纵深发展

1992 年,党的十四大确立建立社会主义市场经济体制目标后,宁波的开放发展也迈上了新征程。1992 年,宁波保税区成立;同年,宁波市首次提出"以港兴市,以市促港"的发展思路,成为推动宁波发展的长期战略;1993 年,宁波保税区海关、大榭海关正式开关,随后宁波市将开发区面积扩大到 29.6 平方千米,形成了港口、保税区和开发区联动的开放新格局;1997 年,宁波成功举办首届服装节;1999 年,宁波成功召开首届浙江投资贸易洽谈会。

这一时期,宁波市对外贸易额快速增长。1992 年,全市进出口总额只有 9 亿美元左右,到了 2001 年已经达到 88.9 亿美元。1992 年,宁波可利用外资总额为 20.3 亿美元,合同利用外资额就

---

① 单玉紫枫:《开放大市绘鸿篇》,《宁波日报》,2018 年 9 月 14 日,第 A1 版。

② 单玉紫枫:《开放大市绘鸿篇》,《宁波日报》,2018 年 9 月 14 日,第 A1 版。

占了 15.7 亿美元,实际可利用外资额仅 1.1 亿美元。到了 2001 年,可利用外资总额增长至 31.9 亿美元,合同利用外资额为 19.5 亿美元,实际可利用外资额上升至 8.74 亿美元。随着开放政策的持续推进,来宁波投资的外商企业吃下了"定心丸",由早期的试探性投资转向深耕式长期发展,投资规模逐步扩大,投资结构也由以加工业为主向多种产业并举转变。2001 年,货物吞吐量已经达到了 1.29 亿吨,集装箱吞吐量也增长到了 121.27 万标箱。

4.2002—2012 年:加强联动,科学发展

党的十六大召开以后,宁波市委、市政府在科学发展观的指导下,积极探索"走出去"与"引进来"有机结合的具体方式,在更宽领域和更广空间参与国际合作竞争,充分利用国际国内市场拓展发展空间。宁波坚持"以外促内""以内带外"并举,较好地处理了内源式发展与对外开放之间的关系。文具、模具、注塑机等宁波传统块状经济在转型中实现了拓展和升级,新材料、新能源、智能制造等新兴产业异军突起。市委、市政府还着力实现环境治理与开放发展的统一,提出并深入实施好"蓝天、碧水、绿色、洁净"四大工程,通过改善经济体制,完善法治建设,颁布环境政策等方式,大力推动建设生态型宁波。宁波市还不断深化行政审批改革,积极营造良好的营商环境,加快产业转型升级步伐,向新型工业化道路迈进,增加绿色环保产品的出口。

习近平同志在浙江工作期间亲自推动宁波港与舟山港一体化发展,强调"宁波、舟山两港共处一个区位、共行一条航道、共用一处港域,完全可以在合理分工基础上进行整合,形成舟山以水水中转为主、宁波以水陆中转为主的组合港,以一个港口、一个品牌参与国内外航运市场竞争"①。2006 年新年

---

① 习近平:《干在实处　走在前列——推进浙江新发展的思考与实践》,中共中央党校出版社 2006 年版,第 218—219 页。

伊始,"宁波—舟山港"的名称正式启用,标志着港口一体化进程正式开启。[①]

5.2013 年至今:打造枢纽,联通世界

宁波在开放发展过程中,一直致力于提升投资环境,并将其视为吸引外商投资的基础条件。通过不懈努力,宁波的基础设施和城市面貌持续改善,港口、道路、通信等基础设施在不少方面达到了国际水平,形成了良好的投资"硬环境";与此同时,宁波还不断完善法治、生态、人文等投资"软环境",不断优化营商环境。党的十八大以来,特别是 2013 年"一带一路"倡议提出以来,宁波的发展迎来了新的重要历史契机。在"一带一路"建设中,"宁波舟山港"发挥着重要的战略枢纽作用,而"一带一路"的实施,也给宁波舟山港的发展提供了历史性机遇,该港已经连续 10 多年货物吞吐量位居全球第一,宁波与舟山共建江海联运中心取得了显著进展。

在新的时代背景下,宁波市抓住自贸区建设等时代机遇,树立"大开放"的理念,整合国家级开发区、海关特殊监管区等资源,向纵深方向拓展了开放发展格局。2014 年 6 月,首届中东欧国家特色商品展和第一届中国—中东欧国家经贸促进部长级会议在宁波举办。此后,中国与中东欧国家合作交流的诸多重要会议先后在宁波召开。2018 年 6 月,全国首个"16＋1"(后升级为"17＋1")经贸合作示范区正式在宁波揭牌。[②] 该示范区已

---

① 宁波港和舟山港原为两个独立港口,2006 年"宁波—舟山港"名称启用后,原来的两港加快实现了一体化发展。近年来,人们更多使用"宁波舟山港"这个名称。

② 自 2012 年开始,中国与中东欧国家领导人建立年度会晤机制。最早参加该会晤机制的中东欧国家有 16 个,故称"16＋1 合作"。16 个中东欧国家分别是:波兰、捷克、斯洛伐克、匈牙利、斯洛文尼亚、克罗地亚、波黑、塞尔维亚、黑山、罗马尼亚、保加利亚、阿尔巴尼亚、北马其顿、爱沙尼亚、拉脱维亚、立陶宛。2019 年希腊加入后该机制升级为"17＋1 合作"。

经成为浙江和宁波扩大对外开放的新名片、参与"一带一路"建设的重要平台。与此同时,宁波的境外投资规模持续扩大,对外贸易额不断攀升。2021年,宁波的对外贸易逆势创出新高,进出口总额达1.19万亿元,比上年增长21.6%,首次突破万亿元大关,成为我国第六座"外贸万亿之城"。

改革开放以来,浙江的经济发展与民营经济的崛起是分不开的,宁波是其中的典型地区之一。民营企业快速、健康地发展,成功打入国际市场,参与国际产业链分工,成为宁波开放与发展的主力军。据2022年数据,在宁波130万户的市场主体中,民营经济占了97%,贡献出全市约66%的GDP、78.7%的出口、85%的就业岗位、95%以上的上市公司和高新技术企业。[1] 民营企业积极参与国际竞争,不断调整和优化产业结构以适应国际市场的需求和变化,对宁波开放之门越开越大发挥了巨大的作用。

三、温州市的开放发展

起初温州发展依靠小商品制造与加工,后来温州逐步通过"小商品"敲开国内国际"大市场"。富有活力的温州城打开大门欢迎世界各地的投资者,发展成为我国开放经济的典型样本,缔造了闻名全国的"温州模式"。曾几何时,温州商业街、温州商贸城、温州商业大厦等在全国各地大量涌现,在全国以及世界的各个角落都能看到开拓进取的温州人的身影。

(一)历史上温州的对外开放传统

温州地处中国浙江省东南部、瓯江下游,水陆交通便利,"控山带海,利兼水陆,实东南之沃壤,一都之巨会",是浙闽交通的

---

① 曾毅、殷聪、茆明:《宁波:民营经济拔节向上》,《光明日报》,2023年4月25日,第5版。

枢纽，也是海上交通要津。优越的地理位置和沿海地区发达的城乡商品经济，为温州对外贸易提供了有利条件。温州的矿产、海产资源也很丰富。瓯江上游的丽水与闽北山区多产木材与竹类，是造船业的好材料。历史上，造船业的发展和城乡商品经济的发达，为温州对外贸易提供了有利条件。

温州地区在唐代即开始从事对外贸易。北宋时期，西北地区少数民族政权兴起，北宋政府连年征战。西夏控制"丝绸之路"后，中外交往的陆上交通被阻断，转而依靠水路。在这一背景下，温州对外贸易更趋繁荣，温州港群舟蚁聚，"城脚千家具舟楫"，"一片繁华海上头"。不过，由于当时温州尚未建立市舶司之类的对外贸易机构，外销的瓷器、漆器等商品，主要运至对外贸易口岸明州（今宁波）、泉州等地再转销国外。金国崛起后，赵宋政府摇摇欲坠，皇室被迫南迁，当时宋高宗被金军追击至永嘉城区（今温州市鹿城区）。当时，北方的一大批宗室、勋戚、文武大臣等迁至温州，其中一部分人散落在温属各县。南宋定都临安（今杭州）后，北方众多劳动人民和大批宗室、勋戚、官僚地主也随之南移，散落在浙江各地，其中一部分人来到温属各县落户。劳动力的充足，使温州城乡经济得到了很大发展。

随着宋室南渡，北方的政治、经济、文化中心南移。公元1131年，宋高宗下令在温州设立市舶务，这可称为温州地区历史上政策驱动下的"第一次对外开放"。为接待各方来客和外国使者，温州兴建"待贤驿""来远驿"等寓所，供外商、使者住宿之用。南宋时期，温州与高丽、日本、真腊（今柬埔寨）等国都有商船往来。

随着城乡商品经济的发展，温州与外国贸易往来频繁。从温州港出口的货物，以龙泉青瓷为主，其他商品有丝织品、漆器、书籍、文具等。南宋朝廷为防止钱币、金银流往外国，"乃命有司止以绢帛、锦绮、瓷漆之属博易"，使龙泉青瓷及漆器的对外销量大大增加。当时，广州、泉州、明州、杭州等地的商船也不断来温贸易,形成了"漳泉大贾飞樯集,粤海奇珍巨槛来"的繁荣局面。
而温州商船亦不断出入国内各个港口城市进行贸易活动。有的
人在国外或国内经商数年不返家;有的人流寓海外不返,成为海
外华侨;还有的人在海外经商,并与当地女子结婚,侨居海外。

元朝时期,温州设置市舶司,主要职责是对进口的外国货物
征税、收购,管理海舶的进出港等。温州港对外贸易往来频繁,
温州人陆续走向世界,从事海外商贸活动。周达观的《真腊风土
记》记载,温州漆器已在真腊市场上销售。这说明宋元时期已有
温州人侨居今柬埔寨进行商贸活动。从历史上看,这些海外华
侨也为温州的未来开放发展奠定了坚实的基础。

明清时期,闭关锁国政策给温州的开放发展造成了严重的
负面影响,但并未隔断温州与外部世界的联系。鸦片战争以后,
中国被动卷入世界,温州历史上形成的开放基因被再度激活。
1876年9月,在外国列强要挟下,温州被迫成为通商口岸之一。
继宁波开埠之后,温州成为外国资本主义列强侵略浙江的一个
重要基地,客观上促进了浙江与外部世界的联通和往来。1877
年,英国在温州建立了英国驻温岭使馆,瓯海关成立,各国洋行
诸如英国的亚细亚火油公司、英美烟公司,美国的美孚石油公
司,日本的广贯堂、东洋堂等,都在温州派驻了代理商;随后,温
州与上海、宁波、厦门等地的客运航线也陆续开通。自清政府发
起洋务运动起,温州一带出国留学者逐渐增多,与其他国家和地
区的交流也更趋密切。到了20世纪初,温州地区已经呈现出
"瓯为海国,市半洋行"的场景。

当时,温州港进口的洋货主要有棉布、金属制品、煤油、糖、
染料、卷烟、西药等。一方面,洋货大量流入温州地区,促进了商
品经济的发展,加速了资本家货币的原始积累,并不断地转化为
产业资本,促使资本家购买生产资料,兴办企业,雇用工人,使生
产规模逐步扩大;另一方面,外国资本主义工业品大量输入浙南
广大农村,严重破坏了农村自给自足的自然经济,一大批依靠农

村家庭手工业为生的小业主破产，加上农村土地兼并过程加剧，封建剥削日益加重，许多农民、手工业者离开了土地，流入城市，成为劳动力的出卖者。一部分无地无业的农民、手工业者被生活所迫出国谋生，侨居国外，成为旅外华侨；还有的加入所在国国籍，成为海外华人。

历史上形成的贸易和工商传统以及海外华人华侨资源，在改革开放以来温州的开放发展中发挥着不可忽视的隐性支撑作用。此处简述温州开放发展的历史脉络，希望借此阐释这样一个道理：一个地方的开放或封闭，不只是由现时的政策决定的，也会长期受到当地历史传统和文化因素的影响。在"永嘉学派"事功学说熏染下的温州人，被称作"东方犹太人""天生的生意人"。从历史传统和文化性格看，温州确实具有从商重商、开放发展的传统。

（二）改革开放后温州市开放发展的起步

温州地处中国浙江省东南部海防前线。1949—1957 年，温州的工业生产总值从 6824 万元增长到 2.6 亿元，经济发展取得了良好的开端，但此后受国内大形势影响，遭遇困境与波折。1966—1976 年的 10 年间，温州工业的平均递增率更是只有 0.1％，经济基本上陷入停滞。1976 年，温州市年财政收入不到 3000 万元，人均国民收入远低于浙江省平均水平。浙江省 5 个贫困县中，温州地区占了 3 个。站在 1978 年的时间点上看，日后成为改革开放明星城市的温州，是从一个较低的起点上再次出发的。

改革开放释放了温州人血脉中蕴藏的活力。在解放农村生产力的基础上，为了尽快把温州经济搞上去，温州市委、市政府积极发挥港口城市的优势，在对外开放上走在了前列。1984 年，中共中央书记处书记、国务委员谷牧同志视察温州，留下"温州对外开放大有前途"的题词。同年，温州成为我国沿海 14 个进一步对外开放城市之一。在党中央和国务院的支持与谷牧同志的直接关心下,温州市委、市政府制订了《温州市对外开放工作规划》。这个规划从温州的实际出发,提出对外开放的工作重点,拟定了把温州建成工业贸易港口城市的详细规划。此后,温州市龙湾区被确立为经济技术开发区。经过数年努力,龙湾经济技术开发区发展成为引进先进技术的窗口,工业、科技、贸易等各方面得到全面快速发展。温州市委、市政府积极改善投资环境,大力搞好民用机场、铁路、码头、通信、大桥、电力等基础设施建设,把温州需要的人才、技术、物资引进来,大力支持各县市投资办厂,释放民间和市场活力,为温州外向型经济的起飞奠定了扎实基础。

温州人有走出去创业的基因:"温州地区的历史传统是'八仙过海',是石刻、竹编、弹花、箍桶、缝纫、理发、厨师等百工手艺人和挑担卖糖、卖小百货的生意郎周游各地,挣钱回乡,养家立业。"[①]1985 年 5 月 12 日,《解放日报》在头版头条登载《温州三十三万人从事家庭工业》的报道,并刊登评论员文章《温州的启示》。由此,"温州模式"被正式提出,随后引发了全国性关注。时任全国政协副主席、著名社会学家费孝通多次到温州调研,写下《小商品 大市场》《温州一瞥》《温州行》等著名文章,使"温州模式"进一步闻名全国。全省各地包括省城杭州都开展了"温州经验"学习活动,借鉴吸收温州开放发展的一些做法。

(三)温州开放发展的成果与特色

改革开放后,温州吃改革饭、走开放路、打创新牌,取得了显著成就,其经验模式也产生了全国性影响。温州开放发展中的一大特色就是不畏艰难地"走出去",人走出去,产品走出去,企业走出去,积极融入全球化市场。在合作与竞争中,在外温州人

---

① 费孝通:《小商品 大市场》,《浙江学刊》1986 年第 3 期,第 6 页。

经济与本土温州经济不断碰撞融合,从打火机制造等小商品、小生意起步,温州很快在世界产业链中占据一席之地,逐步发展成为享誉海内外的产业基地。

1. 不断"走出去"的温州人

勇于走出家门、国门,在外谋生创业,是温州人在历史进程中形成的传统。20 世纪初,温州本土经济受到外来资本的打压,许多本地人只能离开故土,"走出去"的人数大幅上升。"一战"后,许多温州人在法国定居。起初,温州人"走出去"是一种迫不得已的生存手段。改革开放之后,随着国家政策放开,越来越多的温州人主动走出国门,先是越出市界,跨地经营,再是走出国门,跨国经营。1984—1994 年的 10 年时间里,温州"走出去"的人数高达 7 万之多。根据 1998 年的资料,温州籍海外侨胞有 30 多万人。经过艰苦创业,温州人的生意遍布世界各国、各地区,织就了一张覆盖众多行业的营销网、人际网。温州人善于走出去,勇于走出去,他们用自己的勇气和闯劲推动了温州的开放与发展。

温州人的生意遍布全国、全世界,温州商会、侨团发挥了沟通联系的作用。据 2019 年数据,68 万温州人在全球 131 个国家和地区建立了 300 多个侨团,175 万温州人在全国各地经商创业,在 80% 的地级以上城市设有商会,地市级以上商会超过 260 个。侨团为各地的侨胞解决在他乡碰到的困难,维护其合法权益,让所有的温州人能够凝聚力量为家乡的发展献计献策。

2. "走出去"与"引进来"相结合的温州企业

温州企业在开放发展的历程中,实现了"走出去"与"引进来"相结合,这是一个多方互动的过程,是在参与国际分工、融入国际市场基础上不断优化资源配置的结果。考察企业发展的微观案例,有助于我们理解这一进程。1984 年,广和塑料制品有限公司成立,这是温州市第一家中外合资企业,此后,越来越多

的海外华侨来温州创办企业。长期以来,温州一直在积极实施
"以民引外"战略,探索具有温州特色的招商引资方式,收效明
显。温州众多民营企业通过与法国施耐德、意大利杰尼亚、日本
茬原集团等国际知名企业合作,加强资本对接、品牌对接、技术
对接、渠道对接,促进了传统企业的转型升级,增强了国际竞争
力,并为自主创新、打造自身创造了条件。以夏梦服饰为例,起
初它只是一个小型的中外合资企业,经过多年的经营及海外市
场的开拓,逐步发展为具有较大规模的外向型企业。1988 年,
温州拥有进出口经营权的公司只有 6 家,到了 2007 年,全市享
有进出口经营权的企业已经达到 4594 家。随着中国鞋都、中国
服装城等国字号基地落户温州,温州的产业集聚规模进一步
扩大。

在开拓国际市场的过程中,温州企业展示出了独特的优势,
特别是有效发挥了海外温州侨胞的桥梁与纽带作用。至"一带
一路"倡议提出的 2013 年,温州市已经先后在巴西、喀麦隆、俄
罗斯、阿联酋等国创办了 16 家境外专业市场。以康奈集团为
例,该公司先在乌苏里斯克建立了工业园区,此后更是在纽约、
米兰、威尼斯、巴塞罗那、柏林等城市及我国港澳台地区开设了
300 多家境外专卖店。温州企业对外开放的脚步从未停止,它
们将继续探索提升自身在世界市场大海游泳的能力,不断探索
企业国际化的新路径、新方法。

3. 在开放求变中发展提升的温州城市建设

温州人在土地和物质资源匮乏的情况下,把生存的劣势转
化为发展的动力,创造了经济发展奇迹。加入世贸组织后,温州
加快了融入世界的步伐。随着逆全球化和贸易保护主义的兴
起,温州的开放发展迎来了诸多新挑战。温州积极适应新形势、
新情况,在风险中把握机遇,主动调整策略,创造了开放发展的
新成果。40 多年来,温州本土经济的发展与在外温州人经济的

发展一直处于良性互动状态。2007 年,温州在参与中国城市外贸竞争力评选中排在第 12 名;2013 年 3 月,教育部正式批准设立温州肯恩大学,这是浙江第一所中美合作的大学;2016 年,温州市生产总值首次迈入"5000 亿俱乐部"。经济全球化转型在给温州带来压力与挑战的同时,也创造了新的发展机遇。在世界产业链的调整与重塑过程中,在对外开放中成长起来的温州企业别无选择,唯有以更加积极的态度拥抱世界,并在此过程中不断发展和壮大自己。正如温州知名企业家正泰集团董事长南存辉所说:"在高质量发展的新时代,要生存,求发展,实现更好的发展,我们别无选择,必须适应环境,必须自我进化,必须保持开放,必须持续变革。时代在变,市场在变,用户在变,你不变怎么行呢?"①

四、义乌市的开放发展

义乌既不沿海又不靠边,没有矿产和农业等资源优势,虽然地处杭州和宁波两大城市之间,但以 20 世纪八九十年代的交通条件看,与两大城市的地理距离都较为遥远,作为浙江内陆小城鲜为人知。改革开放之初,义乌是出了名的穷地方,当地老百姓曾流传一句话:"一条马路七盏灯,一个喇叭全县听。"这样一个平平无奇的贫瘠小县城能够一步步发展为世界小商品之都,堪称是人间奇迹。习近平同志在浙江工作期间,曾多次到义乌考察调研,称赞"义乌的发展简直是'莫名其妙'的发展、'无中生有'的发展、'点石成金'的发展"。②

---

① 南存辉:《高质量发展新产品　全面提升自身能力》,参见 https://baijiahao. baidu. com/s? id=1627438131005005181&wfr=spider&for=pc。
② 习近平:《干在实处　走在前列——推进浙江新发展的思考与实践》,中共中央党校出版社 2006 年版,第 519 页。

(一)商贸文化与义乌的开放发展

义乌历史悠久,文化传统多元包容。历史上,虽然并无地理和资源优势,但义乌江外埠通商条件较好,为商贸发展提供了一定便利,哺育了义乌"儒商并重,义利并存"的文化传统,孕育了独特的商贸文化。商贸文化与桥头文化、书院文化等其他文化传统的相互交融、与时俱进,构筑了义乌人独具特点的精神底色。商贸文化引导着义乌人的思想观念和价值追求,也在很大程度上调节着群体的经济行为,影响着经济社会的运行乃至整个开放发展的进程。

"鸡毛换糖"曾被一些学者作为义乌商贸文化的一个符号。[①]《义乌县志》载:"早在清乾隆时,本县就有农民于每年冬春农闲季节,肩担'糖担',手摇拨浪鼓,用本县土产红糖熬制成糖饼去外地串村走巷,上门换取鸡鸭鹅毛、废铜烂铁,以取微利。"义乌商贸文化催生的"敲糖帮"在中华人民共和国成立后逐渐萎缩,但并未彻底绝迹。[②] 改革开放之初,义乌街头常能见到货郎手摇拨浪鼓,肩挑"百宝箱",吆喝着"鸡毛鸭毛换糖喽……",人们用鸡毛鸭毛就可以换取"百宝箱"中装着的糖块、玩具等。"鸡毛换糖"承继了义乌传统的商贸文化,也表明了义乌商品市场起点的简陋。

20 世纪 80 年代,义乌提出"兴商建市"战略。该战略的主要做法就是积极拓展小商品市场,通过市场建设,促进商贸、金融等第三产业的发展,同时带动第二产业转型发展,最终形成以小商品市场建设为龙头、产业集聚为基础、市场经济为主导、以

---

① 参见陆立军、白小虎、王祖强:《义乌市场——从鸡毛换糖到国际商贸》,浙江人民出版社 2003 年版,第 1—25 页。

② 王晋、刘春、沐阳:《义乌传奇——义乌小商品市场改革发展纪事》,《经济日报》,2018 年 9 月 17 日,第 13 版。

点带面为特征的新型开放发展模式。1982年，义乌县委、县政府顺应群众呼声，正式开放小百货市场，投资9000元在稠城镇湖清门建设了露天的简陋市场。同年9月，该市场正式开放，共有705个摊位，经营小百货、小五金、小针织、小塑料、小玩具及服装等2000多种商品。湖清门市场成为义乌的第一代小商品市场。此后，义乌的小商品市场规模迅速扩大，40年间经历了6次易址、10次扩建、5代跃迁，在规模、经营门类、管理现代化等方面实现了迭代升级，创造了"从马路市场到世界超市的义乌奇迹"。①

　　一个开放的城市，需要有良好的文化氛围。40多年来，义乌实现从贫瘠小县到"买全球、卖全球"的世界最大的小商品市场的蝶变，原因是多方面的，其中不断丰富和发展的商贸文化所起到的支撑作用，是一个不能被忽视的因素。商贸文化随着改革开放的实践不断传承发展，内涵日益丰富。在义乌这座城市中，到处都能见到来自不同国家和地区、不同肤色的人们，各种不同形式的文化都能在这里融合共生。随着城市国际化程度的提升和涉外管理工作的改进，文化纽带将来自世界各地的"新义乌"人连接起来，他们对这个城市产生了强烈的共鸣和认同感。中国义乌国际小商品博览会（简称"义博会"）以"面向世界、服务全国"为办展宗旨，自1995年创立，至2023年已经连续举办29届，影响力持续提升。义博会先后获评"中国十大最具实力贸易进出口展览会""中国管理水平最佳展会""中国（参展效果）最佳展览会"等诸多荣誉称号，它向世界展示的不仅是丰富的交易产品，还有充满魅力的中华文化、浙江文化、义乌文化，也为义乌商贸文化注入了新内涵。

---

① 《从马路市场到世界超市的义乌奇迹》，原载于《金华日报》，转引自http://www.yw.gov.cn/art/2022/11/26/art_1229663288_59403744.html。

(二)义乌市开放发展历程及其成效

1.1992 年之前:从传统地摊市场到小商品城

计划经济下,商品的有限供给难以满足人们客观存在的多样化需求,这在客观上为义乌的"敲糖帮"提供了生存空间。人们的客观需求成为自发形成小商品市场的重要驱动力。

改革开放肇始,随着政策的松动,市场交易行为在义乌各地大量涌现,义乌县政府起初采取了制止、驱赶和处罚等措施来进行管控,但没能取得预期的效果。为此,义乌县政府认真总结经验教训,意识到义乌人这种走街串巷的售卖行为,是人们在资源匮乏、物资短缺情况下的生存之道,也来自义乌千百年来的民俗传承和文化积淀,是无法通过强制措施来取缔的,更好的办法是因势利导,通过加强引导和管理使之规范运作。1982 年,义乌县政府转变管理方式,宣布了"四个允许"政策:允许农民进城经商、允许开放城乡市场、允许农民经销工业品、允许长途贩运。这项政策使得义乌的传统商业模式获得了合法性,义乌开始慢慢出现沿街设摊式的马路市场。

1984 年,为了进一步规范市场,使其更具有规模效应,义乌县政府开始筹资建设第二代市场。当时的市场摊位共有 180 个,义乌的小商品市场也由沿街设置到拥有固定地点,兴办市场也由群众的自发行为转向官民联动。义乌县政府提出"以商兴工、以商转工"口号,主动推动市场建设,并加强了对市场运作的管理,规范了市场经营主体的行为。随后,义乌的商品市场迅速崛起,义乌的经济也快速起飞。从 1986 年起,义乌对商品市场实施从第三代市场到第四代市场的迭代升级。

从"敲糖帮"到借助农村集市进行交易,再到沿街设摊,最后到兴办市场,我们在其中看到了群众的自发性,也看到了政府所发挥的不可或缺的推动作用。

延伸阅读："改革先锋"谢高华与义乌的开放[①]

1982年4月至1984年12月，谢高华担任义乌县委书记。他在义乌任职的时间并不长，但对义乌走向开放发展之路做出了历史性贡献。2017年，年过八旬的谢高华荣获"全国商品交易市场终身贡献奖"；2018年，党中央、国务院授予谢高华"改革先锋"称号；2019年，谢高华又获得"最美奋斗者"荣誉。

1982年4月，谢高华从邻近的衢州市调任义乌县委书记。老母亲听说后心疼地说："你犯错误了？为啥被贬到这么穷的地方去？"谢高华到义乌任职后，经过大量的调查研究，决定由义乌县政府发出通告，在旧城中心的湖清门到火车站，沿街露天铺设700个水泥板摊位，允许老百姓集中摆摊，这就是义乌第一代小商品市场，用谢高华自己的话说，其实就是马路市场。

开放市场只是第一步，接下来就是进一步做大市场。当时中国刚实行改革开放，搞经济建设的大方向是定了，但怎么搞连中央的政策也不明朗。当时仍有许多老百姓想干又不敢干，为此谢高华提出了著名的"四个允许"。谢高华还要求义乌有关部门开"绿灯"，工商部门要准予登记，发放营业执照，银行、财税、执法等部门都要予以支持。

义乌市场开放后，税收管理矛盾突出。过去义乌采取的是八级累进计税，对于小摊小贩来说，税率高而且非常复杂，难以操作。经过深入走访，谢高华认为，要"放水养鱼"，不能"杀鸡取卵"，由此大胆推行"定额计征"，把摊位按品种大致

[①] 本阅读资料由作者根据《浙江日报》《衢州日报》等媒体关于谢高华的报道整理。

分为几类,定额也相应分几类,每季度评议核定一个固定税额,目标额度之外的营业收入不再计税。谢高华说:"定额计征的征税办法,税率不高但培养了税源,而且大大降低了征税成本,改善了政府和老百姓的关系,国家和老百姓皆大欢喜。"[①]此后,定额计征被国家肯定、推广,各地办市场大多采用这个办法。此后,在历任县委、县政府团结带领义乌人民连续奋斗中,义乌发展成为全球最大的小商品集散中心,被联合国、世界银行等国际权威机构确定为世界第一大市场。2023 年,义乌同 200 多个国家和地区有贸易往来,全市进出口总值达到 5660 亿元。

2.1992—1998 年:全国性商品市场

市场的发展离不开开放。1992 年党的十四大以后,我国对外开放在社会主义市场经济体制之下进入新的历史时期。1992 年,义乌小商品市场第四次移址扩建,并在这一年更名为"浙江省义乌市中国小商品城"。义乌小商品市场的触角更多地由市内伸向市外、由省内伸到省外,其逐渐发展成为全国性的商品市场。随着思想的转变,政府进一步推动市场管理权和经营权分离,成立了股份制有限公司(商城集团),进行市场化的管理和经营。同时,政府提出了"以商促工、工商联动"和"强化产业支撑"的政策,引导商业资源和资本向市场需要的产业转移,实现市场与行业之间的相互促进、共同繁荣。

针对当时出现的一些市场乱象,市场管理部门发起了打

---

① 邵燕飞、奚金燕:《谢高华:是时代、人民造就了今天的义乌》,《衢州日报》,2018 年 12 月 24 日,第 5 版。

击假冒产品生产和销售行动,有效整顿了市场秩序。1994年,义乌小商品市场成交额突破百亿元。"买国货,卖国货"成为一股热潮,义乌小商品市场也迅速发展成为全国性的大市场。中国小商品城开始在全国范围内建立分市场,全国知名度不断提升。

3.1999—2012 年:发展国际化市场

20 世纪 90 年代后期,国家逐步开放生产企业的出口经营权管制,中国的进出口贸易进入一个新阶段。在新形势下,义乌开始实施"外贸带动"策略,推进对外开放,大力发展全球贸易。发展国际市场成为义乌开放发展的关键增长点。到 2005 年,义乌市场已拥有经营面积 26 万平方米,汇聚了 34 个行业、1502个大类、32 万种商品,几乎囊括了所有日用工业品。其中,饰品、袜子、玩具产销量占全国市场的 1/3,同时,其在国际上的竞争力不断提升。市场中 70%的商户从事外贸生意,自营出口连续 4 年翻番增长,义乌市场成为中国小商品出口和外商采购的重要基地。政府提出"以贸兴展、以展促贸"政策,积极举办中国小商品博览会和各类专业性展会,吸引了来自世界各地的采购者。义乌成为国际性的小商品流通、研发、展示中心,逐步发展为名副其实的"世界小商品之都"。2010 年开始,义乌大力推进国际贸易综合试点改革:通过改革外贸体制,创新市场采购贸易模式,促进外贸便利化;通过鼓励经营户发展新业态,开展电子商务与网络贸易,创新商业模式,实现线上线下综合发展。

4.2013 年至今:打造"一带一路"支点城市和国际商都

"一带一路"倡议提出后,义乌大力推动"一带一路"重要支点城市建设,着力将义乌打造成"海上丝绸之路"与"陆上丝绸之路"的重要枢纽。2013 年"义乌—宁波北仑"的海铁联运专列开通,借助宁波港口,浙江"海上丝绸之路"联通到了浙中义乌。借

助"陆上丝绸之路",浙江积极推动中欧班列线路建设。2014 年
1 月,"义新欧"集装箱专列首发,标志着从义乌出发贯穿中亚、
直达欧洲的国际铁路联运物流大通道被打通。同时,浙江提出
了义甬舟开放大通道建设目标,通过打造义乌到宁波—舟山港
口的便捷大通道,加强与世界的互联互通。在中国人民大学重
阳金融研究院发布的《"一带一路"国际贸易支点城市报告》中,
义乌被评为潜力支点城市。①

以义博会等重要展会为平台,义乌迈上了打造国际大商都
的新征程。义博会实现了从全国性展会向国际性展会的新跨
越,成为继中国进出口商品交易会(简称"广交会")、中国华东进
出口商品交易会(简称"华交会")之后国内第三大贸易类展会。
义乌积极构建与内外开放相适应的市场体系,加快建设商贸与
物流、金融等配套一体,有形市场与网络市场并重,出口与进口
贸易相协调,以实体市场为核心,以电商物流金融、文化会展旅
游为支撑的现代商贸市场体系;加快互联网信息平台建设,大力
推进商业业态变革,以商贸城电子信息化改造、打造电子商务平
台为重点,确立"全国网商集聚中心、全球网货营销中心、跨境电
子商务高地"的建设目标,培育发展富有义乌特色的线上开放性
市场体系。

(三)以信用体系建设促进开放发展的义乌经验及启示

诚信是基础性道德,是经济社会有序运转、生活正常运行的
基本保障,也是"浙江精神"的重要组成部分;信用则是衡量诚信
的外在尺度。在对外开放特别是国际商贸中,信用是弥合跨国
交往信任匮乏、合作难以达成的重要桥梁。习近平总书记在浙

---

① 《"一带一路"国际贸易支点城市研究报告首发　义乌获评潜力城
市》,参见 http://news.cnr.cn/native/city/20150618/t20150618_5188813-
33.shtml。

江工作期间提出了建设"信用浙江"的重要目标，这成为当前"信用中国"建设的重要蓝本。在浙江持续深化"信用浙江"建设的新实践中，义乌市久久为功、不断创新举措，构建了较为系统完善的信用体系，其经验做法对浙江开放发展起到了有力的推动作用。在此，我们以义乌为例，探析浙江以信用建设促进开放发展的主要经验及启示。

1. "信用义乌"建设的主要做法

(1)"十二分制"管理：党建先行推动政务诚信建设

义乌借鉴交通管理中的驾照扣分思路，在党员干部管理中全面推行"十二分制"管理。该制度以党员干部"五(吾)带头"为标尺，通过出台针对性办法形成了领导干部、农村社区干部以及各领域党员"十二分制"的具体方案。覆盖全市党员干部的"政治驾照"基本分为 12 分，以 1 个自然年度为周期，实行每年"年检"、"上路"受监督、每次违规扣分、志愿服务修复被扣分等举措。

义乌将"十二分制"管理纳入党政干部信用档案，把干部考核工作重心从年底"期末考试"转向"日常测验"。这项党政运行机制创新通过实时赋分进行动态管理，以逆向鞭策激发党员干部干事创业活力，实现了党建引领下信用与政务服务的全程联动。覆盖全体党政干部和公务员的信用档案已经成为义乌干部考核、任用和奖惩的重要依据。

(2)"人人都有信用分"：推进个人诚信体系的全覆盖和全场景应用

2017 年，义乌出台《义乌市个人信用管理办法》，并推出市民卡信用积分优惠项目。此后，信用分被正式纳入市民的日常生活考核。志愿献血、见义勇为、好人好事等，予以加分；乱停乱放、酒后驾驶、违规违纪等，予以减分。基于个人信用管理创新，义乌在"人人都有信用记录"的基础上实现了"人人都有信用分"。

在此基础上,义乌聚焦提升群众的信用获得感,打造了就医"信用住院"、停车"信用抬杆"等系列"先享后付"应用场景;在申请用水、用电、用气等环节,对信用分符合要求者推行"先施工后缴费""免现场勘探""采购与设计并行"等快速服务举措。通过创新民生领域的"微应用",义乌初步建立起涵盖教育、就业、住房、养老、医保、社会救助等民生全领域的个人信用红利兑现渠道。

(3)"以信立市兴商":在信用建设中注重发挥企业的主体作用和市场的导向作用

早在 2015 年,义乌市政府就与国内知名的第三方信用服务商金电联行签署战略合作协议,共同推进义乌信用体系建设。依托专业信用公司的技术优势,义乌丰富的数据资源得到了有效整合,特别是基于"大数据金融"理念创新了信用贷款模式,为中小企业融资提供了很大便利。

义乌立足商贸城市特色和优势,把信用作为市场的生命线,着力构建以信用为核心的新型市场监管机制,不断完善以信用为基石的诚信营商环境,取得了显著成效。据统计,信用分类监管推行后,义乌市场经营户违法率下降了 66.7%,客商满意率达到 97%。

为解决外商身份难确认、交易风险难把控的痛点难点,义乌以打造外籍"商友卡"为载体,在市场全面推进"亮卡交易",通过实行交易前一键扫码查信用、交易后双方信用互评等举措,建立起外商和市场经营户的信任机制,在全国首创了具有义乌特色的外国人信用体系,也有效推动了涉外管理工作。

(4)"信用一网通享":构建全生命周期的闭环信用体系

在"信用一网通享"理念指导下,义乌着力打造了"信用闭环"运转体系,形成了以信用为核心的新型审批监管机制,建立起信用全生命周期管理机制,使信用成为所有主体从出生到消亡的第二"身份证"。

首先，嵌入"一网通办"理念，"宽进"与"严管"并进，打造事前承诺审批闭环。在评估对象信用的基础上，按照"你承诺，我先批，事后审，失信惩"的思路，推进实施信用承诺审批制度，有效提升了行政审批效率。

其次，嵌入"一网通管"理念，"他律"与"自律"并用，打造事中信用监管闭环。义乌"一网通管"平台直接与市信用信息共享平台对接，共享信用档案数据和信用评价结果，对不同信用等级市场主体实施差别化监管抽查比例和频次，对日常监管情况进行量化信用打分，同时提供信用修复方式和渠道。

最后，嵌入"一网通服"理念，"政府"与"市场"并举，打造事后应用奖惩闭环。将信用作为市场主体或个人享受政府政策优惠和财政支持的重要依据，将信用平台全面嵌入全市办事业务系统，以行政领域应用带动信用在市场、社会、民生等领域应用，让失信者处处受限、守信者一路畅通，不断优化营商环境。

2."信用义乌"建设的基本经验

(1)党建引领，推进信用生态多方共建共享

党建的引领作用不仅体现在义乌的党员干部管理和政务诚信建设领域，还被贯穿到信用建设的各领域和全过程。比如，在义乌国际商贸城，党员身份、党建工作、志愿服务、政府表彰等均有不同的信用分值，每位商户的信用分数都会以一星到五星的形式悬挂在店铺门口，成为客商选购商品的重要参考。通过把党建元素转化成信用资产，实现了市场党建和市场信用建设的有效融合；依托在市场管理中厚植党建元素，使党员的荣誉感和使命感显著增强，引领带动作用得到有效发挥。

依托"党建＋单元"等基层治理工作模式的创新和党建引领下的政社有效互动、多方协同参与，义乌实现了信用建设的项目化、常态化、大众化，信用体系重心得以向乡村和社区下沉，进而筑牢了优良信用生态的基层根基。

(2)动态赋分,把诚信的"软准则"量化成信用"硬指标"

自 2008 年起,义乌就推出了"义乌市场信用指数",成为全国首个反映商品交易市场信用波动情况的指数。该指数每月以报告形式发布,成为市场信用状况变化的"晴雨表"。自此以来,义乌不断创新举措,致力于将信用从一个抽象概念转化为具体的可量化的指标。

为了让信用"看得见、摸得着",义乌在全省率先出台企业和个人信用评价管理办法,对企业、个人分类设定详细加减分项,通过系统自动计算,动态生成评价结果。企业和其他组织分设 A—E 5 个等级,个人信用实行 0—200 分赋分,从而构建起覆盖各领域的信用分制度。在分类创建和不断优化信用评价模型的基础上,义乌的信用评价办法日趋科学合理,评价结果区分度不断提升,主体信用画像更加精准灵敏。

通过动态赋分,难以度量的"诚信"转化成直观的数据。个人信用分有效提升了广大市民的信用意识,市场信用分则为交易提供了简洁明了的可靠参考,有效激发了市场经济的内在活力。

(3)整体智治,向大数据信用时代迈进

适应信用建设从局部推进走向整体协同的时代要求,义乌信用建设在前期"串成线""连成块"的基础上,近年来已经进入"织成网"的体系化建设新阶段。

在推进党员干部"十二分制"管理中,义乌对公安、法院、市场监管、银行等 16 家单位掌握的个人信用信息进行采集和运用,通过整合大数据信息,建立起党员干部不良行为的有效预警系统。

义乌还在信用建设中不断加强"诚信牌"与"平安牌"和"法治牌"的联动。比如:在"平安义乌"和"法治政府"建设考核中增加了信用建设指标;将信用积分制创造性地运用到外来人口管理中,从而能够针对重点人群高效排查风险隐患,及时消除社会不稳定因素。

在打通数据壁垒的基础上，义乌由"一网一中心四库"组成的公共联合征信平台已经全面实现了数字化管理，并通过"信用分全覆盖"有效整合了全渠道数据和外部数据。同时，义乌市还搭建了"信用义乌"移动端和"信用义乌网"以及"双公示"、"黑名单"曝光、贸易预警以及电商信用查询等综合服务平台，信用建设的整体智治水平得到有效提升。

(4)创新应用，让信用成为城市的"通行证"

信用建设已经被创新运用到义乌全面深化改革的各个领域。比如，义乌将信用应用与"最多跑一次"改革结合，创新实施了"信用＋容缺信封"制度。对于符合信用要求的申请人，当申报材料不齐或存在缺陷时，办事工作人员先予收件或办理，同时向申请人发放"容缺信封"，事后再补寄材料。该举措既确保了审批程序和要求的严肃性，又体现了主动服务的灵活性，通过创新信用应用有效解决了群众办事"跑多趟"的问题。

义乌在创新涵盖民生全领域"微应用"的同时，还实现了"信易批""信易游""信易（义）贷""信易租"等信用成果的全行业多领域运用，从而有效释放了信用价值。

3.义乌信用建设经验对地方推动开放发展的启示

(1)把握信用建设全局"一盘棋"与鼓励各类主体自主创新的关系

深化信用建设应积极鼓励有条件的企业、社会组织等非政府主体自建信用，但跨地域衔接、信用共享机制建设也是其中不可或缺的内容。当前，大量信息掌握在企业等非政府主体手中，既无法发挥更大社会效用，又造成公共信息的不全面、不完善，亟须加大归集整合力度。义乌信用建设实践中，地方政府较好地处理了信用标准和建设进程中的对上衔接、对下衔接及信用共享等复杂问题。

浙江省信用建设已经发展到从分领域推进走向全领域协同、从省域推动下地方自主探索走向基于地方实践推进全省集成创新的深化阶段。为此,应进一步增强省地信用建设联动,从推进省域顶层设计、加大基础设施和制度供给力度、深化行政体制改革等方面加强全省统筹,面向全国乃至国际推进信用标准规范化建设,通过补齐短板为地方信用建设提供强力支撑。

与此同时,仍应给各地特别是信用建设试点城市自主创新留足空间,积极鼓励地方在信用建设工作中进行特色定位,因地制宜地把信用从道德概念打造成地方品牌。在平台建设上,要协调处理全省统建平台与地方自建平台的对接问题,不能简单地以前者取代后者。

(2)充分发挥党建引领下市场和社会力量在信用建设中的能动作用

在义乌信用体系建设中,按照"党建引领、政府主导、市场运作"模式推进多元主体的信用共建共享是一项重要经验。在建设"信用中国"的新征程上,我们需要进一步发挥党建引领作用,推动信用建设与现代治理有效融合,实现信用建设成果在新型市场运行和社会治理机制中从局部运用到整体嵌入的转型。

还应在借鉴地方创新经验的基础上继续加大信用产品的生产、推广和应用力度,培育和规范信用服务市场,建立多层次的信用服务体系。要坚持培育壮大本土信用服务机构与积极引进国内外知名信用服务机构协同并进,形成市场竞争机制充分发挥作用的信用生态,加强与专业征信公司合作,发挥信用协会作用,积极促进信用服务业的营业收入增长。

(3)推进信用评价的大数据赋分和量化管理

在信用评价管理中,大数据赋分具有信息渠道广、准确性高的突出优势,在此基础上实施的量化管理则有助于提升信用评价的客观性和应用的便捷性。应发扬和创新义乌经验,以市场信用数据库为基础，建立分类科学、全面覆盖的社会信用体系数据库，在实现"信用档案全覆盖"的基础上，进一步实现"信用分全覆盖"。要不断提升信用评价管理的数据化、可视化和市场化程度，推进信用资源开发、共享和应用向现代化和精准化方向发展。

（4）坚持全方位、多维度释放信用价值和放大信用效用

义乌经验表明，不断健全联合奖惩机制是推动信用应用的必然路径，但并非全部内容。党政机关及其工作人员不仅应当成为社会信用联合奖惩机制的建设者，还应当成为信用价值的率先运用者和模范承载者。

要加大对信用信息归集共享、大数据评价方面的整体治理和综合应用，使信用资源得到更加高效的统筹管理和价值转化，进而不断反哺和赋能信用体系及信用社会建设。在市场领域，要着力把信用打造成为重要生产要素，让信用成为经济发展的关键驱动力；在社会领域，要围绕社会公众关心、关注的领域和民生痛点，不断创新和丰富信用应用场景。

应坚持以用促建，推进信用应用向包括党政系统自身在内的全领域拓展，实现信用应用与政务服务的高效联动，让信用成为促进社会资源优化配置的有效手段，最大限度地释放信用价值。

浙江何以在
开放发展中走在前列

2018 年 12 月 18 日,庆祝改革开放 40 周年大会在人民大会堂隆重召开。党中央、国务院决定,授予 100 名同志改革先锋称号,颁授改革先锋奖章。据统计,这 100 名同志中,有 16 位出生在浙江,占近 1/6。浙江在各种全国性榜单和统计中表现"抢眼",不是一种偶然现象,而是其在改革开放中勇立潮头、干在实处的一种自然反映、真实呈现。多年来,"浙江现象""浙江经验""浙江模式"一类的说法受到广泛关注和讨论。那么,浙江何以在开放发展中走在前列? 本书下篇拟从政府引领、市场显能、民间促动、文化支撑四个维度加以解析。

第五章 政府引领：体制改革创新 与浙江的开放发展

政府在市场经济中的角色问题一直是经济学领域争论不休的话题。但即便是满足于政府充当"守夜人"、主张最大限度限制政府权力的自由派经济学者，也不得不承认政府这只"看得见的手"对经济社会发展的巨大影响。中国改革开放是"摸着石头过河"，党委、政府则在其中发挥了至关重要的作用。在中国改革开放的宏伟历史进程中，政府的作用经历了一个"从总体支配到技术治理"的渐进式转变过程。[①] 在这一普遍性的历史转型过程中，浙江地方政府走在了前列。

在 40 多年的改革开放实践中，民营经济在很大程度上成了浙江经济的标签，这当然得益于浙江在开放发展中充分释放了市场潜能。那么，浙江何以能够充分释放市场潜能，在开放发展中走在前列？回答这个问题，必须深入挖掘浙江开放发展背后的体制根源，进而探究党委、政府在推动体制创新中发挥的关键作用。

一、体制创新是浙江开放发展的活力之源

40 多年来，浙江省不断坚持改革开放的实践探索，体制创新活力、社会经济发展速度、对外开放水平和生态文明建设等一

[①] 渠敬东、周飞舟、应星：《从总体支配到技术治理——基于中国 30 年改革经验的社会学分析》，《中国社会科学》2009 年第 6 期，第 104—127 页。

直走在全国前列,形成了独特的"浙江模式""浙江现象"。"浙江模式"指的是改革开放以来中国浙江形成的以市场化为取向、以民营经济为主体的经济发展模式。[①] 习近平同志指出,考察"浙江模式"的形成和发展,必须放到国家实行改革开放的时代背景中,至少有三个方面的因素:一是走体制创新之路;二是走民本经济之路;三是走内源发展之路。[②]

"浙江模式"的形成与民营经济、市场经济、社会文化变迁相关,同时离不开发挥着引导、调控、保障等功能的"有形之手"的关键作用。这只"有形之手"也是体制机制改革最关键的推动者。有学者提出,体制机制改革的目的是让制度更有效,推动体制机制改革能够为开放发展提供重要支持,其机理在于:"制度的适用性或覆盖面是有边界的,那些使有效制度安排适用性加强和覆盖面加大的做法,或能在更大范围内使交易得以实现的制度安排,都会拓展市场规模。这意味着推动对外开放离不开相对完善的制度保障。"[③]改革开放以来,基于实践背景的变化,浙江在政府角色、地方政府职能、体制机制和制度四方面进行动态调整,不断通过推动政府体制创新促进省域开放发展。

---

① 陈剩勇:《政府创新、治理转型与浙江模式》,《浙江社会科学》2009年第4期,第35—42页。习近平同志曾引用一些同志对"浙江模式"的概括:"充分尊重和发挥民众敢为天下先的创新精神和坚韧不拔的创业精神,将经济体制改革和区域经济发展有机地融为一体,依靠兴办专业市场和发展民营企业两大动力,利用制度创新所形成的改革先发优势,推动区域经济发展和社会进步。"习近平:《干在实处 走在前列——推进浙江新发展的思考与实践》,中共中央党校出版社2006年版,第81页。

② 习近平:《干在实处 走在前列——推进浙江新发展的思考与实践》,中共中央党校出版社2006年版,第81—82页。

③ 张宇燕:《中国对外开放的理念、进程与逻辑》,《中国社会科学》2018年第11期,第9—10页。

(一)以体制改革破除开放障碍,从"无"到"有"建设外贸大省

在 1978 年改革开放之初,我国对内进行改革,对外进行开放,突破计划经济体制,将劳动力和生产力从土地中解放出来。随着农民从农村进入市场领域,浙江省各市县乡镇逐步涌现出众多私营经济主体,产生了大量个体户、私营企业和乡镇集体企业。与此同时,传统计划经济的思想仍然根深蒂固,许多民间自发性创新仍然时常引发争议。在这一阶段,政府对民间制度创新的行政干预逐渐松动,浙江的体制机制改革在探索中不断推进。客观而言,20 世纪 80—90 年代的相当长一段时期内,在浙江市场主体和人民群众中,政府的存在感并不强,甚至有人认为浙江是"无为而治"。但"无为而治"更多是指政府没有"乱作为",而绝不是说政府不作为。这一时期,浙江积极深化经济体制改革,破除原体制机制障碍,努力形成新的经济发展模式。体制改革也带动了企业改革,国有企业、集体企业和乡镇企业的产权改革和管理方式改革,极大地激活了浙江各地市场主体的活力,形成了以商品专业市场为特色的块状经济。①

1992 年,邓小平南方谈话解放了全国人民的思想,把改革开放和现代化建设推向了一个新的阶段。同年,党的十四大确立了市场经济的主体地位,提出要让市场在资源配置中发挥基础性作用。浙江各级党委和政府也很快统一了思想认识,把发展市场经济、完善营商环境作为重点工作,积极顺应市场经济对政府职能的新要求。面对本地民营经济企业管理水平落后、发展粗放、规模不大、研发水平不高等困境,浙江省委、省政府提出"二次创业"的口号,鼓励企业创新,加强技术研发,学习国外企

---

① 王杰:《历史性的巨变——改革开放 20 年浙江经济和社会发展的伟大成就》,《浙江统计》1998 年第 12 期,第 2—3 页。

业管理经验等。同时，各级地方政府积极引导和扶持地方企业发展，为市场主体发展提供了良好的制度环境和营商环境。

1994年，浙江省创新推出省直管县财政体制改革和"强县扩权"改革，极大地激发了县域经济的发展活力。这两项改革对浙江县域经济发展、城乡一体化和块状经济发展起到了明显促进作用。块状经济容易产生规模效应，具有生产企业集中和分工专业的特点，不同地方具有不同的主导产业，从而能够提升特定地方产业的全国甚至全球影响力，有助于形成外贸优势，实现开放发展。

（二）以体制改革突破发展瓶颈，从外贸大省向开放大省跨越

21世纪初，浙江块状经济发展模式面临着从初级加工到先进制造业演进的转型困境，市场调节也存在规则不健全以及自发性、盲目性和滞后性较为突出的问题。随着我国加入WTO，浙江省还面临着如何扩大国际商贸范围、如何参与全球分工产业链、如何适应WTO规则等诸多新生问题。对此，习近平同志在浙江"十一五"规划建议起草工作动员会上指出："在经济全球化和发展开放经济的条件下，转变增长方式有哪些新的情况，如何适应新的情况，也需要进行深入研究。"[1]

习近平同志提出"八八战略"，擘画了浙江开放发展的全新战略蓝图。习近平同志强调，浙江要"进一步扩大对外开放，更好地利用国际国内两个市场、两种资源，不断拓展发展空间。进一步完善鼓励出口的政策，创造高效便捷的外贸服务环境，积极培育新的外贸出口增长点，努力保持外贸出口平稳快速增长"[2]。

---

[1] 习近平：《干在实处 走在前列——推进浙江新发展的思考与实践》，中共中央党校出版社2006年版，第38页。

[2] 习近平：《干在实处 走在前列——推进浙江新发展的思考与实践》，中共中央党校出版社2006年版，第53页。

有学者指出,"八八战略"是对社会内生之制度变迁需求的主动回应,它在之前制度变迁成功经验基础上开启了浙江区域共同体制度变迁的新征程,因而其提出本身即是制度变迁的经典案例。[①] 2003 年,浙江省政府提出在对外开放领域要实现"三个转化",即把浙江的区位优势、体制优势和产业优势,转化为对外开放优势、国际竞争优势和出口竞争优势。"三个转化"的提出,表明浙江已经有了以体制机制优势推动开放发展的清醒自觉。

改革开放后,我国对外开放在相当长一段时间内的一个基本特征,就是实行政策引导式的渐进式开放。不过,随着开放的深化,政策引导式开放需要实现向制度型开放的演化,唯有如此,才能保障其开放性和连续性。[②] 从内容上看,"八八战略"不仅包含了开放发展的具体制度,更包含了保障这种开放发展制度实现的体制机制创新。因此,该战略的提出,标志着浙江在推动政策引导式开放迈向制度型开放的道路上,迈出了历史性的一大步。

(三)以体制改革蓄积发展新动能,从开放大省向开放强省发展

党的十八大以来,党中央坚持"引进来"和"走出去"并重,提出"一带一路"重大倡议,形成陆海内外联动、东西双向互济的开放格局。根据新时代国内国际形势的新情况新变化,又提出了构建以国内大循环为主体、国内国际双循环相互促进新发展格局的重大方针。浙江省委、省政府坚持贯彻"八八战

---

① 徐邦友:《"八八战略":制度变迁的经典案例》,《中共宁波市委党校学报》2023 年第 5 期,第 26—37 页。

② 江小涓:《中国开放三十年的回顾与展望》,《中国社会科学》2008 年第 6 期,第 66—85 页。

略"，一届接着一届干，坚定贯彻党中央全面开放和构建新发展格局的战略方针，推动浙江向开放强省发展不断迈上新台阶。

"挡不住的浙江潮，难不倒的浙江人。"在 2023 年浙江"新春第一会"上，省委提出要强力推进开放提升，加快打造高能级开放大省。"地瓜经济"提能升级"一号开放工程"，成为浙江省委、省政府重点打造的三个"一号工程"之一。党的十八大以来，浙江开放发展的历史新轨迹呈现出以下四个突出特征。

一是以"一带一路"为统领，拓展对外开放广度和深度。推进环杭州湾建设，打造世界先进制造业产业集群，着眼于将杭州湾建设成国际化和现代化的大湾区，构建浙江开放发展新增长极；围绕"一区、一港、一网、一站、一园、一桥"的开放发展格局，以宁波港、舟山港、杭州港等海、陆、空和信息港为关键支点，形成东西双向互济、海陆内外联动的开放格局①；拓展和"一带一路"共建国家的经贸往来，大力推动现代服务业、现代农业和制造业开放，通过扩大开放领域推动浙江全方位开放发展。

二是抓住重大契机和重点领域，推动省域全面开放。浙江对外开放包括经济、社会、人文、生态的全方位开放。以 G20 杭州峰会和亚运会的举办为契机，浙江各级党委和政府大力提升浙江及其产品的全球知名度和美誉度，不断增强地域经济和地域文化的国际影响力，按照浙江"大花园"建设的要求，深入贯彻"绿水青山就是金山银山"理念，推进"诗画浙江"建设，将浙江打造为对外展示生态环境建设成果的"重要窗口"。

三是创新开放体制，释放改革红利。浙江省委、省政府从体

---

① 宋葛龙：《以体制创新为根本动力和关键措施 推进城乡经济社会发展一体化——山东、江苏、浙江三省部分地区的经验和启示》，《经济研究参考》2008 年第 64 期，第 48—57 页。

制机制创新入手,主动适应新常态下我国主要矛盾的变化和深入推进改革开放的新要求,破除了一系列束缚体制机制活力的障碍,建设电子商务区、对外贸易区、资源贸易区、综合改革试点等开放发展的新体制机制;同时将海洋港口体制改革作为扩大开放的重要举措,加大海洋港口体制改革力度,加快战略整合浙江沿海优质的港口资源,积极推动宁波港和舟山港一体化发展,开放型发展体制日趋完善。

四是优化市场环境,破除发展瓶颈。深入实施商事登记制度改革、国家四大战略举措等,破除经济发展的体制障碍,营造公平的竞争环境、规范的市场运行秩序,推进法治市场建设,对接融入世界主流经济形态,打造国际一流营商环境,让内资"出得去"、外资"进得来"和"跑得通"。落实中央"放管服"要求,深化"最多跑一次"政务服务改革,普及行政审批制度、商事登记制度等审批制度,破除审批瓶颈,优化市场环境。

二、理顺政府与市场的关系,破除开放发展的障碍

(一)我国政府与市场关系的历史演变

学术界关于政府与市场关系的研究主要有四种典型观点:一是"强政府—强市场"论;二是"强政府—弱市场"论;三是"弱政府—强市场"论;四是"弱政府—弱市场"论。政府与市场的关系会随着国内外环境、经济发展水平而改变。传统的观念认为,市场经济为资本主义所特有,社会主义就要搞计划经济。党的十一届三中全会以后,随着改革的深入,我们逐步摆脱了这种观念,形成了新的认识。

从新中国成立到改革开放前的近 30 年里,我国采取相似于社会主义国家苏联但又有一定区别的计划经济体制。在这种计划经济体制下,政府在市场中起着绝对主导作用,表现为"强政府—弱市场"甚至"无市场"。该体制在新中国发展过程中具有

不可磨灭的历史贡献，但不可否认它也带来了显著而持久的负面后果。它几乎不认可市场在社会经济发展中的地位和作用，降低了人民群众的创新主动性，严重降低了社会经济运行效率，导致社会缺乏活力，经济运行成本大幅提高。

1978年12月，党的十一届三中全会召开，拉开了改革开放的序幕。随着改革进程的推进，党和国家开始逐步重新审视政府与市场的关系。党的十二大提出"计划经济为主、市场调节为辅"，突破了原有的计划经济体制理论，形成了允许市场作为计划补充的"主辅论"。此时，市场仅作为计划的"补充"，其范围是由国家统一计划决定的。党的十三大报告提出"国家调节市场，市场引导企业"的"层级论"，突破了"主辅论"的观点。在市场经济调节中，采取"价格双轨制"的"二元性"市场管理制度，以实现新旧体制的平稳过渡。这一阶段，初步形成了政府计划与市场调节分别运行的模式。

20世纪80年代，由于国内外环境的深刻变化和改革开放的进一步推进，国内关于市场经济姓"资"还是姓"社"的辩论再次影响了国家和社会对政府与市场关系的态度。1992年召开的党的十四大确立了建立社会主义市场经济体制的目标，翻开了改革开放进程的崭新一页。1993年，党的十四届三中全会指出，建立社会主义市场经济体制就是要"使市场在国家宏观调控下对资源配置起基础性作用"。① 党和国家对市场和计划两种经济手段的观念得以根本改变，市场的地位得到显著提升。此后20年间，我国社会主义市场经济体制不断完善。

进入新时代，我国在全面深化改革进程中进一步理顺了政府与市场及社会的关系。党的十八届三中全会明确提出要"使

---

① 马力宏：《政府与市场关系的浙江模式——浙江30年变化的一个分析视角》，《中国行政管理》2008年第12期，第33—37页。

市场在资源配置中起决定性作用和更好发挥政府作用"。在全会通过的《中共中央关于全面深化改革若干重大问题的决定》中,市场发挥的作用更加凸显,从"基础性作用"转变为"决定性作用",并着重强调"正确处理政府和社会关系,加快实施政社分开,推进社会组织明确权责、依法自治、发挥作用"。①

需要指出的是,西方一些人将政府与市场截然对立的观点,有其明显的局限性和负面后果,需要警惕。当论及经济社会运行机制问题时,西方学界制造了"国家—社会""政府—市场""集中—民主"等多组二元对立关系。在二元对立思维模式主导下,人们对国家宏观经济问题的思考探索总是围绕政府与市场两种调节手段的"多与少""强与弱"等问题展开,其理论内嵌着非此即彼的线性思维和此消彼长的对立思维。

邓小平同志指出:"计划多一点还是市场多一点,不是社会主义与资本主义的本质区别。计划经济不等于社会主义,资本主义也有计划;市场经济不等于资本主义,社会主义也有市场。计划和市场都是经济手段。"这种认识从根本上超越了西方"政府—市场"二元对立的观点。同时,还需要明确的是,中国语境中的"政府",不是狭义的政府,而是党领导下的政府。知名浙江籍学者郑永年把"多元一体"视为当代中国政治过程的基本特征。② 就"多元"与"一体"之间的形成次序和逻辑关系而言,"一体"或者说党的全面领导,是更具根本性意义的政治安排。中国特色社会主义制度下政府与市场的关系不是一种简单的

---

① 《中共中央关于全面深化改革若干重大问题的决定》,2013 年 11 月 12 日中国共产党第十八届中央委员会第三次全体会议通过,参见 http://www. scio. gov. cn/zxbd/nd/2013/document/1374228/1374228. htm。

② 郑永年:《中国的政治过程"多元一体"》,《环球时报》,2021 年 6 月 21 日,第 7 版。

二元对立关系，而党对经济的全面领导，则是中国特色社会主义制度的重要内容。由此，考察中国特色社会主义制度下的政府在经济发展中的作用，必须置于党的全面领导这一关键语境之下。

(二)主动回应社会关切，打造"回应—赋权"型地方政府

浙江体制改革是自下而上和自上而下共同推动的，但其改革开放的大量丰富实践，则往往具有较为鲜明的"自下而上"特征，基层带动顶层、实践先于理论的现象屡见不鲜。有学者基于浙江改革开放实践探讨和相关理论阐释指出，浙江政府在发展中逐步走向了"回应—赋权"型政府，即：浙江各级地方政府能够越来越主动地回应社会关切，主动向下级政府和市场与社会赋权，进而逐渐形成了特有的地方政府运行机制和职权结构。①

党的十四大以来，市场在经济发展中的作用受到前所未有的重视。与此同时，"市场失灵"现象以及市场的自发性、盲目性、滞后性等带来的问题也日益突出，对政府加强宏观调控和政策规制提出了更高要求。在经济体制改革和经济发展过程中，政府既要矫正市场的弊病以免影响经济发展，又要防止自身的失灵，还要有效避免自身在经济发展中的越位和缺位。比如，民营经济主导下的"浙江制造"假冒伪劣商品较多，一些民营企业习惯性地在政府监管和法律规制下"钻空子"，等等。这些问题亟须通过发挥政府"有形之手"的作用加以解决。对此，浙江各级政府没有回避问题和责任，而是及时行动，积极作为，该回应时回应，该赋权时赋权，有效消除了市场固有缺陷造成的种种弊病。

---

① 汪锦军、李悟：《走向"回应—赋权"型政府：改革开放以来浙江地方政府的角色演进》，《浙江社会科学》2018 年第 11 期，第 4—13 页。

进入 21 世纪后,我国经济逐步由高速增长阶段转向高质量发展阶段。① 特别是在新时代背景下,以往的主要靠投资和贸易驱动的"扩张型"发展模式已经不符合高质量发展的要求。浙江对外开放进入更加注重内涵式发展、强调质量的新历史时期,需要以"一带一路"建设为统领,在全方位、立体式、多层次的"全面开放"上下功夫,需要构筑更高水平的对外开放新体制,从发挥劳动密集型产业比较优势、推动商品和要素流动的传统开放模式,走向创新驱动的"制度型开放"。对此,在全面深化改革的新时代背景下,浙江地方政府进一步理顺了与市场和社会的关系,打出了加强宏观调控、制度建设和政策规制的漂亮"组合拳","回应—赋权"型政府特征进一步凸显。

(三)协调好"两只手"的力量,理顺政商关系

习近平同志在浙江工作期间特别注重理顺政府与市场的关系,通过协调发挥"两只手"的作用推动浙江高质量发展。"八八战略"强调"切实加强法治建设、信用建设和机关效能建设",为市场经济的有序运行提供了制度保障,优化了"软环境"。习近平同志强调:"在市场经济条件下,党委、政府抓工作,必须坚持有所为、有所不为,既要发挥'有形的手'的作用,更要发挥'无形的手'的作用。"②2006 年 6 月 8 日,习近平同志在义乌调研时也指出,"学习义乌发展经验,必须把发挥政府这只'有形的手'的作用与发挥市场这只'无形的手'的作用有机结合起来。正确处理政府和市场的关系,政府该管的管好、该放的放开,让市场在法治轨道上充分发挥资源配置的基础性作用,使政府真正回到

---

① 史晋川:《制度变迁与经济发展:"浙江模式"研究》,《浙江社会科学》2005 年第 5 期,第 17—22 页。

② 习近平:《干在实处　走在前列——推进浙江新发展的思考与实践》,中共中央党校出版社 2006 年版,第 531 页。

经济调节、市场监管、社会管理、公共服务的本职上来，实现政府这只'有形的手'与市场这只'无形的手'的有机结合"。① 习近平同志还亲自决策，以省委文件形式总结推广"义乌发展经验"，将其概括为"坚持兴商建市、促进产业联动、注重城乡统筹、推进和谐发展、丰厚文化底蕴、力求党政有为"。② 2006 年 1 月 16 日，习近平同志在中央电视台经济频道"中国经济大讲堂"演讲时，更是系统地谈到了该问题："所有制结构的调整，促进了市场经济体制的发育和完善，使浙江市场化程度走在了全国的前列。市场化这个概念，关键的是'两只手'，一是政府这只'有形的手'，一是市场这只'无形的手'。完善市场经济体制的改革，还是离不开这'两只手'，即处理好'两只手'之间的关系。这方面浙江做了很多的探索，我们现在提出要努力建设服务型政府、法治政府、有限政府。"③

在发挥好政府和市场"两只手"作用的基础上，浙江还积极理顺政商关系，在新时代构建"亲""清"的新型政商关系过程中做出了有益探索。2016 年 11 月，浙江省出台《关于构建新型政商关系的意见》，提出八个"严禁"，对企业人士提出五项"不为"，为政商关系划定"红线"，进一步规范党政干部和企业家之间交往的范围和边界。与此同时，各级党委和政府积极搭建政商沟通交流、监督互动的制度平台，大力挖掘和弘扬浙江"亲""清"文化传统，用制度和法治规范和引导企业家行为，以实际行动亲商、安商、富商。

---

① 习近平：《干在实处　走在前列——推进浙江新发展的思考与实践》，中共中央党校出版社 2006 年版，第 521 页。

② 陆立军、杨志文：《新发展理念的义乌探索与实践》，《浙江日报》，2018 年 1 月 12 日，第 7 版。

③ 习近平：《干在实处　走在前列——推进浙江新发展的思考与实践》，中共中央党校出版社 2006 年版，第 86 页。

三、建设服务型政府，拓展开放发展体系

20 世纪 70 年代末 80 年代初，也就是在我国改革开放开启
的同时，一场影响深远的行政改革浪潮在世界范围内兴起，后来
被称为新公共管理运动。这场运动旨在推动行政部门突破官僚
行政结构的惰性，通过"政府再造"运动建构一个能够对社会与
市场需求及时做出反应的、更有效地提供公共服务的政府。[①]
进入 21 世纪，新公共服务理论进一步发展了新公共管理理论关
于政府作用的某些主张，倡导将公共管理者视为"政府企业家"，
强调公共管理的公共性与公民导向以及公共服务的公共价值与
社会责任。[②] 这两种发端于西方的理论并非完美无缺，甚至各
有其弊病，但它们的确顺应了全球化不断发展背景下经济社会
发展对政府职能的新要求，因而代表着全球行政改革的趋势与
方向。浙江建设服务型政府的探索与尝试，顺应了全球化时代
开放发展对政府职能的新要求，是浙江体制改革创新的重要
内容。

（一）大力建设服务型政府，为开放发展提供保障

1978 年改革开放以前，中国采用计划经济体制，与之相对
应的政府体制为管制型体制，政府居于社会和经济之上，对利益
分配、资源调配、生产和生活拥有主导权。企业必须遵循政府行
政命令行事，自主空间狭小，从而形成"强政府—弱市场"，甚至
"无市场"的经济运行环境。在计划经济体制下，政府通过行政
手段主导经济运行，严重影响了企业生产的积极性。改革开放

---

① 　陈振明：《评西方的"新公共管理"范式》，《中国社会科学》2000 年
第 6 期，第 55—58 页。

② 　罗伯特・B. 丹哈特、珍妮特・V. 丹哈特、刘俊生：《新公共服务：
服务而非掌舵》，《中国行政管理》2002 年第 10 期，第 38—44 页。

之后,浙江省委、省政府认识到政府职能转变对于解放和发展生产力的重要性,大力推动政府职能转变,逐步走上了建设服务型政府的正确道路。

随着民营经济的发展壮大,浙江各级政府积极转变职能:一方面,在宏观上坚持和加强党对经济工作的领导,发挥好党委、政府在经济发展中把方向、管大局的作用;另一方面,甘当"店小二",越来越多地扮演着市场发展的支持者、促进者和服务者,积极主动地为企业发展提供必备的公共服务和公共产品,营造良好的营商环境。

浙江省各级政府还积极推进行政体制改革,不断提升政府服务的法治化和专业化水平,大力转变政府职能及行政方式,尤其是开展行政审批制度改革,持续优化审批流程及事项,营商环境不断得到优化。早在 1999 年,浙江就明确了削减行政权力、激发市场活力的思路,提高了政府的行政效率。为了进一步规范政府行政行为,浙江在持续推进政府权力清单建设的基础上,逐步形成"四张清单一张网",通过建立对政府行政权力边界的划分和界定机制,构建服务型政府体制,进而提升政府服务地方经济发展的能力。

2016 年 12 月,浙江省委、省政府率先推出"最多跑一次"的政府创新改革。与以往改革不同,"最多跑一次"改革不是从政府自身运行逻辑出发,而是着眼于"按照群众和企业到政府办事'最多跑一次'的目标"。① 此次改革以提高市场主体的获得感、满意感为宗旨,坚持需求导向、问题导向、效果导向的标准,综合推进政府服务创新、业务流程创新、职能部门改革创新和公共管理创新。例如:在政府职能部门改革创新上,使政府各职能部门

---

① 《浙江省人民政府关于印发加快推进"最多跑一次"改革实施方案的通知》,参见 http://www.zj.gov.cn/art/2017/2/22/art_12460_290539.html。

联通协作,打通各部门业务和数据壁垒,实现各部门协同办理市场主体业务;在业务流程创新上,将与市场主体密切相关或与民生保障相关的多件事整合成一件事办理,将多窗口、多次办结简化为一个窗口、一次办结,减少办事环节,优化办事流程,提高政府政务服务的效率和质量。

近年来,"数字经济"被列为浙江省政府的"一号工程",在阿里巴巴、网易等大型互联网企业的带动下,浙江在数字技术发展上走在了国内外前列,形成了显著优势,也哺育了浙江人的互联网思维和数字治理理念。世界互联网大会永久落户浙江乌镇、全球首个互联网法院在杭州挂牌等数字治理领域的诸多创新,都是数字技术发展及其推动下思维方式创新的产物,也与浙江持之以恒建设服务型政府的努力紧密相关。互联网思维和数字治理理念具有鲜明的开放性特征,能够推动实现地方治理、国家治理和全球治理的有效联动,助力服务型政府建设与开放型经济体系形成良性互动。此外,浙江还提出了打造"整体智治"政府的目标,持续推进数字化改革,这不仅有助于推进省域治理现代化进程,还有助于加快浙江高水平对外开放的步伐。

(二)不断拓展开放发展体系,打造开放发展新格局

早在 20 世纪 80 年代,邓小平同志就指出,"无论是农村改革还是城市改革,其基本内容和基本经验都是开放,对内把经济搞活,对外更加开放"。① 改革开放进程与新一轮全球化浪潮几乎是同步开启的,彼时全球制造业正逐渐从西方发达国家向发展中国家转移。回头来看,浙江的开放发展得益于抓住了此轮产业转移的机会。20 世纪 90 年代,国际产业格局再次发生重大历史变迁,信息化浪潮兴起。浙江再次抓住机会,积极拓展新

---

① 《邓小平文选》(第三卷),人民出版社 1993 年版,第 81—82 页。

兴产业,从全球产业链相对低端的小商品制造业,逐步向全球产业链和价值链的中上游位置延展。与此同时,加快实施"走出去"战略,强化外贸出口优势。

进入 21 世纪,浙江外贸大省的地位更趋巩固,开放发展是浙江经济不断发展的强大动力,也成为浙江不断创新政府机制体制、参与全球化进程、与世界互联互通的重要手段。2008 年国际金融危机后,逆全球化和贸易保护主义兴起让浙江对外贸易面临更加复杂的外部形势。与此同时,物联网、大数据、虚拟现实、人工智能等新技术正在加速发展,新业态、新产业大量涌现。随着"一带一路"倡议的提出,中国开始更加积极主动地参与全球经济治理,引领新型经济全球化发展方向,这也是构成浙江开放发展新时代背景的一个重要方面。

浙江对外开放不只是几个城市的开放,更是浙江的全域开放;不只是经贸往来的开放,更是囊括各种通道、各个方向,涵盖经济、社会、人文、生态等各方面的全方位开放。以"一带一路"为开放发展的统领,浙江着力形成陆海内外联动、东西双向互济的开放格局,从而推动浙江向纵深开放。以宁波港、舟山港、杭州港等海、陆、空和信息港为关键支点,打造海上、陆上、空中、网上四位一体的国际大通道,着力推进全省域、全方位互联互通。拓展和"一带一路"共建国家的经贸往来,大力推动现代服务业、现代农业和制造业开放,通过扩大开放领域推动浙江全方位开放。浙江还积极推动中国(浙江)自贸试验区赋权扩区到义乌商城、义乌陆港和金义新区等区块,形成"一区多片"的开放格局。创新推动对外贸易发展方式的转变,打造数字贸易中心,依托浙江发达的数字经济、信息技术、大数据、云计算优势,鼓励阿里巴巴推进电子贸易走向全世界,为浙江、全国乃至世界的企业开展数字贸易提供服务。

四、浙江开放发展体制创新的特点与体制改革创新的经验

(一)浙江开放发展体制创新的特点

改革开放以来,"开明、务实、创新、敢为人先"的开创性精神是浙江时代文化的鲜明标识,发达的民间市场经济是浙江重要的经济发展特征,与时俱进地推进体制创新则是浙江开放型经济发展的活力之源。概括来说,浙江开放发展体制创新具有以下几个特点:

第一,创新实践的普遍性。从空间范围来看,开放发展体制创新具有地区的普遍性。例如:"最多跑一次"改革、数字化改革是在全省推广的浙江政府服务体制创新;对于民主恳谈、户籍制度改革等,浙江各地有自己的做法和特色,但从全省来看同样存在共通之处。浙江开放发展体制创新内容广泛,涉及基层民主政治创新探索、政府角色转型、政府效能提升等诸多方面。[①]

第二,创新主体的多元性。浙江体制改革创新,具有自上而下与自下而上相结合的特征。浙江坚持把广大人民群众放在第一位,回应人民需求,反映人民利益,谋求人民福祉,积极吸纳了市场主体、社会团体和广大人民群众对体制改革的意见建议,扩大了创新主体的边界,形成了多元主体协同创新的良好局面。

第三,创新实践的持续性。一个好的体制机制既离不开继承原有体制机制的优点,又离不开与时俱进的创新。体制创新实践面临着一个普遍的问题,即地方政府创新往往会因为主政官员的变动而中断或终止,从而导致政府创新缺乏持续性和连

[①] 何显明:《浙江地方政府创新实践的生成机制与演进逻辑》,《中共宁波市委党校学报》2008年第5期,第15—22页。

贯性。浙江开放发展体制是在延续继承和不断创新的过程中形成和逐步完善的,有效避免了政策缺乏连续性造成的弊病。特别是"八八战略"系统梳理了浙江改革发展机制创新的优势和战略举措。"八八战略"提出以来,历届浙江省委深刻领会并创新发展其内涵,一张蓝图绘到底,一任接着一任干,保障浙江体制机制实现了"守正"与"创新"的辩证统一。

第四,创新经验的原创性。改革开放之初,虽然党委、政府的工作重心已经转移到发展经济上来,但对于如何发展经济、如何搞活市场、政府和市场的边界在哪里等问题,各地政府并没有现成的理论政策指导,也没有可供借鉴的具体经验。敢为人先的浙江人民突破计划经济体制的束缚,走出了发展民营经济的创新之路,而在回应民间和市场诉求,在与之互动中推动的浙江政府体制机制改革,也就具备了自身特点和原创性特征。此后,浙江作为改革开放的先行省份,较早遭遇"成长的烦恼",面临其他省份没有遇到过的体制改革压力,这也使得浙江政府体制创新具有极高的原创性。

(二)浙江体制改革创新的经验

改革开放 40 多年来,浙江开放发展体制在实践中逐步形成,并在实践中与时俱进、持续创新。回顾改革开放以来,浙江以体制改革推动开放发展的实践历程,有以下几个方面值得重视:

第一,始终把坚持党的集中统一领导作为体制改革创新的根本遵循。改革开放以来,浙江省委、省政府始终按照"总揽全局、协调各方"的原则推进改革开放,统筹处理内源式发展与对外开放的关系,逐步形成外向型的工作机制和体制结构。为了通过加强和改善党的领导,全面落实"八八战略",2004年 11 月,习近平同志在浙江省委第十一届委员会上作出了"巩固八个方面的基础、增强八个方面的本领"的工作部署,形成了"党建八八战略"。①"党建八八战略"集中体现了习近平同志在浙江工作时期的党建思想,体现了他对新形势下党面临的各种挑战和怎样加强党的建设的深入思考,特别契合浙江的实际和党的建设发展要求,为当时浙江党建工作指明了方向,成为当时浙江党建工作的总体思路与工作布局。② 这个"八八战略"同样具有重大而深远的意义,今天仍然是浙江全面加强党的建设十分重要的指导思想。

第二,始终坚持市场化改革基本方向,用好"无形之手",管好"有形之手"。改革开放以来,浙江经济体制、开放型体制的改革和发展,核心是处理政府和市场的关系。浙江作为改革开放先行地,民营企业众多,处理政府和市场的关系,便成为党委、政府长期以来的中心工作之一。改革开放初期,针对浙江本土萌生的民营经济,浙江省委、省政府既没有揠苗助长也没有限制发展,而是以貌似"无为"的姿态边改革边总结浙江民营经济的发

———————————

① "党建八八战略"的具体内容包括:一是巩固党执政的思想基础,加强理论武装和党对意识形态工作的领导,不断增强用发展着的马克思主义指导新实践的本领;二是巩固党执政的经济基础,全面推进经济强省建设,不断增强驾驭社会主义市场经济的本领;三是巩固党执政的政治基础,全面推进法治社会建设,不断增强发展社会主义民主政治的本领;四是巩固党执政的文化基础,全面推进文化大省建设,不断增强建设社会主义先进文化的本领;五是巩固党执政的社会基础,全面推进"平安浙江"建设,不断增强构建社会主义和谐社会的本领;六是巩固党执政的体制基础,健全和完善党的领导制度和领导方式,不断增强地方党委总揽全局、协调各方的本领;七是巩固党执政的组织基础,加强干部队伍建设和基层组织建设,不断增强自身素质和团结带领广大群众干事业的本领;八是巩固党执政的群众基础,密切党同人民群众的血肉联系,不断增强拒腐防变和抵御风险的本领。参见中央党校采访实录编辑室:《习近平在浙江(上)》,中共中央党校出版社 2021 年版,第 130—131 页。
② 中央党校采访实录编辑室:《习近平在浙江(上)》,中共中央党校出版社 2021 年版,第 131 页。

展经验,极大地呵护了浙江市场经济的发展。1992年市场经济体制改革目标确立,市场在资源配置中的基础性作用进一步发挥,浙江各级党委、政府便把规范和引导市场、完善市场经济体制作为一项重点工作。进入新时代,浙江各级党委、政府在全面深化改革和扩大对外开放的新征程中充分发挥"无形之手"的作用,管好"有形之手",做到不缺位、不越位、不错位,深入推进体制机制改革,破除权力顽疾和部门利益樊篱,同时针对市场自发性、盲目性和落后性等缺点,政府积极补位,充分发挥了市场主体的积极性、创造性和主动性,有效防止了市场失灵可能造成的不良后果。

第三,始终坚持一切从实际出发,充分尊重群众首创精神。政府体制机制创新大致可以分为"自上而下"的创新和"自下而上"的创新两种。"自下而上"的改革创新具有自发性特点,基层单点突破,取得创新成果,上级政府积极回应,总结提炼经验,并加以推广。尊重群众首创精神是浙江体制改革创新能够走在前列的重要经验。习近平同志在浙江工作期间就强调:"各级党委、政府要注重从人文的角度分析民情,把握民意,尊重群众的首创精神,放手让群众创造,允许试、允许看,不争论、不张扬。"①改革开放40多年来,浙江的诸多改革都发端于基层广大人民群众的自发创造,正是无数的普通人民群众从实际需要出发,勇于突破固有体制束缚,创造了极具创造力的经验模式。浙江省委、省政府对基层和民间的创新活动则一直持开放、尊重、包容、鼓励的态度,并及时总结其有益经验,以丰富和推动地方体制机制创新实践。

第四,始终坚持体制改革创新的系统性、整体性和协同性,久久为功、持续推进。从"贸易兴省"战略引领早期开放发展实

---

① 习近平:《干在实处　走在前列——推进浙江新发展的思考与实践》,中共中央党校出版社2006年版,第319页。

践,到"八八战略"擘画浙江开放发展的新蓝图,浙江改革开放取得的历史性成就离不开系统、整体的规划。其中,"八八战略"最具标志性。"八八战略"涉及浙江政治、经济、社会、生态发展的方方面面,具有整体性、全局性和系统性的特点。"八八战略"具备"四梁八柱"的合理布局,重点发挥浙江块状特色产业经济、区位、城乡县域经济、生态、山海、人文等八个方面天然优势。"八八战略"谋篇布局,规划全局,理念新,落点实,可行性强,为浙江深化开放发展提供了有力的行动指南。

综合来看,40 多年来,浙江的制度创新特别是开放发展体制创新,一直走在全国前列,在构建新发展格局、推动国家制度完善和治理现代化进程中具有重要的样本和典范意义。浙江在建设和完善开放发展体制中所进行的政府改革创新和制度探索,虽然孕育于浙江特殊的省情,具有地方色彩,但从创新领域、成果及其推广程度等角度看,均在全国范围内产生了重要影响。可以说,浙江体制改革创新和建设有效有为政府的经验,已经成为中国特色制度体系的重要地方样本。

五、余论:从历史和理论视野认识加强党对开放发展领导的必要性

在经济学理论中,人们常常用"政府—市场"二元框架来分析包括开放发展在内的诸多问题。本书也大致遵循这种路径,在本章章标题和具体行文中,采用了诸如"政府引领"一类的表述。但需要指出的是,在中国特色社会主义制度下,党对经济的全面领导是经济体制改革的基本遵循,"政府"是在"党委"全面领导下开展工作的,"党委"与"政府"无法截然分开。另外,本章第四节在总结浙江体制改革创新经验时,也首先提到了"把坚持党的集中统一领导作为体制改革创新的根本遵循"。这并非大而化之的套话。我们需要从更宏大的历史视野和理论视野来思考这一问题,进而深化对加强党对高水平对外开放的领导的必

要性的认识。有鉴于此，本书在此对 20 世纪 70 年代末以来兴起的全球化浪潮，特别是与之相伴随的新自由主义和治理理论等西方理论发展趋势，进行简要阐释，剖析其问题的根源，以期对我们提升认识有所借鉴和裨益。

（一）全球化浪潮下西方相关理论演进中的"去政府化"倾向

随着 20 世纪 70 年代末新一轮全球化浪潮的兴起，西方国家治理的宏观环境发生了巨大变化，这种变化既包括世界政治变迁的实践层面，也包括国家治理理论演进的观念层面。从实践层面看，里根、撒切尔掀起的改革运动，"冷战"终结以及随之而来的全球化加速，都给西方国家治理逻辑的演进带来了重要影响；从理论层面看，新自由主义和治理理论的兴起，为西方国家治理逻辑注入了新变量，塑造着其新的演进轨迹。当然，上述实践进程与理论进程在很大程度上是结合在一起、相互呼应甚至有时是难以分割的。①

在新自由主义主导的全球化模式下，资本超越国界在全球逐利，带来了一个更加开放的世界，使得任何国家都很难在封闭中实现经济繁荣。从全球来看，其后果是，一方面"资本流向世界，利润流向西方"，另一方面，随着产业全球化的推进，发展中国家有更多的机会参与全球分工，它们中的一部分国家利用劳动力成本较低的优势，积极发展劳动密集型产业，改变了国家贫穷落后的面貌，甚至实现了跨越式发展。不过，随着时间的推移，这种全球化模式固有的不均衡、不平等特征逐渐显现，特别是其金融化、空心化趋势日益严重，由此酿成了严重的全球性问

---

① Simon Springer, Kean Birch, Julie MacLeavy, "An Introduction to Neoliberalism" in *Handbook of Neoliberalism*, London: *Routledge*, 2016, pp. 29-42.

题,也让包括西方在内的诸多国家的国内治理陷入日益严重的困境。

　　新自由主义的核心要旨在于奉行绝对的市场原则,具有鲜明的市场拜物教特征,其主要观点与推崇自由放任经济政策、强调"最小政府"的古典自由主义并无差异,因而可以看成是在批判凯恩斯主义基础上对古典自由主义的回归。新自由主义的"新",主要在于其把主导经济运行的市场逻辑引入社会领域,并借助全球化的力量将其推广至国际社会。该理论的核心要义虽然早已由哈耶克等人进行了学术阐释,却并未形成广为传播的全球性理论思潮。其真正兴起并被广泛运用于国家治理实践始于 20 世纪 80 年代初,早期主要体现为撒切尔、里根推动的以私有化和市场化为核心的政治改革运动。

　　"冷战"终结之际,全球化进程的加速和治理理论的兴起进一步放大了新自由主义的理论影响力。1989 年,也就是在治理概念被提出的同时,被称作"新自由主义政策宣言"的"华盛顿共识"经由经济学家约翰·威廉姆森(John Williamson)等人系统总结后正式提出。该宣言通过罗列以市场化为核心的十项"改革清单"的形式,为拉美等发展中国家提出了国家治理"药方",也为新自由主义向全球复制打造了模板。[①] 随着"冷战"走向终结,在西方主导下,新自由主义的政策主张在拉美和苏东地区得到迅速推广,影响力日益显著,从而发展成一种得以在西方世界和不少发展中国家大行其道的意识形态。与此同时,自 20 世纪 90 年代起,"治理"一词逐步在政治学、公共管理等学科获得话语权。从表面上看,治理理论具有"问题导向"特征,因而容易给人造成"价值中立"、超越意识形态之争的假象,但考察治理理论

---

① Charles Gore, "The Rise and Fall of the Washington Consensus as a Paradigm for Developing Countries" in *World Development*, Vol. 28, No. 5, 2000, pp. 789-791.

的历史演进和基本主张，该理论与新自由主义全球化浪潮之间却存在着复杂而紧密的关联，并将西方意识形态嵌入了其主要观点之中。

新自由主义将社会视为负担，提出了以消减社会福利为核心的改革举措。撒切尔声称："没有社会这件事情，只有一个个男人女人，一个个家庭。"①治理理论则强调发挥社会的作用，具有明显的"社会中心主义"倾向，两者的核心诉求从表面上看似乎并不一致。不过，治理理论强调建设"大社会"，重点在于通过鼓励多元主体的有效参与来发挥社会的自治功能，而新自由主义所反对的，只是给政府带来负担特别是造成财政压力的"大社会"。两种"大社会"的内涵并不一致，而两种理论关于社会建设的主张非但不矛盾，反而在基本理念上高度契合：新自由主义关于建立"最小国家"的主张，是把更多的治理任务留给社会来解决，而治理理论则主张政府主要承接传统上由政府管理的事务。

"冷战"结束后，西方的意识形态自信空前膨胀。以福山为代表的学者甚至提出，人类关于意识形态的论辩和竞争，已经随着西方自由民主价值观在"冷战"中胜出而走向"历史终结"。在这种背景下，西方治理理论与"华盛顿共识"相互呼应，被不少西方学者视为世界各国走向现代化、实现善治的必然选择。然而，正如王绍光通过对相关文献的大量梳理和词源回溯所指出的，西方学术话语中的"治理"概念不过是一个"空洞的能指"，是被打上了浓重的新自由主义意识形态烙印的术语，其在后"冷战"时代广为流传的过程中，宣扬的不过是新自由主

---

① Margaret Thatcher, "Interview for 'Woman's Own' ('No Such Thing as Society')" in *Margaret Thatcher Foundation：Speeches, Interviews and Other Statements*, London：1987. https://newlearningonline.com/new-learning/chapter-4/margaret-thatcher-theres-no-such-thing-as-society.

义的规范性主张。①

在新自由主义和治理理论的交互作用下,一方面,西方走出了此前的经济滞胀,在全球化加速进程中实现了新发展,并将其相关政治理论发展为一种在世界范围内广为传播的强势意识形态,另一方面,这种理论与实践削弱了治理进程中的国家权威,制造出了大量新的矛盾和问题。2008 年国际金融危机发生以来,西方国家治理逻辑在演进中出现了严重的失衡,最终使西方众多国家陷入系统性的国家治理困境之中。

(二)国家和政府引领缺位是西方系统性困境形成的重要根源

邓小平指出:"计划经济不等于社会主义,资本主义也有计划;市场经济不等于资本主义,社会主义也有市场。计划和市场都是经济手段。"②市场作为一种经济手段,对优化资源配置发挥着关键作用。不过,由于"市场失灵"(market failure)现象的存在,市场在经济运行中的自我调节功能并不总是有效的。而当"市场原则"超越经济领域,成为社会运行的主导规则时,则可能严重侵害公平正义,导致社会达尔文主义盛行、不平等加剧等一系列社会弊病。资本主义社会追求资本增值、实现资本利润率最大化的本质,决定了其不仅要在经济领域贯彻市场原则,还具有将该逻辑拓展到国家和社会生活一切领域的倾向。

卡尔·波兰尼(Karl Polanyi)提出的"脱嵌"(disembedding)理论有助于我们理解市场逻辑过度延伸的成因及后果。波兰尼指出,经济体系应当是嵌入(embedding)在政治和社会关系之中的,但资本主义体系中自由放任的市场具有推动经济运行摆脱

---

① 王绍光:《治理研究:正本清源》,《开放时代》2018 年第 2 期,第153 页。

② 《邓小平文选》第三卷,人民出版社 1995 年版,第 373 页。

政治和社会关系约束的倾向,由此形成"嵌入"与"脱嵌"之间的相互博弈和双向运动。神话市场作用和过度依赖市场的自我调节功能,就可能导致经济体系从社会中"脱嵌",进而让社会运行完全被市场逻辑支配,最终造成灾难性后果。①

2008年国际金融危机本身即是资本主义国家监管缺位带来的一场历史性危机。危机发生以来,西方主要大国的国内政治经济形势不断变迁,虽然不同国家的具体情况有所差异,但总体来看,大都陷入持续的困境当中。围绕资本主义遭遇的严重困境,国内外学界提出了"新自由主义破产论""国家失败论""政府失败论""政治衰败论""不平等加剧论""民粹主义兴起论""政治极化论""身份政治论"等大量理论性解释,增进了人们对西方困境发生机理与演化逻辑的多维度理解。综合来看,这种延续10余年仍然难以根本扭转的困境,就其构成看,涵盖了经济、政治、社会、文化等彼此关联的诸多方面,表现为国家治理层面的一种系统性困境,具体而言包括经济层面的结构失衡与贫富鸿沟扩大、政治层面的"民主失灵"与极化现象凸显、社会层面的阶级对立与意识形态包容性下降、文化层面的认同分裂与族群冲突加剧等等。

西方国家治理陷入系统性困境,是资本主义的固有逻辑在新环境中走向失衡乃至失控的结果,其要害在于国家权威受到侵蚀、政府引领不力。马克思指出,资本主义社会的市场"不承认任何别的权威,只承认竞争的权威"。② 这表明,在经济运行领域,资本主义社会具有与生俱来的"去权威化"倾向。不过,出于维护资产阶级统治、防范经济危机等目的,西方国家又不得不进行必要的国家建设。"二战"结束后,在汲取1929—1933年经济危机教训的基础上,西方国家普遍推行加强国家经济干预的

---

① 卡尔·波兰尼:《大转型:我们时代的政治与经济起源》,冯钢、刘阳译,浙江人民出版社2007年版,导言第15—19页。

② 马克思:《资本论》(第一卷),人民出版社1972年版,第394页。

凯恩斯主义,并通过提升福利水平开展社会建设,由此形成了延续至 20 世纪 70 年代初的长达 20 余年的资本主义"黄金年代"(the Golden Age)。英国历史学家艾瑞克·霍布斯鲍姆(Eric Hobsbawm)将"黄金年代"的出现解释为"一连串由政府支持、监督、引导,有时甚而由政府主动计划、管理的工业化发展的故事",同时也是由于各国政府"尽量减少社会上的生活不平等","全力保障社会福利和社会安全制度"。① 这段时期,西方国家治理中的资本逻辑和市场逻辑受到抑制,选票逻辑和对抗逻辑也被限制在契约框架中相对有限的范围之内。

当然,"黄金年代"并没有消除资本主义社会的固有矛盾,受到抑制的资本逻辑和市场逻辑也一直在积蓄着反弹的能量。20 世纪 80 年代以来,在西方先后兴起的新自由主义和治理理论,都具有削弱国家权威、限制政府作用的理论取向。这一理论取向突出地反映在两种政治理论强势兴起之际产生的一些广为流传的政治口号之中:里根在其首次当选总统后的就职演说中提出"政府不能解决我们的问题,政府本身才是问题"②,这一著名口号生动地反映了新自由主义对"二战"后西方政府职能扩张的批评和关于建设"小政府"的理论主张;而治理理论的代表人物罗森瑙(James Rosenau)教授提出的"没有政府统治的治理"的著名学术主张,也蕴藏着类似的理论逻辑,并经广泛传播产生了超越学界的理论影响。

需要指出的是,从理论上讲,政府和国家是两个不同的概念,但在实践中,广义的政府却又是国家最主要的代表。亨廷顿

---

① 艾瑞克·霍布斯鲍姆:《极端的年代:1914～1991》,郑明萱译,中信出版社 2014 年版,第 337 页。

② Ronald Reagan, The Presidential Inaugural Address, January 20, 1981. https://www. reaganfoundation. org/media/128614/inauguration. pdf. [2021-06-16].

在其经典著作《变化社会中的政治秩序》的开篇便提出一个著名论断:"各国之间最重要的政治分野,不在于它们政府的形式,而在于它们政府的有效程度。"①"黄金年代"出现的政治根源,在于西方国家"政府的有效程度"得到了显著提升,而新自由主义与治理理论的合力,则削弱了这种有效程度,从而造成西方治理实践的关键领域出现了"国家缺位"问题。

有学者指出,治理理论建立在"人是理性的,社会是善的,国家是恶的"的本体论假设之上。② 该理论从国家与社会的二元对立关系出发,主张通过加强社会力量,摆脱国家对公共事务的"过度"干预。治理理论的代表人物之一、英国政治学家罗兹教授详细梳理了治理的意涵,而他首先阐释的就是"作为最小化国家的治理"。③ 在治理理论阵营中影响较大的理论主张,包括"网状治理"(network governance)、"多中心治理"(polycentric governance)、"社会自理"(societal self-governance)、"制衡式治理"(balanced governance)等,核心要旨都在于"去中心化""去权威化",目标都指向在传统治理结构中处于"中心"和"权威"地位的国家及其政府。

以治理理论为参照,新自由主义的本体论假设则可以被概括为"人是理性的,市场是善的,政府是恶的"。从理论内容看,新自由主义立足于经济全球化加速的时代背景,通过推行经济市场化和政治民主化两大核心理念,服务于资本全球逐利的目的。其中,经济市场化理念制造了政府与市场的二元对立关系,

---

① 塞缪尔·亨廷顿:《变化社会中的政治秩序》,王冠华译,生活·读书·新知三联书店 1996 年版,第 1 页。
② 杨光斌:《发现真实的"社会"——反思西方治理理论的本体论假设》,《中国社会科学评价》2019 年第 3 期,第 13—26 页。
③ R. A. W. 罗兹:《理解治理:政策网络、治理、反思与问责》,丁煌、丁方达译,中国人民大学出版社 2020 年版,第 41 页。

借助宣扬绝对市场原则来抵制政府作用的发挥;政治民主化理念则隐含着民主与集中的二元对立关系,并主张通过倡导个人权利削弱公共权威。苏珊·斯特兰奇(Susan Strange)发现,在新自由主义主导的全球化进程中,"所有国家,无论大小强弱,其政府的权威都由于技术和金融革新,由于各国经济加速一体化为一个单一的全球市场而受到削弱",她进而提出,"各国政府权威的流失,已经造成了一个很大的无权威空洞。这个空洞或许可以被称为'无治理'(ungovernance)"。①

如果说新自由主义和治理理论的盛行让资本主义国家固有的资本逻辑和市场逻辑摆脱了羁缚,那么,福利国家遭遇困境、民粹主义的泛滥以及政治极化、身份政治等现象的兴起,则让资本主义内嵌的选票逻辑和对抗逻辑走向了极端。有学者指出,西方的极化现象已经不再局限于受到学界广泛关注的政治领域,而是发展成为一种涵盖国家治理各领域的"国家极化"现象。这种表现为"经济极化与政治极化的深度扩张"以及"社会极化与文化极化的双重累加"的国家极化,还在不断升级,呈愈演愈烈之势,不断彰显着其对西方国家治理生态的破坏力、解构力和重塑力。②

(三)认识和把握理论变迁趋势,坚持和加强党对开放发展的全面领导

在西方世界面临严重国家治理赤字的时代背景下,国家在治理实践中的首要角色重新受到人们的重视。西方"国家第一""国家优先""让国家再次伟大"一类政治口号的出现,即是这种

---

① 苏珊·斯特兰奇:《权力流散:世界经济中的国家与非国家权威》,肖宏宇、耿协峰译,北京大学出版社2005年版,第12页。
② 庞金友:《国家极化与欧美当代民主政治危机》,《政治学研究》2019年第3期,第44—56,126—127页。

政治思潮在实践中的反映。包括我国提出的推动国家治理体系和治理能力现代化目标在内的实践发展，反过来又促进了人们的理论反思。在多种合力的共同作用下，治理理论出现了明显的"国家转向"。具体来说，这一理论转向主要是由以下几种因素促成的：

首先，这种转向受到资本主义经济变迁过程中周期转换动能的推动。受资本主导和为资本服务的国家本质，决定了资本主义具有防止国家干预影响资本肆意扩张和增值、主张"最小政府"的天然倾向。不过，市场失灵和周期性经济危机的发生，又使资本主义国家的政府不得不依赖国家干预来修复经济危机造成的巨大破坏。因而，在资本主义发展史上，在强调市场作用还是强调国家作用两种取向之间，存在一种"钟摆式"循环的规律。由此，放任主义和干预主义之争成为西方经济学中的核心议题。这种争论经过 20 世纪上半叶资本主义世界的理论和实践变迁，形成了新自由主义与凯恩斯主义长期拉锯的局面。20 世纪 80 年代新自由主义的强势兴起，即是对"二战"后凯恩斯主义盛行的一种反击。2008 年，在经过 20 余年的强势扩张之后，对原有弊病矫枉过正的新自由主义遭遇了一场历史性的全球金融危机，自身又陷入严重困境之中，成为被批判对象。来自资本主义经济变迁中"钟摆周期"的动能，构成了推动现代治理理论"国家转向"的一种重要力量。

其次，"回归国家学派"与西方政治理论的"去国家化"倾向同步发展并对其提出挑战。国家是传统政治理论的核心概念和古典政治学研究的核心命题，但"二战"以后，行为主义、结构功能主义等研究范式的兴起和科学主义的泛滥，对以国家为中心的理论范式造成严重冲击。不过，进入 20 世纪 70 年代以后，西方学界开始对行为主义等研究范式的弊端进行反思。1985 年，由彼得·埃文斯（Peter Evans）、迪特里希·鲁施迈耶（Dietrich Rueschemeyer）、西达·斯考切波（Theda Skocpol）

主编的论文集《找回国家》出版。① 该著作呼吁重建以国家为中心的政治学研究范式,出版后产生了持续而重要的学术影响。当然,与兼具政治思潮和学术理论两种特征、发挥了重大现实影响的新自由主义和治理理论相比,"回归国家学派"理论呼声的影响力主要限于学术界。尽管如此,该理论流派的存在和发展,仍然对治理理论兴起后"社会中心主义"的理论趋向形成了有效制约,延续着政治学中的"国家中心主义"传统。

再次,世界范围内治理赤字问题的凸显,引发了对全球化时代国家角色问题的反思。全球化进程加速在促进世界经济增长的同时,给国家权力带来了更多的约束和限制,全球性问题的爆炸性增长和全球风险导致的"国家失败"现象随之而来。国内治理赤字与全球治理赤字问题的凸显,让人们重新认识到国家权威在国内治理与全球治理中不可替代的作用。早在 21世纪之初,福山就出版了《国家建构:21 世纪的国家治理与世界秩序》一书,强调"国家建构是当今国际社会最重要的命题之一,因为软弱无能国家或失败国家已成为当今世界许多严重问题的根源"②。2008 年国际金融危机发生后,民粹主义等反建制力量持续兴盛,虽然让世界政治中的国家建构进程受到严重冲击,但也进一步推动了人们对国家重要性的认识,推动着"国家的凯旋"。③

最后,在西方政治实践复杂演进和理论思潮持续变迁的背景下,针对早期治理理论暴露出的"国家缺位"等弊端,该理论阵

---

① Peter B. Evans, Dietrich Rueschemeyer, Theda Skocpol, eds. *Bringing the State Back In*, Cambridge University Press, 1985.

② 弗朗西斯·福山:《国家建构:21 世纪的国家治理与世界秩序》,黄胜强、许铭原译,中国社会科学出版社 2005 年版,第 1 页。

③ 任剑涛:《找回国家:全球治理中的国家凯旋》,《探索与争鸣》2020年第 3 期,第 26—41 页。

营内部的一些学者也进行了反思，并试图加以弥补和矫正。治理理论对多元主体协同的强调催生出更多的合作关系，但这种多元合作网络的性质及其治理成效却存在很大的不确定性。约翰·芬威克(John Fenwick)等人提出，合作关系的增多可能只是意味着官僚体系的扩张，而不是有效治理网络的拓展。他们运用定量与定性结合的方法，通过案例研究发现，国家仍是日益复杂和多元的伙伴关系体系中最杰出的参与者。[①] 英国学者鲍勃·杰索普(Bob Jessop)提出的"元治理"(meta-governance)理论，可以被看成是治理理论从内部开启"国家转向"的一个标志。"元治理"理论强调在发挥多元治理机制优势的同时，"国家要为自己保留对治理机制开启、关闭、调整和另行建制的权力"。[②]"元治理"理论是治理理论阵营内部所进行的自我调适，它试图通过重新定义政府角色实现"治理中的治理"。在其修正后的治理结构中，国家(政府)被视作"同辈中的长者"，除了作为多元中的一元存在，还要对社会规则的制定发挥指导作用，并对其运行加以引导。

市场逻辑也是我国经济领域优化资源配置所遵循的根本逻辑，但其主导作用仅限于经济运行领域，并未像西方那样渗透在社会生活的各个方面。即便是在经济运行中，我国也始终坚持国家宏观调控与市场原则的有机统一，而不是片面地强调市场原则的绝对主导地位。与西方相比，中国基于其悠久的历史传统，始终强调国家在实现社会安定和良政善治中的决定性作用。

---

① John Fenwick, Karen Johnston Miller, Duncan Mc Tavish, "Co-governance or Meta-bureaucracy? Perspectives of Local Governance 'Partnership'" in *England and Scotland*, *Policy and Politics*, Vol. 40, No. 3, 2012, pp. 405-422.

② 鲍勃·杰索普：《治理的兴起及其失败的风险：以经济发展为例的论述》，漆燕译，《国际社会科学杂志(中文版)》1999年第1期，第31—48页。

这种"国家逻辑"贯穿在中国政治运行和社会生活的诸多领域，在当代集中表现为中国共产党全面领导作用的发挥。有学者指出，国家是规范多元治理主体之间要素分层和功能重叠的关键因素，强调发挥国家权威引领功能的国家逻辑不是国家权力主观意志的体现，而是面向实践解决国家均衡建构问题的实际需要。在新的时代背景下，中国倡导建设的以国家逻辑为主导的现代治理体系，则是对西方治理方案难以应对世界范围内日益凸显的治理赤字这一时代问题的积极回应，有助于打破西方"多中心治理"的迷思，为人类社会开辟新的文明类型。①

在全球互动空前频繁的时代背景下，中西方在国家治理的经验方法、技术手段等方面不可避免地会发生相互影响和交流互鉴，从而在国家治理的局部领域会产生趋同现象。例如，随着信息化的发展，如何让数字赋能治理以及如何加强虚拟社会自身的治理，成为各国国家治理面临的共同课题。由此，推动政府数字化转型成为中西方的共同选择，双方在诸如此类的治理手段革新和技术运用上，存在较大的学习互鉴空间。考察西方的国家治理逻辑在演进中走向失衡的背后机理，也能够为我国提供有益借鉴。比如，有学者基于对资本主导下西方困局的分析提出，我国对待资本的态度应当是"利用资本但不被资本所俘获，运用资本的力量但不让资本占主导"。② 认真汲取这类基于对"西方之乱"深层根由剖析得出的教训启示，有助于我国在开辟"中国之治"过程中避免重蹈西方的覆辙。

治理概念兴起后，被广泛地与"全球"（global）、"社会"（societal）、"城市"（urban）、"网络"（internet）、"公司"（corporate）

---

① 陈进华：《治理体系现代化的国家逻辑》，《中国社会科学》2019 年第 5 期，第 23—39 页。

② 韩庆祥、黄相怀：《资本主导与西方困局》，《光明日报》，2016 年 9 月 28 日，第 13 版。

等前缀词结合使用，进而发展出众多理论分支。受政治思潮和学术话语影响，"没有政府统治的治理""多中心治理"等具有特定的语境、适用范围和自身局限性的理论主张，被不少国家广泛引进到应对国内公共事务和全球性问题的实践之中。由于治理理论在兴起之初就表现出"去国家化"倾向，在西方话语中，"国家治理"(state governance)反而是一个很少被提及的概念。西方国家治理陷入系统性困境引发了对"治理"概念和理论的反思，推动着现代治理理论的"国家转向"。在经历了认识上的拨乱反正之后，更多的人开始认识到，广义的国家治理仍然是人类社会各类治理中最基础、最重要的环节。实际上，包括全球治理和基层自治在内的各类治理，虽然从概念上没有与"国家""政府"联系在一起，但都可以被看成国家治理的延伸或组成部分，需要发挥政府的有效引导作用。

在我国提出实现国家治理现代化的实践命题之后，"国家治理"成为国内学界广泛使用的一个热门术语，且已经形成了一些有别于西方治理理论的学术主张。比如，关于国家治理现代化的目标问题，国内有学者将其概括为"建设有能力的有限政府"①，还有学者将其总结成"建立强政府与强社会组成的强国家"②。这些观点体现了对西方治理理论二元对立思维模式的超越。这些命题对于推进中国式现代化，对于全面深化改革和推动开放发展，都具有启发意义。

通过"去行政化"释放市场活力，是现代政府建设的重要方向，但我们绝不能把"去行政化"等同于"去政府化"，绝不能放松

---

① 杨光斌：《一份建设"有能力的有限政府"的政治改革清单——如何理解"国家治理体系和治理能力现代化"》，《行政科学论坛》2014 年第 1 期，第 33—36 页。

② 杨立华：《建设强政府与强社会组成的强国家——国家治理现代化的必然目标》，《国家行政学院学报》2018 年第 6 期，第 57—62 页。

党对体制改革创新和开放发展的全面领导。在前文较详细的理论考察的基础上,再来回顾浙江开放发展的实践历程,我们不难发现:浙江在开放发展的实践历程中始终坚持党的领导,党委、政府坚持以体制改革创新释放经济活力,通过不断理顺和调适自身与市场的关系、加强和规范市场秩序,为开放发展扫清了障碍。在此前提下,浙江党委、政府不断简政放权,大力推进服务型政府建设,既避免了西方国家政府作用发挥不够带来的种种弊病,又有效发挥了政府在开放发展中的直接推动作用和服务保障作用。理论和浙江的实践经验均表明:在新时代、新征程中,我们必须坚持和加强党对经济社会发展的全面领导,加强党对高水平对外开放的全面领导,更好地建设有为政府和有效市场。

第六章　市场显能：浙商、民营经济 与企业国际化

　　20世纪70年代后期,我国的改革开放与世界历史上的第三轮全球化浪潮几乎同步开启。"冷战"结束后,互联网革命等多重力量推动的经济全球化浪潮进一步加速。尽管西方主导的经济全球化模式是一种不均衡的全球化模式,但我国抓住历史机遇,积极利用西方资本和技术,逐步建立起社会主义市场经济体制。浙江更是在开放时代勇立潮头、走在前列,着力推动浙商和浙江企业到世界市场的大海中游泳,不断加快海外投资和企业国际化步伐。可以说,浙江开放型经济体系不断走向完善和彰显巨大活力,正是"无形之手"不断驱动、"市场显能"的结果。

一、以开放的内源式发展释放市场活力

　　浙江的开放发展之路是内源式发展与对外开放的有机统一。习近平同志指出,"民营经济、县域经济、块状经济这些浙江响当当的'品牌',就是内源发展的生动体现"。[①] 他同时强调:"内源发展不是封闭发展。加强与外部区域的联系是不同地区进行专业化分工、发挥各自优势的必然要求。"[②]综合来看,以开

---

　　① 习近平:《干在实处　走在前列——推进浙江新发展的思考与实践》,中共中央党校出版社2006年版,第102页。
　　② 习近平:《干在实处　走在前列——推进浙江新发展的思考与实践》,中共中央党校出版社2006年版,第102页。

放的内源式发展释放市场活力,是浙江改革开放进程中积累的重要经验。

　　民营经济是浙江经济发展的显著优势,是浙江改革开放进程中形成的金名片。关于浙江经济发展的经验,存在"温州模式""台州模式""义乌模式"等多种说法。这些以浙江地方命名的经济发展模式,存在诸多共同特征,比如,注重释放市场活力,以民营经济发展带动经济综合实力提升,注重开放引领,等等。其中"温州模式"知名度最高,该模式不仅属于温州,也是浙江开放发展之路的突出代表。

　　在改革开放早期,特别是20世纪90年代之后的一个历史时期中,"温州模式"和"苏南模式"成为闻名全国的两种发展模式。"苏南模式"侧重集体企业发展,"温州模式"则主张私营企业发展。这两种模式各有其优势,后者在激发市场潜能方面更具典型意义。

　　被誉为"中国农村改革之父"的原中央农村政策研究室主任杜润生同志对浙江特别是温州等地的发展进程和经验极为关注,他曾对温州和浙江改革开放的成功经验做出高度概括,将其描述为"民办、民营、民有、民享。它是自发的,又是稳定的可持续发展的经济秩序"。[①]

> 　　历史表明,在自发秩序下,出现先行者的实践样板,产生诱导作用,通过相互博弈,不断扩张完善,形成新的体制、新的制度,这正是一般性规律。温州经济就是一个实证……温州人从明清两代起就到外地经营,有的还出海渡洋,到外国去创业。新中国成立以后外出受到限制,他们只能就地在农业以外寻找就业机会。

---

　　①　杜润生:《解读温州经济模式》,《浙江经济》2000年第8期,第13—15页。

从此开始搞小商品生产,如服装、鞋帽、低压电器、眼镜、商标牌等。"小商品,大市场",吸引了越来越多的投资主体。改革开放以后,实现了市场取向,家庭经营的个体经济私人企业因而获得大发展,结果形成了一个中小企业大群体。论其特色,它是一种高于个体经济基础上的自发的、扩张的经济秩序。这个秩序从永嘉的农业开始,发展到温州全境,从温州、台州,一直扩展到全省,使浙江从一个资源小省变成经济大省。现在浙江与广东并驾齐驱,国内生产总值达700多亿元。温州能有今天,我以为最值得注意的一条是,当地政府职能简化。政府对微观经济及其日常经营,始终不去直接干预,而把主要精力都用来改善宏观环境,搞好建设规划,制定游戏规则,依法实行社会监督,兴办公益事业,提供公共服务,完善税收制度,充实财政实力,搞好基础建设等方面。①

浙江"市场显能"的历史经验引发了诸多经济学家的关注。比如,著名经济学家吴敬琏就曾在接受媒体采访时指出,"温州以中小民营企业为主,是有竞争力的"。他基于以温州为代表的浙江民营经济发展经验,提出了形成"增长极"推动经济"全盘皆活"的经济发展思路:

> 在一些地区,已经形成具有很强活力的中小企业群,只要我们采取措施,支持它们的发展并积极加以引导,很快就会在全国形成一些或大或小的"增长极"。他们的投资和扩张活动所创造的需求,将拉动自身生

---

① 杜润生:《解读温州经济模式》,《浙江经济》2000年第8期,第13—15页。

产的进一步扩张和其他地区的经济复苏,从而形成供给与需求相互拉动的良性循环局面。这样,国民经济这盘棋就能全局皆活。这正是我们要努力争取达到的。①

开放发展必须做大做强市场,正如有的学者指出:"对外开放的经济逻辑,基本思路在于阐述开放如何通过扩大市场规模来促进长期经济增长。"②浙江被称作"市场大省","这还不仅是一顶有相当辨识度的'帽子',而且还是浙江的一项最具含金量的'桂冠'"。③ 改革开放之初,浙商主要以家庭的方式进行经营,信息流动缓慢,专业市场匮乏,对外贸易困难。浙江民营经济的发展,特别是块状经济的兴旺,逐步催生出义乌小商品城、绍兴柯桥轻纺城、海宁皮革城、永康五金城、余姚中国塑料城等各类专业市场。进入 21 世纪,市场嗅觉灵敏的浙江人抓住了互联网革命蕴藏的商机,以阿里巴巴集团旗下"淘宝""天猫"为代表的网上市场起步早、发展迅速,在全国乃至全球电子商务领域走在了前列。全省各级党委、政府也大力推动和规范各类专业市场建设,实现了"建一个市场、带一批产业、活一方经济、富一方百姓、兴一座城市"的联动效应。浙江的不少专业市场具有规模大、辐射强、功能全的特征,其兴起也为对外贸易提供了便利,加速了浙江的开放发展步伐。

---

① 《经济学家吴敬琏:民间力量的成长有利改革》,原载于 2001 年 8 月 22 日《南方日报》,转引自 http://cn. chinagate. cn/economics/2001-08/22/content_2300258. htm。

② 张宇燕:《中国对外开放的理念、进程与逻辑》,《中国社会科学》2018 年第 11 期,第 30—41 页。

③ 刘亭:《如何看待浙江"市场大省"这顶帽子? ——关于专业市场的答问》,参见 https://m. thepaper. cn/baijiahao_23697784。

二、浙商与浙江的开放发展

习近平同志在主政浙江时曾指出，"在社会主义市场经济大潮中培育和成长起来的浙商群体，成为了浙江发展中的一支十分活跃的生力军，同时也成为全国最活跃的企业家群体"。[①]"天下浙商"是浙江开放发展中最能体现人的能动性的优势群体。从 40 多年改革开放的实践历程看，浙商始终是浙江开放发展的一支主要依托力量；置身新时代，浙商也正在成为我国推进"一带一路"建设宏伟实践中先行先试的开拓者。

（一）浙商对浙江开放发展的突出贡献与时代角色

善于"走出去"、勇于在新市场中"拓荒"是浙商的重要特质。在这种特质的孕育下，浙商已经发展成为一个人数过千万的庞大群体。关于浙商群体的构成，曾有一个"三个 200 万"的说法：省内 200 万，国内其他省份 200 万，境外也有近 200 万。这样一个笼统说法在统计上并不精确，但折射了浙商勇闯天下市场的精神，也粗略地反映出一个历史时期浙商群体的大致结构。

当然，这个传统说法已经落后于时代发展。原因之一是三类浙商的结构比例已经发生了明显变化。据统计，目前共有 600 多万浙商在省外投资创业，200 多万浙商在境外投资创业。与此同时，在一个日益紧密的全球共同体中，三类浙商之间的互动越来越频繁，彼此界限日趋模糊，统计归类变得更加困难。"一带一路"倡议改变了三类浙商之间相对独立的"并联"关系，将全世界的浙商"串联"在了一起。

习近平同志在浙江工作期间，曾以开放包容的胸怀提出"跳

[①] 习近平：《干在实处 走在前列——推进浙江新发展的思考与实践》，中央党校出版社 2006 年版，第 99 页。

出浙江发展浙江"的宏大思路。这一重要论述对浙江经济发展起着长期指引作用。在全球互联互通日趋紧密的时代背景下，浙江省委、省政府坚持以"跳出浙江发展浙江"的战略思维来拓宽视野，大力鼓励浙江人走出去，尤其是到"一带一路"沿线投资创业，同时大力创造良好的发展环境，以开放的思维和务实的态度推进"浙商回归"。

在"一带一路"上奏响浙商和声，既贯彻落实了"跳出浙江发展浙江"的开放发展理念，又有效推动了省外浙商回归和省内浙商走出去。中小企业是浙江民营经济的活力所在，但受企业规模和人才资源等方面的限制，它们往往缺乏明确的境外投资战略，不熟悉"一带一路"共建国家的法律、监管、税务及政治经济环境。通过积极发挥境外浙商和浙江籍华侨的作用，浙江有效凝聚了熟悉国内外两种环境、与浙江本地和境外市场联系紧密的民间力量，对助推浙江企业"走出去"并在境外发展壮大发挥了建设性作用。

当前，在"一带一路"双向大通道中，境外浙商回归和境内浙商走出去已经成为两种并行不悖、蔚然成风的趋势。在争做"一带一路"建设排头兵的道路上，秉持"跳出浙江发展浙江"的开放胸怀，就能摆脱狭隘思维，在积极推进"浙商回归"的同时实现三类浙商的良性互动和互惠共赢，助力浙江走在对外开放的新前沿。

(二)"一带一路"建设背景下的天下浙商

在推进"一带一路"建设的新时代背景下，越来越多的浙江籍企业家沿着"一带一路"划定的轨迹，在东南亚、中亚、欧洲、非洲等地从事开发区、工业园区、商贸集散中心等项目建设和各类经贸活动，勇当"一带一路"建设的先行者和探路者，成为浙江参与这项宏伟倡议的最大亮点之一。

浙商是国际设施联通和政策沟通的先行者。在 2017 年 5

月举行的首届"一带一路"国际合作高峰论坛上，阿里巴巴集团董事局主席马云宣布将帮助巴基斯坦建立电商基础设施。相关项目在会后很快启动，巴基斯坦作为"一带一路"倡议中的重要支点国家迎来了开拓国际市场的重大契机。进入互联网时代，勇立潮头的"天下浙商"在电子商务、物流等诸多产业中抢占了先机。浙商具有"商行天下"的传统，又在上述新兴产业中建立起了突出优势，完全能够成为"一带一路"建设中设施联通的先行者。浙商与外商经贸联系广泛，不少率先走出去的浙商频繁往来于世界各地，熟悉国内外很多地方的市场，积累了较多境外人脉和商业资源，完全能够为浙江本土企业走向境外参与"一带一路"充当"向导"。发挥境外浙商的地缘优势和桥梁作用，有助于促进与共建国家的政策沟通和对接，为开展贸易投资消除障碍。

浙商是推动沿线贸易畅通和资金融通的有生力量。"一带一路"沿线地缘政治状况复杂，各种冲突动荡频发，腐败等国家治理问题普遍较为严重，基础设施和经济发展相对落后，"一带一路"在充满机遇的同时也堪称是一条"高腐败带"和"高风险路"。不过，在高风险和高收益相伴随的"一带一路"沿线进行"拓荒"，却特别适合以"愿做别人不愿做的事""敢做别人不敢做的事""能做别人做不了的事"闻名的浙商来充当先锋。当代的浙商和浙江企业伴随改革开放号角吹响起步，已经建立起资金优势并擅长"走出去"，具备了充当推动"一带一路"沿线贸易畅通和资金融通生力军的潜力。在浙商的推动下，浙江在"一带一路"共建国家已有 4 家国家级境外经贸合作区，占全国总数的1/4，位居全国各省份之首。"一带一路"倡议提出后，以吉利集团为代表的浙江民营企业在共建国家和地区屡屡进行大手笔海外并购，成为浙商和浙江企业开拓国际市场、全球配置资源的典型案例。

浙商是中外民心相通的纽带和使者。"一带一路"不仅是

"经济带""商业路",也是"文化带""友谊路"。弘扬中华文化是促进中外民心相通的有效举措。浙江在开拓新"丝路"过程中,需要结合浙商和民营企业优势,树立深挖历史资源和传统文化的"思路"。作为丝绸、茶叶和瓷器三种传统丝路商品的重要产地以及海上贸易和运河文化的重要起点,浙江既是陆上丝绸文化的源头之一,又是海上丝绸之路的重要发祥地。文化必须依靠人来传承,在浙江人文环境中孕育的浙商是在海外传播中华文化的天然使者。浙商不仅仅是一个从事经营活动和创造财富的群体,更担负着精神传承和商业文化传递的使命。从传统的"四千精神"到以创新创业为核心的"新四千精神",从被时任浙江省委书记习近平誉为"浙江良方"的"两板精神"到与时俱进的"新浙商精神",浙商文化在底蕴日趋深厚的同时融入了更多的全球视野和时代新内涵,为浙江赢得了世界的尊重和友谊,也为浙商借助"一带一路"从以前的全国化商帮真正变成一个全球化的商帮提供了新起点。浙商积累的精神资源和海外影响力,已经成为"一带一路"建设中无形的宝贵财富,也让"走出去"的浙商成为中外民心相通的探路人和架桥者。

(三)在投身"一带一路"建设中实现浙江和浙商发展的新跨越

建设"一带一路"需要中央部署和地方推进的有效结合。地方绝不能把"一带一路"倡议看成是中央提供的、由地方分抢的一块"大蛋糕",进而忙于争资源、抢项目、分蛋糕。浙江省委认识到,"'一带一路'建设是世纪工程、国家大计,也是地方必须担当的政治责任"。"一带一路"不仅要靠中央的"一分布置",更要依托地方的"九分行动",不仅要靠地方政府的主动担当,更要充分激发民间潜能。哪个地方的市场和企业家先知先觉、先行先试,哪个地方就能抓住机会。只有充分释放了市场和企业的活力,"一带一路"建设才能获得持久的动能。也正因如此,有着先发优势的浙江民营经济及其企业家在"一带一路"建设中大有可为。

不同地区在"一带一路"中的地缘位置、资源优势、发展定位不同,参与"一带一路"建设的方式也就各异。具体到浙江,天下浙商无疑是浙江参与"一带一路"建设的独特优势和最宝贵的人的资源。"舍得""和气""共赢""低调""敢闯"是人们对浙商的普遍印象,也是对浙商特点概括中得到广泛认可的 5 个标签。这些标签恰恰是能够推动"一带一路"建设突破障碍、化解风险的宝贵特质。当前,感知到"春江水暖"的浙商群体的积极行动,已经为浙江争做"一带一路"建设排头兵奠定了一个良好开端。

浙商在市场经济大潮中积累了宝贵的资金资源优势和投资运营经验,这正是建设"一带一路"所急需的。当前,在世界经济长期低迷、贸易保护主义兴起的国际经济环境下,遍布全球的众多浙商围绕"一带一路"建设中实现"五通"的总目标,以投资促进贸易,以资本输出带动产品输出,有效提升了"浙江制造"的外部需求和市场容量,正在为浙江民营经济的持续健康发展孕育新动力。

推动浙商参与"一带一路"建设要注重实现浙商和华侨资源两种优势的有效结合。浙江是华侨资源大省,拥有 200 万左右华人华侨。以遍布全球的浙籍华侨为主体的境外浙商本身就是"天下浙商"的重要组成部分。浙籍华人华侨中的 75％左右聚集在"一带一路"沿线的亚欧各国,具有分布集中的优势。其绝对数量在全国各省份中虽然并不是最多的,但侨团、侨领影响力大,存在着一个以宗亲关系、乡籍关系和行业关系串联而成的商际网络,他们了解所在国的政治规则、法律制度和风土人情,能够发挥"信息员""调解员""宣传员""联络员"作用。浙江参与"一带一路"建设需要积极利用境外浙商和浙籍华人华侨的地缘优势,促进这两种资源优势之间及其与国内浙商和浙江企业的相互策应与配合,降低浙江参与"一带一路"建设可能面临的境外风险。

浙商是建设"一带一路"的有生力量,而"一带一路"倡议的提出也为浙商群体和浙江企业的发展壮大提供了重大历史机遇。凭风借力好行船。"一带一路"倡议提出以来,以义乌9条中欧班列相继开通为标志的"陆上联通"、以宁波舟山港建设为标志的"海上联通"和以阿里巴巴发起的世界电子贸易平台建设为标志的"网上联通"齐头并进,为浙商掘金"一带一路"、布局全球市场铺平了道路,也为浙江企业走向世界架起了桥梁。

当前,正沿着"一带一路"实现新腾飞的浙商群体已经越来越熟悉境外市场和社会民情,有条件、有能力以更大的气魄和手笔布局沿线大市场,在浙江、中国和全球三级链条中发挥独特的纽带作用。作为"浙江模式"的重要开创者和"浙江精神"的坚定践行者,曾经创造了无数辉煌的浙商群体一定能够抓住"一带一路"建设的历史机遇,在联通中外、推动浙江企业"走出去"中成为"排头兵"中的生力军。

三、民营经济发展的浙江样本及其启示

浙江是改革开放的先行省份之一,也是中国民营经济的重要发祥地。在改革开放40多年来的发展历程中,民营经济和民营企业家对浙江的贡献厥功至伟。经过40多年的发展,民营经济已经占到浙江经济总量的65%,成为浙江经济的最大特色和显著优势。民营经济发展的浙江实践,有力地回应了对非公有制经济的质疑,并对我国建设现代化经济体系具有重要启示意义。

(一)民营经济之于浙江和全国经济社会发展的重大意义

首先,发展以民营经济为代表的非公有制经济并不必然带来贫富分化。数据显示,从2002年至2017年的15年间,浙江

民营经济在抵御诸多风险的基础上蓬勃发展：城镇居民人均可支配收入增长 3 倍以上，从 11716 元提升至 51261 元；农村居民人均可支配收入的增长超过 4 倍，从 4940 元提升至 24956 元。在城乡居民人均收入协同增长的同时，两者倍差从 2.37 缩至 2.05，不仅明显小于全国的 2.71，也小于北京、上海、广东、江苏、山东等其他地区。在直辖市以外的各省（区）中，浙江农村居民人均可支配收入已经连续 33 年居首位。浙江的经验表明，民营经济创造了大量就业机会，有效地推动着城乡一体化，有助于实现藏富于民，而非造成贫富分化的根源。

其次，民营经济是构筑"民本经济"的重要基础。习近平同志主政浙江时曾基于浙江民营经济优势提出"走民本经济之路"的重要论断，他指出，"工商皆本"和"义利双行"的文化传统、"无中生有"的"闯世界"精神以及广大民众的创业欲望和商品经济意识，为浙江民本经济的发展提供了有力支撑。民富则国强。"民本经济"不仅总结了浙江经验，也在我国很多地方的改革实践中发挥着重要作用。事实上，改革开放本身就肇端于对民间创造力的保护和对市场动能的激发。浙江的富民之路，也是党和政府保护民间首创精神的见证：从最早允许农民务工经商到"最多跑一次"改革，从最早允许民间长途贩运到推动构建现代物流体系，从颁发全国第一张个体户营业执照到建设"特色小镇"助推中小企业孵化，政府"搭台"、民间和市场"唱戏"，一直是浙江经济发展的典型特征。

再次，民营企业家展现出的敢闯敢干、勇于创新的精神是改革开放时代精神的生动体现。放眼现代世界，国家经济的发展莫不与企业家群体的成长和企业家精神交相辉映。习近平同志在浙江工作时曾指出，民营经济是浙江的品牌和活力所在，是市场经济发展中的佼佼者；民营企业家构成了改革开放后浙商的主体，奠定了新时期浙商精神的底色。浙江民营企业家的创业创新实践集中体现了浙江人"干在实处、走在前列"的精神风貌，也已经成为改革开放时代精神的一种生动写照。

最后,民营经济是现代化经济体系不可或缺的重要组成部分。浙江的改革开放历程已经证明,民营经济强则浙江强,民营企业好则浙江好。浙江的经验虽然带有自身的地域特性,但也具有全国性的示范和启示意义。经过 40 多年的发展壮大,当前我国民营企业以 40% 的资源创造了 60% 的国民生产总值,其效率和活力令人瞩目。民营企业已经成为我国经济的重要组成部分,也是社会主义市场经济体制中十分重要的市场主体。

(二)浙江民营经济的显著优势

在 2021 年全国民营企业 500 强榜单中,浙江共有 96 家企业入围,已经连续 23 年居全国首位。不过,从数量上看,浙江的入围企业一度连续几年出现下降。这既是我国民营企业全面发展、地域分布更趋均衡的必然结果,也表明浙江民营经济先行先发带来的改革红利正在衰减。

近年来,由于全球市场的急剧波动和国内经济下行压力增大等不利环境,我国民营企业遭遇了重压之下的严峻考验。走在前列的浙江民营企业首当其冲,较早遭遇“市场冰山”“融资高山”和“转型火山”带来的严峻挑战。面对新常态,从强调规模扩张到追求高质量发展已经成为我国经济发展的前行方向。对于浙江和全国民营企业而言,突破市场瓶颈和融资难题,推进自主创新和实现转型升级,成为当务之急和必须跨越的关隘。

民营经济具有体制灵活、行动迅速的优势。充分依托自身优势,将短期阵痛转化为长期发展动力,才是民营企业的未来出路。这当然离不开党和政府创造的良好市场环境和体制保障。习近平同志主政浙江时期提出的指导浙江长期发展的“八八战略”,首先强调的就是“进一步发挥浙江的体制机制优势,大力推动以公有制为主体的多种所有制经济共同发展,不断完善社会主义市场经济体制"。① 这仍是助推浙江民营企业克服当前困难、闯关夺隘的根本药方。

未来已来。暗流汹涌之后仍会是潮流浩荡。在民营经济发展遭遇瓶颈之际，习近平总书记于 2018 年 11 月主持召开了民营企业座谈会并发表重要讲话。在此前后，党和国家领导人对于非公有制经济问题密集表态，举行民营企业座谈会等重要活动。这让民营企业吃下定心丸，使信心得到提振的民营企业家有了安心谋发展的坚实保障。依托 40 多年市场风雨中淬炼出的韧性和活力，浙江民营经济也将和新常态下的中国经济一道，在迎接挑战中实现蜕变，伴随改革开放再出发，迎来新的春天。

四、开放发展时代潮流中的浙江领军企业

2019 年末，浙江省评选出了 15 家"高质量发展"领军企业，其中包括万向集团公司、天能控股集团有限公司、正泰集团股份有限公司、宁波均胜电子股份有限公司、传化集团有限公司、阿里巴巴（中国）有限公司、杭州海康威视数字技术股份有限公司、杭州娃哈哈集团有限公司、浙江吉利控股集团有限公司、富通集团有限公司、浙江荣盛控股集团有限公司、浙江省能源集团有限公司、海亮集团有限公司、雅戈尔集团股份有限公司、德力西集团有限公司。这些领军企业是浙江经济走在时代前列的重要标志，也是在开放时代联通国内国际"双循环"、在国内大市场和全球市场中敢于"弄潮"的前沿企业。

在这些浙江明星企业中，阿里巴巴无疑是格外引人瞩目的一个。浙江企业的成功不是偶然性的。阿里巴巴（中国）有限公司作为我国互联网企业的第一梯队企业，也是浙江企业的领头

---

① 本书编写组：《干在实处　勇立潮头——习近平浙江足迹》，人民出版社、浙江人民出版社 2022 年版，第 26 页。

羊之一,其发展经验非常值得借鉴。本书以阿里巴巴为例,对开放发展时代潮流中的浙江领军企业的发展历程、主要经验、当前形势等问题进行简要分析。

阿里巴巴(中国)有限公司(简称"阿里巴巴")创办于1999年。创业之初,员工只有马云和另外17人,即后来坊间所称的"阿里巴巴十八罗汉"。阿里巴巴主要经营的是线上业务,包括淘宝、天猫、支付宝、钉钉、阿里云、蚂蚁金服等诸多子公司或业务领域,目前服务的范围超过240个国家和地区。阿里巴巴于2014年9月19日上市,上市当天以92.70美元开盘,最终以93.89美元收盘,上市首日大涨38.07%。阿里巴巴上市后以2314亿美元市值成为世界上第二大互联网公司,其市值仅次于谷歌。

如今的阿里巴巴已经稳居世界互联网公司领头羊之列,并广泛参与世界各地的建设发展。从公司创立到在美国上市成为互联网巨头,阿里巴巴只用了15年时间。以阿里巴巴为代表的诸多浙江互联网企业的辉煌是如何铸就的?浙江何以成为数字经济大省?

互联网领域有句名言:"站在风口,猪都可以飞。"这句看似粗俗的大白话蕴含着朴素的真理:大到一个国家的经济发展,小到个人的成长创业,抑或一个公司的经营成长,都要认识到世界发展大势,顺势而为,唯有如此,才能事半功倍。阿里巴巴等互联网企业的成功,在很大程度上是因为其站在了时代"风口"之上。

中国的改革开放与第三轮经济全球化浪潮几乎是同步开启的,两者携手并进,让中国与世界的联系不断增强。2001年中国加入WTO,标志着我国对外开放程度进一步提升。在这样的时代背景下,世界互联网革命浪潮几乎同步在中国掀开。网络市场的便捷性、快速性特点很快渗入商品市场和企业经营领域,网络市场在很多领域逐步取代传统市场,成为人们日常生活中不可替代的一部分。

　　1999年阿里巴巴刚成立时，国内几乎没有线上交易行业，这给了阿里巴巴极大的优势来领跑中国线上市场。新成立的阿里巴巴也敏锐地捕捉到了世界互联网革命孕育的时代机遇，积极利用国家和浙江省推动互联网发展、扶植互联网企业的时代机遇，敢于创新、勇于尝试，构建了B2B、B2C、C2C等众多围绕电子商务的商业贸易平台，创建了集商流、物流、资金流、信息流等元素于一体的完整产业链。阿里巴巴还逐步加大了研发投入，研发人员占比在全球知名科技公司中名列前茅。普华永道发布的《2018全球创新企业1000强》报告显示，阿里巴巴的研发支出连续3年居中国上市企业之首，2018年科研经费投入高达247亿美元。在2020年度阿里巴巴全球投资者大会上，阿里巴巴首次披露，近年来，阿里巴巴在技术和研发上的投入每年都超过1000亿元。

　　当然，经过20多年的发展，我国在互联网技术、信息技术、物流等方面有了突飞猛进的发展，各大资金纷纷涌入线上交易市场，市场上出现了京东、苏宁易购、拼多多等强劲对手。这些电商平台不同程度地分割市场份额，与此同时，随着企业规模的扩大，不少企业"大公司病"的问题不断凸显，这些都给阿里巴巴等浙江大型企业的继续发展带来了较为严峻的挑战。

五、"到世界市场大海中游泳"的浙江经验与启示

　　本书前面章节从不同角度多次强调了这样一种理念：国内经济发展与对外经济贸易开放是水涨船高、相互促进的关系。从实践层面看，上述理念又体现在多个方面。比如，有研究表明，产业集群的发展壮大和开放经济的发展程度有很大关系，生产要素国际化配置有利于提升产业国际竞争力，我国产业集群的形成和发展，通常也和市场供给范围的扩大（一般直接表现为

出口能力的提升)有关。在开放经济的条件下合理运用产业等要素,可以快速推动产业集群的发展,提高产业效率和国际竞争力。[①] 浙江的开放发展历程充分证明了该研究论断。

浙商和浙江企业"到世界市场大海中游泳",一直重视做好对外贸易和市场衔接两篇文章。在内需不足的时候,外贸成为拉动经济发展的重要马车。加入世界贸易组织之后的 20 年间,浙江省外贸快速发展,全省进出口总值增长 14.3 倍,年均增长 14.6%。其中出口总值增长 14.8 倍,年均增长 14.8%;进口总值增长 12.9 倍,年均增长 14.1%。浙江经济和"浙江人经济"相辅相成、相得益彰。浙江人经济分布越广,浙江经济的影响范围也就越大;浙江经济发展越健康,也就越能为浙江人经济提供强大的支撑。按照习近平同志在浙江工作期间阐释的"地瓜经济"理论,"浙江人经济"源于浙江、根在浙江,浙江不仅要鼓励浙商和浙江企业走出去,还要鼓励优秀浙商回归和外部企业进来投资,不断提高浙商、浙江的国际化程度。

"浙江人经济"闯出了立足浙江、融入长三角、走向广阔世界的发展路径,它已经不仅仅是浙江的商业经济模式,更是一种面向全国乃至世界的开放型经济形态。"浙江人经济"的鲜明特点是全球化经营,200 多万浙商和诸多浙江企业的商业活动几乎遍及全球所有国家和地区。浙江之浙江人经济、全国之浙江人经济、世界之浙江人经济,"浙江人经济"的三种形态既同步展开,又具有一定的时序性。改革开放 40 多年来,浙商和浙江企业"到世界市场大海中游泳",经历了一个由点到面逐步拓展的过程。当今时代,国际市场竞争越来越激烈,企业如何才能更好地到世界市场大海中游泳?根据"浙江人经济"的发展经验,要着重做好以下几项工作:

---

① 徐康宁:《开放经济中的产业集群与竞争力》,《中国工业经济》2001 年第 11 期,第 22—27 页。

第一,树立品牌意识,实施品牌战略。要在国际市场中提升产品竞争力,就必须有自己的品牌。习近平同志在浙江工作期间非常重视"浙江制造"的品牌建设,他在"之江新语"专栏专题发表了《努力打造"品牌大省"》一文,强调指出:"品牌是一个企业技术能力、管理水平和文化层次乃至整体素质的综合体现。从一定意义上说,品牌就是效益,就是竞争力,就是附加值……我们要坚定不移地走品牌发展之路,引导企业确立品牌意识,培育品牌、提升品牌、经营品牌、延伸品牌,做到无牌贴牌变有牌,有牌变名牌,培育更多的中国驰名商标和名牌产品,努力创造若干世界名牌,努力打造'品牌大省'。"[①]2006 年,浙江在全国率先出台《关于推进"品牌大省"建设的若干意见》,提出了充分挖掘"老字号"品牌资源、培育高新技术类品牌、发展出口创汇类品牌、推进建设有特色的区域品牌、扶持现代服务业品牌的任务目标和相关举措,有效推动了浙江的品牌建设。在"一带一路"建设的新背景下,越来越多的浙江企业注重品牌建设,并在"走出去"的过程中努力经营、维护、提升自身的品牌形象。比如,2018年浙江哈衫鞋业在尼日利亚建厂,这是中国企业第一次在尼日利亚建厂。哈衫鞋业在尼日利亚获得了良好的声誉,深受当地人的喜欢,企业趁热打铁收购了意大利制鞋厂,学习意大利制鞋技术,提高了国际知名度。奥康企业积极和全球知名品牌合作,比如同全球排名第四、意大利排名第一的休闲鞋品牌 GEOX 和施华洛世奇等全球知名公司开展合作,使自身产品更加时尚化,品牌更加国际化。

第二,增强开放意识,不断提升市场竞争力。浙江民营企业在创业之初大多采取家族式经营,随着"创业一代"普遍进入退休年龄,不少企业选择将企业管理权转交给自己的下一代。随

---

① 习近平:《努力打造"品牌大省"》,《之江新语》,浙江人民出版社2007 年版,第 99 页。

着浙江民营企业"接班"问题的凸显,家族管理的封闭性等弊病进一步暴露。要在世界市场大海中游得好、游得快,企业就要不断完善现代企业制度,提升自身管理水平,积极主动地参与国际竞争。对浙江民营企业而言,如何从传统家族制转向更开放的现代企业制度,已经成为制约企业进一步做大做强的瓶颈问题。此外,浙江企业要想在国际市场中提升竞争力、获得更多市场份额,还必须加大技术研发和科技创新力度,进一步实现从产业链低端的初级产品加工制造向产业链高端位置转移。

第三,经营要专、要精,要实施"专精战略"。"不该你赚的钱就不要去赚",浙商中流行的这样一句简单的话点出了"专精战略"的精髓。我国大部分民营企业包括浙江的民营企业,生产规模较小,资源获取途径少。这就意味着这类企业,至少在其起步阶段,不适合进行大而全的经营方式。民企要提高对外贸易竞争能力,就必须对自己经营的市场范围有明确的认知,实施专精战略,将有限的资金和优势集中起来。例如,制鞋业是温州地区的传统产业,历史悠久,至今已有 800 多年历史。在我国古代,温州生产的鞋子就已闻名全国。改革开放后,温州制鞋业从小作坊重新起步,逐步衍生出数千家制鞋企业。制鞋业孕育出了完整的产业链,也在相互借鉴和竞争中孕育出诸多行业领先企业,大幅度提高了温州相关行业的国内外知名度。产业集群下的中小企业往往能够更早认识到自己的核心竞争力,聚焦核心产业加大投资,不断提高市场竞争力。

第四,选择优势产业进行投资生产。改革开放后,我国依托较为低廉的加工成本和人工成本逐步成为"世界工厂"。彼时,我国企业特别是民营企业大多从事全球产业链中低端产品生产,缺乏前沿技术和科技竞争力,生产产品的附加值较低。随着我国经济的逐步发展,国内劳动力成本、土地成本不断增加,劳动密集型产业逐步失去优势,"来料加工"等早期开放发展模式难以为继。浙江的开放发展虽然也大致遵循了"依附—起飞"的经济道路,但也有一些企业较早聚焦丝绸、瓷器等我国在生产技术上具有传统优势的产业开展对外贸易,从而避免了转型之痛。这一经验虽然不适合所有行业和企业,但其蕴藏的差异化的企业发展策略,仍然值得参考和借鉴。

第五,深耕具有特殊联系的重点合作国家。在浙江的海外联系网络中,意大利是与浙江具有良好传统合作基础的国家,而浙江与中东欧国家之间在产业等方面具有较强的互补性。近年来,浙江积极携手意大利、中东欧国家共同参与"一带一路"建设,取得了显著成效。意大利约有 30 万华人移民,其中,来自浙江青田一县的移民就有 10 万人左右。在意大利华人华侨中,浙江籍占比高达 90％左右,意大利也由此成为浙江籍海外华人华侨分布最多的国家。这些华人华侨主要聚居在罗马、米兰、佛罗伦萨、都灵、威尼斯等大城市,成立了众多商会、联谊会等组织机构。曾在中国热播的电视剧《温州一家人》反映的就是温商开拓意大利市场的故事。温州这样一个中等城市就有意资企业 18 家,总投资额近 30 亿美元。意大利、中东欧国家与中国浙江的主导产业均以中小企业为主,经济模式的相似性和经济结构的互补性,为浙江加强与意大利、中东欧国家的合作创造了广阔空间。近年来,浙江深耕与意大利、中东欧国家的合作,取得了显著成效。比如:在华人华侨的纽带作用拉动下,杭州、宁波、温州等浙江主要城市与意大利保持着良好的合作关系;杭州在数字经济领域与意大利开展了有效合作;浙江与中东欧国家之间的合作关系则在近年来实现了快速发展,特别是宁波作为"17＋1"经贸合作示范区建设的不断推进,更使浙江与中东欧国家的合作取得了显著进展。

曾有一位来自马克思故乡德国的《明镜周刊》的记者,问了一位浙江民营企业家一个颇为尖锐的问题:"作为中国革命事业的启航地,假如马克思来到中国浙江,看到民营经济的快速发展会作何感想?"这位浙江民营企业家对这个问题的回答也颇有意思,他坦然又自信地回应:"我想马克思如果来到浙江,看到浙江经济发展得这么成功,首先肯定会很高兴;第二点,我想他老人家也会很惊讶,因为他看到我们的实践已经超越了他的理论。"①

诚然,在马克思最初的设想中,社会主义国家应当在公有制经济的所有制结构及相应的生产方式下发展经济,依据按劳分配原则进行财富分配,但马克思主义的最终目的或是落脚点,依旧是解放和发展生产力,使工人阶级和普罗大众过上更加幸福美好的生活。多年来,浙江省人均收入一直稳居中国大陆地区前列,正是通过不断释放市场潜能,这块土地日益成长为"展示中国特色社会主义优越性的重要窗口",也因而正在日益接近马克思所描绘的理想彼岸。

---

① 胡宏伟:《如果卡尔·马克思来到今天的浙江,他将会有什么感想?》,参见 https://baijiahao. baidu. com/s? id＝1702467272314387750&wfr＝spider&for＝pc。

第七章　民间促动：以浙江地方公共外交的开展为例

　　广义的开放发展不仅是加强经济贸易领域的互通有无、密切合作、互利共赢，还包括不断拓展民间往来、教育合作、人文交流等诸多方面。探析浙江在开放发展中走在前列的背后驱动力，离开了民间力量这个维度必然是不完整的。不过，民间力量这个维度涵盖的内容又非常广泛，不少方面与前面两章所探讨的"政府引领""市场显能"是交织在一起的——无论是浙江的体制机制改革创新，还是浙商的成长、民营经济的壮大、企业国际化的推进，都离不开浙江广大人民群众的自发探索和首创精神。有鉴于此，关于"民间促动"这个维度的考察，难以也无须面面俱到。从浙江近年来开放发展的实际情况出发，本章选取了浙江地方公共外交的开展这一特定视角，以点带面地对浙江开放进程中民间力量的作用加以探析和阐释。

一、公共外交的浙江实践与浙江模式

　　公共外交是各级政府利用民间纽带、动员社会力量参与对外交往和传播，以软性方式树立本国、本地良好海外形象，促进互联互通的新型对外交往活动。在这一新兴的国内外联动形式中，地方政府的角色日益重要。浙江省在公共外交实践领域一直走在前列，对浙江对外开放起到了重要促进作用。杭州、温州、宁波、丽水青田等地的公共外交活动引发了相关领域的全国性关注,也推动了浙江对"一带一路"建设的参与。

杭州、温州、丽水青田等地在全国率先成立了公共外交协会,温州公共外交协会更是国内第一家地方性公共外交协会。这些公共外交协会成立后开展了卓有成效的工作,使浙江公共外交的实践领先于国内理论发展,也引起了公共外交理论界的广泛关注。以多地建立公共外交协会及各地公共外交协会有效运作为标志,以杭州、丽水青田、温州等地为代表的"地方公共外交的浙江模式"已经初步形成,其实施办法是由地方政府牵头成立半官方的公共外交协会来开展工作,核心精神表现为以超前眼光谋划未来、以国际标准干在实处、以本土优势走在前列,进而塑造城市和本地区的良好国际形象。

浙江的公共外交协会通常由政协、外侨办等部门牵头组建,并由其委派专职负责人领导协会工作。在此基础上设立的理事会广泛吸收华人华侨和海外浙商参与,是一个联通海内外、如"神经末梢"一样分布在世界各地的机构。理事会定期或不定期组织形式多样的公共外交活动,而遍布全球的众多理事则成为开展公共外交的长期使者,致力于通过持之以恒的"日常功夫"塑造城市和本地区的良好国际形象。基于侨务资源大省和海外浙商数量多、影响大、分布广的基本省情,浙江一方面通过加强和改进传统的侨务与涉外工作,搭建联络全球浙商的制度化平台等举措拓展海外关系网络,另一方面积极吸取公共外交等新生理论的有益主张,借助"软力量"提升浙江的海外影响力,助力"走出去"战略实施。

二、浙江以公共外交促进开放发展的做法与经验

(一)地方公共外交的主要做法:以温州市为例

在浙江各地区公共外交实践中,温州市政协及其公共外交协会的工作引起了较多关注和讨论,具有典型意义。我们

以温州市为案例来探析地方公共外交是如何服务浙江对外开放的。

温州市做好公共外交,服务"一带一路"的做法主要包括:

一是建平台。2012 年 5 月,温州市政协牵头成立了全国第一个地市级公共外交协会。随后,他们建机构、配人员、办刊物,强调地方特色,用好本地资源,逐渐使公共外交协会成为联系最广泛温州籍侨胞、浙商、归国侨眷和企业家的开放性民间社会组织,为开展公共外交工作奠定了群众基础,其被中国公共外交协会前会长、外交部原部长李肇星称为公共外交领域迅速成长的"标兵"。经过 10 年发展,至 2022 年,温州公共外交协会已经拥有会员 300 多人,顾问 24 人,理事单位 37 家。温州公共外交协会还充分发挥自身的桥梁纽带作用,把温州市"四套班子"对外联系政府部门、协会和《欧华联合时报》等紧密联合在一起,与海内外温州资源和温州人加强联系,在助力温州走向世界上做文章,积极推动温州经贸、人文、教育等各领域的对外交流。

二是整资源。广泛吸收华侨社团、海外浙商、华人传媒机构、慈善环保公益领域的侨领和行业知名人士,让他们成为公共外交协会的领导和理事。温州公共外交协会理事会成员遍布全球上百个国家和地区,紧密层积极分子达 300 多人,联系着数万名海外华侨华人,对当地融入"一带一路"起到推动作用。例如,截至 2020 年底,协会理事牵头在"一带一路"沿线建起 2 个国家级和 2 个省级境外经贸合作区。协会已先后编辑了 3 册《温州人走出去中的公共外交案例》,共收集 100 多个温州人公共外交经典案例故事,编印了《与世界握手——温州公共外交实践》画册和反映温州公共外交实践的《形象温州》《握手世界》《温州力量》等系列丛书,积极讲好温州公共外交好故事,为地方开展公共外交提供了示范样本。

三是强品牌。经过几年的努力,"公共外交温州论坛"已经成为该领域参加人数最多、级别最高、社会知名度和影响力最大的公共外交论坛。2012 年 8 月,温州公共外交协会发起"首届中非地方政府合作论坛",时任国务院副总理李克强到会致辞,论坛发表了《北京宣言》,产生了较大影响。2015 年发布的我国首部《公共外交蓝皮书》中,温州案例被作为重点优秀样本进行介绍。2016 年 10 月,赵启正、何亚非、韩方明等 10 余位省部级领导在温州参加了"与世界握手——2016 温州公共外交论坛"活动,会上还通过并发布了《中国公共外交地方实践——温州共识》。2020 年 7 月,在新冠疫情仍在全球肆虐、我国疫情基本得到有效控制的背景下,温州公共外交协会组织了以"全球抗疫中的公共外交温州力量"为主题的年度论坛活动,论坛同时举办了《2020 疫情下的世界温州人》新书首发式。论坛活动和发布的新书系统总结并有效宣传了世界温州人为抗击疫情做出的巨大努力与突出贡献。2021 年 9 月,协会举办"走在'一带一路'上的温商企业公共外交分享会",诸多温州"走出去"的知名企业代表就企业国际化战略思路、如何融入当地民俗文化、维护政企友好关系、中外经商理念冲突等进行了深入交流,收到良好反响。

四是扩组织。温州公共外交协会联系着 130 多个国家的 300 多个侨团,这些侨团是公共外交协会的"骨干"。2013 年 12 月,在温州市政协指导下,温籍华人华侨在芝加哥成立了中美公共外交协会,它成为温州首个海外公共外交组织,温州迈出了地方公共外交向海外拓展的步伐。现在,西班牙、法国、意大利等温籍华侨较多的国家的华侨公共外交机构也在筹备中。

经过持续探索,温州公共外交工作已经实现了从自发到自觉、从分散到有序、从单一到多元,以及从摸索前行到自成体系的多重转变,形成了一些具有推广价值的经验。截至 2022 年 5 月,协会立足 70 万海外温州人群体和 175 万在外温商资源,举办活动 53 场次，参加的嘉宾中省部级以上领导 80 余人次，参与人员 11000 多人，对公共外交地方实践做出有益的探索，为中国公共外交事业提供了鲜活的地区范本。①

(二)建设"一带一路"背景下浙江地方公共外交的若干经验与亮点

温州等地的公共外交活动起步不久，"一带一路"倡议被正式提出。"一带一路"强调互联互通，与公共外交的理念天然契合。因而，浙江的公共外交活动重点面向"一带一路"展开。温州等地的公共外交，充分挖掘了浙江参与"一带一路"建设中的"华侨和海外浙商"两大资源，对当地融入"一带一路"建设起到了促动作用，并在此过程中形成了若干经验与亮点。

一是挖掘先进人物，使每个浙江人成为浙江企业和产品的形象"代言人"。

当前，越来越多的浙江籍企业家沿着"一带一路"，在东南亚、中亚、非洲地区开展开发区、工业园区、商贸集散中心等项目建设和各类经贸活动，浙江对"一带一路"区域的投资和贸易也在快速增长，这些企业和企业家正成为浙江在"一带一路"上的先行者和探路人，更是浙江企业和国家形象的"影子"。另外，每年有上千万人次的浙江人前往"一带一路"区域旅游、留学、经商和探亲等。如何提高浙江人"讲中国故事"的水平，成为近年来温州等地公共外交机构着力应对的现实课题。温州公共外交协会等机构已经针对各级政协委员、公共外交协会理事会理事等进行了丰富多彩的对外交往和公共外交知识培训，多次表彰联通中外的先进人物，不断激励更多人

---

① 《打造中国公共外交的"温州样板"——温州公共外交协会成立十周年回眸》，参见 https://news.66wz.com/system/2022/09/13/105501884.shtml。

士参与"一带一路"工作。

二是通过公共外交活动扩大影响,为企业参与"一带一路"创造便利。

发达国家和跨国公司的经验表明,公共外交是一种投入产出比最高的"投资"。由民间和企业家来搞公共外交,有不同于政府和官方外交的天然优势。例如,华侨长期侨居国外,浙商与外商有长期经贸关系,这些人的海外人脉和关系渠道都比较广,与所在国和当地的政界、社团、部族、利益集团等有着千丝万缕的联系。"一带一路"成功与否,关键是看外国人对中国的好感程度。因此,提升和维护中国形象,华侨和海外浙商有着得天独厚的条件,他们能较好地实现母国与所在国、个人利益与团体利益、利益与感情等多种关系的兼顾与协调。温州等地的公共外交协会自成立起就把发挥浙江籍华侨特别是侨领的作用作为重点,这为化解浙江籍企业参与"一带一路"建设面临的挑战提供了新的思路和方案。

例如:在温州公共外交协会的协调下,协会理事单位泰国温州侨团主动承办中国投资峰会等重大商贸活动,每年都取得了丰硕成果;温州市国际投资促进会多次举办海外活动,也得到了温州公共外交协会理事单位的积极配合。

三是循序渐进地开展公共外交,做开放发展的"铺路石"。

浙江企业在"一带一路"上能有多大发展空间,取决于企业家的"软实力"水平。温州等地的公共外交协会一贯注重会员履行社会责任和提高人文素养。温州经验告诉我们,只有怀着"只问耕耘、不计回报"的精神和情怀,才能成就一番事业。经过几年的实践,温州公共外交工作带来的红利才在当地参与"一带一路"建设中逐步显现,这回应了关于公共外交是否对地方发展有切实推动作用的疑问。它表明,开展公共外交需要地方政府有大眼界,不能急功近利。党委和政府对公共外交活动的信任和支持至关重要,而地方公共外交活动的开展也要紧密结合本地经济工作和"一带一路"倡议，注重社会效益与经济效益并重，使公共外交事业为地方带来长期回报，形成良性循环。

三、浙商在"一带一路"建设中的公共外交实践

新时期的"一带一路"建设不仅是政府间的倡议，更是一项需要共建国家的各种社会力量、各类组织和各界人士共同参与的系统工程。市场和企业当然是其中的主角。"一带一路"建设不仅要实现"设施联通""贸易畅通"和"资金融通"，还要推进"政策沟通"并落脚于"民心相通"，因而依赖于人的能动性因素的充分发挥，特别是需要关键人群的主动贡献。这就为连接着以上诸环节的企业家群体参与"一带一路"建设创造了条件。在共建"一带一路"的大背景下，企业家参与其中，不仅要面向海外产销"中国产品"，还需要面向世界发出"中国声音"、贡献"中国力量"，为我国国家形象的提升做出持久贡献。

(一)"一带一路"建设呼唤企业家群体的公共外交贡献

随着全球商业社会的形成，企业家群体对于国家形象的构筑和传播乃至外交关系的塑造发挥着更加重要的作用。美国国务院政策规划办公室前主任、普林斯顿大学政治与国际事务教授安妮·斯洛特(Anne Slaughter)就曾结合实例指出，企业家的跨国活动和企业家精神已经成为"一种新式外交的有力工具"，并可能在传统政府外交陷入困境时或面临难以打开局面的领域时发挥独特作用。①

赵启正先生曾提出"公共外交是企业履行社会责任的高级

---

① Anne Slaughter，"Entrepreneurship as A Diplomatic Tool" in *Project Syndicate*，Mar 23，2016.

形式","中国企业应成为公共外交的主角"。① 随着越来越多的中国企业走向世界,企业公共外交已经成为我国公共外交工作的重要组成部分。企业家是企业的掌舵者,也是企业参与公共外交活动的关键因素。"一带一路"倡议的提出为中国企业"走出去"创造了历史性契机;"一带一路"建设也呼唤企业家群体讲好中国故事、传播中国声音,通过参与公共外交活动为国家形象的塑造和企业自身在海外的可持续发展做出更多贡献。

首先,企业家群体的公共外交贡献有助于推动"贸易畅通"和"民心相通"走向良性互动。"五通"是"一带一路"建设的核心内容。这五个方面也是一个相互联系、相互促进的整体。其中,"贸易畅通"的实现能够为"民心相通"创造客观条件并提供物质基础,而"民心相通"深度和广度的不断提升,也能够为"贸易畅通"的维系和拓展创造有利环境。不过,这种相互促进的良性互动的形成,往往需要依赖人的能动性的发挥,并借助一些"桥梁"实现。在国际关系中,一些国家之间的"经热政冷""官热民冷"现象表明,仅靠"贸易畅通"和传统政府间外交并非总能带来"民心相通"。事实上,赢得国外民众的好感和支持是传统国际贸易乃至国家间交往中的薄弱环节,而这也正是公共外交聚焦的领域。企业家直接从事贸易活动,推动着"资金融通"的实现,具有掌握资本资源、行动灵活、接触广泛的优势,因此也具备促进"民心相通"的独特便利条件。"一带一路"建设呼唤持续、有效的公共外交。企业家连接着贸易、资金和民心,能够在其中扮演不可替代的角色。

其次,企业家群体参与公共外交有助于弘扬"丝路精神"和"丝路文化"。习近平总书记指出,"古丝绸之路绵亘万里,延续千年,积淀了以和平合作、开放包容、互学互鉴、互利共赢为核心

---

① 赵启正:《中国企业应成为公共外交的主角》,《企业观察报》,2014年7月28日,第1版。

的丝路精神"。① 新时期的"一带一路"不仅要建设"经济带""商业路"，还要构建"文化带""友谊路"。弘扬中华文化是促进中外民心相通的有效举措。文化依赖人的传承传播，企业家群体则是在海外弘扬中华文化的天然使者。在改革开放中孕育出的我国优秀企业家群体，既继承了传统"丝路精神"的精髓，又结合时代精神和区域文化理念形成了独特的商业精神和企业文化理念。因而，在弘扬"丝路精神"、开展公共外交时，既有根可执又有道可传。以浙商为例，这个改革开放进程中孕育出的优秀企业家群体，不仅仅是一个从事经营活动和创造财富的人群，更代表着一种精神的传承和商业文化的传递。浙商积累的精神资源和海外影响力，已经成为"一带一路"建设中无形的宝贵财富，进而让"走出去"的浙江企业家有条件成为中外民心相通的探路人和架桥者，对我国公共外交事业发展和国家形象塑造发挥长期作用。

再次，企业家通过参与公共外交熟悉"地缘"、赢得"人缘"，有助于中国企业更好地走出去。全国政协外事委员会曾就企业"走出去"成败原因问题，针对国内数十家企业开展调研，发现文化差异和制度差异，让"走出去"的中国企业常常遭遇诸多意想不到的阻碍。近年来，中国国家实力的不断提升和领军企业的崛起引起了一些西方势力的疑虑，导致在"国家安全"借口下不少商业问题被政治化，从而增大了中国企业海外投资和并购的困难。因此，无论是应对政治风险还是化解制度文化差异带来的现实挑战，都需要企业家的公共外交贡献。一方面，企业家参与公共外交是企业家拥有国家民族意识和履行社会责任的体现，能够在国家形象构建中发挥传统政府外交难以替代的作用；另一方面，企业家参与公共外交也有助于企业借助政府搭建的舞台了解外部环境,熟悉交往国的政治规则、法律制度和风土人情,进而变"地缘"优势为"人缘"优势,为企业落地生根和长远发展创造良好条件。2008年国际金融危机发生后,国际政治和国际经济互动日趋频繁,国际贸易和投资的影响因素日趋复杂,企业能否成功走向世界不仅取决于市场环境和自身的硬实力,还取决于在非市场环境中的软实力,包括与目标国家政府、社会组织和各界人士交往的公共外交能力。在"一带一路"沿线逐步构建起一个由熟悉当地环境、能够与共建国家社会各界良性互动的企业家群体串联成的商际网络,有助于化解摩擦、提升效率,帮助企业在海外落地生根。

最后,培育企业家的公共外交意识能够在"一带一路"建设中产生长期正面溢出效应并提升我国国际形象。在重视商业的现代世界中,企业和企业家在无形中构筑了国家形象的一个重要侧面。比如,在不少人的直观感知中,美国的国家形象与沃尔玛、苹果、麦当劳、可口可乐等企业和比尔·盖茨、沃伦·巴菲特、扎克伯格等企业家形象不可分割。在全球化背景下,"走出去"的企业家作为一种能动的力量介入目标国家的经济和社会后,必然会与当地的各类政治力量、社会组织乃至民众产生交往和互动。因而,走出国门的企业家就不仅代表企业和个人,还会被视作国家形象的一个微观而具体的代表。我国企业家在"一带一路"沿线进行贸易投资和参与公开活动,在追求经济效益的同时必然会产生一定的政治和社会辐射效应。如果这种溢出的政治和社会效应是积极的、正面的,就意味着其行为起到了提升国家形象的公共外交效果。

(二)浙商参与公共外交的实践

浙江是改革开放的先行省份。市场大潮锤炼出的浙商,已经成为浙江"干在实处、走在前列"的突出标志。改革开放之初就闻风而动的浙商,很快成为国内最早走出国门、面向世界做生意的开放群体。在过去的 40 多年中,已经孕育出一大批优秀企业家。率先走出去的浙商逐渐积累了与外部世界打交道的经验。公共外交在全球兴起后,这些经验直接促进了浙江籍企业家参与相关活动,进而有助于他们在海外拓展市场并贡献于我国国际形象的提升。

老一代浙商鲁冠球曾创造了众多经典商业案例,也为企业家参与公共外交提供了值得研究的样本。在鲁冠球执掌的万向集团并购美国 A123 系统公司案例中,公共外交就发挥了至关重要的作用。由于 A123 在全球锂电池行业具有标杆地位,万向集团在进行收购谈判时遭遇政治炒作,该事件连续数月成为美国公共热点事件。在国会议员、技术专家和利益团体甚至普通民众中,接连出现反对并购的主张。不过,在鲁冠球的率领下,万向集团与美国政商界主流人士积极沟通,逐步平息了舆论风暴,最终成功实现了并购。

在接受媒体采访、事后总结时,鲁冠球反复用“要摘果子,先播种子”这句话来强调其理念。鲁冠球的阐释,完全契合了新时期企业在海外投资经营时对公共外交责任担当的需求。公共外交理念要求“走出去”的企业在开展商业活动之外,还要与当地政府、议会、媒体、非政府组织和民众建立良好关系,规避政治风险。同时,要融入当地社会,履行社会责任,减少文化理念冲突,通过造福当地人民实现共赢,提升企业形象。早在 1984 年鲁冠球第一次和美国公司做生意时,他就从中国传统经商处世之道出发在美国“播种”;20 世纪 90 年代,万向美国公司成立之后,鲁冠球更加重视通过可以概括为公共外交手段的诸多举措,去提升企业的当地形象。就在并购 A123 系统公司事件前后,万向还宣布为奥巴马提出的 10 万人留学中国计划提供支持。这些“种子”结出的“果实”,都对万向化解并购危机和成功推进商业战略发挥了关键作用。鲁冠球的话深入浅出地阐释了公共外交对企业海外经营的意义:“中国企业走出去,一定要先了解对方需要什么,一定要入乡随俗。最重要的是先予后取。"鲁冠球的理念的"种子"为万向赢得了极高的美誉,其多次活动被写入哈佛商学院案例,万向因此被美国财政部前部长鲍尔森称作"能让所有的合作伙伴和美国媒体都异口同声称好的企业"。①

　　随着中国企业国际业务的拓展和企业家国际化程度的提升,越来越多的中国企业家具备了国际发声能力。他们在世界舞台上积极传播中国声音,与国际社会分享中国经验,在国外民众中赢得了广泛的"人气",甚至在网络空间中成为受到持续关注的"网红"。比如,著名浙商马云的众多英文演讲视频在 You-Tube 等网站中持续走红,点击率常在百万以上,而他的英文名字"Jack Ma"也成为一个热搜词汇。马云参加了诸多国家级重要涉外活动,如中美企业家论坛、博鳌亚洲论坛和"一带一路"国际合作高峰论坛等。他曾公开对媒体表示,"这种场合不是让企业做广告",企业家的责任是"利用自己的影响力和对中国的理解,做传递中国声音的'形象大使'"。这种表态包含着明确的公共外交意念。

　　在"一带一路"国际合作高峰论坛上,马云宣布将帮助巴基斯坦建立电商基础设施。会议刚刚结束,马云又在阿里巴巴总部接待了时任巴基斯坦总理谢里夫一行,并表示不仅要维系"中巴之间的'老铁'关系"不生锈,更要"让铁变成真金白银"。相关合作项目在会后很快启动,支付宝也迅速在巴基斯坦推广。相关合作既让这个"一带一路"倡议中的重要支点国家迎来了发展新契机,也让阿里巴巴和马云在"巴铁"国内赢得广泛赞誉。

　　浙商不仅是推动沿线贸易畅通和资金融通的有生力量,也

_____

　　①　《鲁冠球:现在可以说了》,《浙江日报》,2013 年 1 月 30 日,第 11 版。

是国际设施联通和政策沟通的先行者，更是中外民心相通的纽带和使者。著名浙商、吉利集团董事长李书福在接受媒体采访时曾表示，在"一带一路"大背景下，中国企业走出去只是第一步，融得进去才是关键。李书福多次倡导"全球型企业文化"的概念，认为在融合和开放的趋势中，原有国家、民族、宗教信仰、语言和局部文化特征正在重构，为了实现合作共赢和企业在全球市场的成功，走出去的企业和企业家要学会尊重、适应、包容与融合。这些理念都与公共外交的精神和目标完全契合。

除了上述全国知名的浙商为企业家开展公共外交树立了典范，民营经济发达的浙江还有众多中小型企业走出了国门，在与海外社会各界打交道的过程中，一批具有公共外交意识的新生代企业家正在成长，创造了越来越多的公共外交鲜活案例和实践样本。近年来，杭州、温州、丽水青田等地的公共外交协会等组织在搜集本地企业家公共外交案例的基础上，已经编辑整理了多本案例集，并通过地方商会和公共外交协会理事单位进行推介和传播，借此提升企业家群体的公共外交意识。此外，温州、丽水青田等地还是全国知名的侨乡，华人华侨中的浙商群体因为更熟悉海外的制度习惯和风土人情，更易成为国内企业走出去的推动者和在海外开展公共外交的天然使者。比如，在2017年G20汉堡峰会召开前后，浙江温州籍旅德侨领冯定献就曾为推介浙江旅游、"德欧中心"项目合作而积极奔走，推动汉堡与浙江利用"一带一路"建设契机开展合作。

浙商更好地参与"一带一路"建设和公共外交活动，离不开政府的有效引导和搭台推动。近年来，浙江各级党政部门和公共外交组织为此做了大量工作。在浙江省委、省政府的积极推动下，创始于2011年的世界浙商大会主动对接"一带一路"倡议，并将公共外交理念融入其中，规格和影响力不断提升，已经成为浙江发展外向型经济和参与"一带一路"建设的重要平台；杭州、宁波、温州、丽水青田等地的公共外交协会，也积极吸纳本地籍贯的海内外浙商担任理事，结合"一带一路"主题定期或不定期举办了形式多样的活动，提升了企业家对何谓公共外交、如何做好公共外交的认识，从而使其参与公共外交行为走向了自觉。此外，浙江省的多个公共外交协会和众多地方商会，也已经把增强企业家的公共外交意识作为工作目标。在它们的合力推动下，G20杭州峰会前后，浙江就曾围绕"海外浙商如何在'唱中国好声音、讲中国好故事'等公共外交中发挥优势与作用""'一带一路'与公共外交"等主题，举办过多场大型论坛和专题培训活动，推动了公共外交理念在浙商群体中的传播。

（三）浙商参与公共外交的启示

浙商参与公共外交实践，对我国继续推进"一带一路"建设具有以下三方面启示：

其一，区域性企业家群体已经成为开展公共外交和参与"一带一路"建设的重要力量。由于不同地区历史传统和经济发展的特点，我国企业家群体呈现出较为明显的区域性分化。明清时期，随着商品经济的发展和资本主义的萌芽，我国就出现了以徽商、晋商等为代表的"商帮"，并通过行会、会馆等组织相互帮扶和加强联系。新时期的区域性商人群体及其商会不仅是一类商业组织，更代表了某种特定的商业精神和文化，因而也承担了一定的文化传播功能。"一带一路"建设背景下浙商的公共外交实践表明，当前区域性企业家群体已经成为开展公共外交的重要促进力量，发挥企业家在公共外交中的作用，需要重视商会等区域性或行业性企业家组织的力量。

其二，魅力型企业领袖是开展公共外交的重要依托力量。自媒体、网络视频等新型传播方式的广泛采用和便捷性，让魅力型人物的个人言行及其蕴含的人格力量和感召力能够即时、广泛地进行"无损传输"。在所谓的"全媒体时代"，虽然人人可以越来越便捷地发出自己的声音，但信息传播中的"马太效应"也越来越明显。魅力型领袖人物的一言一行经过各类媒介的立体式传播，都会引发世界的广泛关注。在此背景下，公共外交的潜在受众也往往自觉或不自觉地有一种"宁赏一尾大鱼跳，不看一群小鱼苗"的心态。改革开放和中国的崛起进程中孕育了一大批在市场大浪中经历了考验的魅力型企业家，而经济全球化的深入让魅力型企业领袖成为时代的"弄潮儿"和青年人的偶像，他们身上蕴藏着的巨大传播力，应该成为我国公共外交事业的重要依托力量。

其三，推动企业家开展公共外交需要形成"政府搭台"和"企业家唱戏"的良性互动。在浙商参与公共外交实践的案例中，有不少是借助跟随领导人出访、参与重要会议和国家间合作项目来实现的。也就是说，企业家开展公共外交活动，平台往往是政府创造甚至直接搭建的。离开了政府搭台，企业家的对外交往往往会局限于民间交流，企业家难以从事真正的公共外交。为了推动中国公共外交事业的发展，政府应当不断营建和拓宽舞台，并有意识地在企业家中推广公共外交理念，增强其维护国家形象和企业海外形象的自觉意识。

改革开放40多年来，浙商经历了从浙江的浙商到全国的浙商，再到力图走向"世界的浙商"的过程。这代表了中国企业家逐步走向世界、发挥更大国际影响力和在公共外交中扮演更重要角色的时代趋势。"一带一路"为中国企业家"走出去"创造了历史机遇，也为他们通过参与公共外交讲好中国故事、传播中国声音提供了舞台。随着越来越多的中国企业家对公共外交活动的参与从自发走向自觉、从暗合其道到以其自律自勉，企业家群体对推动"一带一路"建设和国家形象提升的作用将更趋显著。

四、建设"一带一路"背景下浙江地方公共外交实践对开放发展的促进

浙江杭州、温州、宁波等多个地方积极开展公共外交,形成了独特经验,也有力地促进了新时期浙江"一带一路"建设。具体而言,浙江地方公共外交活动对浙江参与"一带一路"建设起到了以下几方面的促进作用:

一是促进了浙江在"一带一路"建设中的资源优势的发挥。开展地方公共外交能够把浙江的区位优势和侨务资源优势充分结合,凸显和发挥浙江在"一带一路"建设中的资源禀赋优势。浙江是改革开放的先行省份,也是公共外交和侨务资源大省。其中,遍布全球的浙籍华侨和海外浙商是浙江开展公共外交工作、参与"一带一路"建设的重要资源优势。作为华侨资源大省,浙江约有 200 万华人华侨。浙籍华侨具有分布集中的优势,其中 75％聚集在"一带一路"沿线的亚欧各国。浙籍华侨的绝对数量虽然并不是最多的,但侨团、侨领的影响力大,存在着一个以宗亲关系、乡籍关系和行业关系串联而成的商际网络,他们了解所在国的政治规则、法律制度和风土人情,能够在浙江开展公共外交工作、参与"一带一路"建设中发挥独特的纽带作用;"海外浙商"数量也已达到百万之巨,他们熟悉海外市场和社会情况,能够着眼于全球大市场,在浙江、中国、全球三级链条中发挥独特的纽带作用,在联通中外、推动浙江企业"走出去"中成为生力军。公共外交有效地促进了上述两方面资源优势的结合,对浙江企业拓展海外市场发挥了助益作用。

二是提升了浙江产品的品牌价值。浙江商品虽然行销全球,但因长期供应低端市场,品牌认可度低,海外民众甚至将"浙江制造"等同于低端的手工小商品。由于金融危机的影响和传

统市场的萎缩，浙江企业的海外边际收益日渐递减。近年来，地方公共外交活动的大量开展，以软性方式提升了浙江作为一个地区名片的知名度和含金量，改变了"浙江制造"的整体形象，已经使浙江企业和浙商在无形中受益，也为他们在海外提升品牌价值奠定了良好基础。

三是助推了浙江企业"走出去"。以中小企业为主的浙江民营经济体往往缺乏明确的海外投资战略，不熟悉海外特别是"一带一路"共建国家的法律、监管、税务及政治经济环境。浙江地方公共外交组织在积极发挥浙商和浙籍华侨作用的基础上大力开展活动，凝聚了熟悉国内外两种环境、与浙江本地和海外市场联系紧密的民间自治性力量，发挥了他们的沟通、协调作用，已经对浙江企业在海外生存和发展起到了多方面积极效应。

四是提升了浙江海外形象。近年来，世界互联网大会、G20杭州峰会、杭州亚运会等重大活动的举办提升了浙江的海外知名度。"一带一路"建设重在中外"互联互通"，难在各国"民心相通"，而公共外交已经成为促进各国民心相通的最重要方式之一。浙江迅速兴起的地方公共外交作为一种新型传播方式，弥补了传统宣传手段和单一官方传播渠道的不足，提升了危机公关的有效性，对浙江海外形象提升起到了潜移默化的作用。

浙江是以习近平同志为核心的党中央提出的"一带一路"倡议的重要节点省份，使命光荣、责任重大。浙江要在总结浙江地方公共外交经验的基础上，继续利用公共外交平台，充分发挥浙江资源优势，在参与"一带一路"建设中促进浙江经济社会事业的全面发展。

大力开展地方公共外交，是浙江在"市场显能"之外，释放民间力量诸多举措中的案例之一，但远非全部。来自民间的力量与市场动能同步交织、相互激荡，与党委、政府推动的体制机制改革相互呼应、协同配合,成为推动浙江开放发展的"隐形的翅膀"。有人这样描绘浙江 40 多年来开放发展的历史画卷:"释放民间力量的精灵,由小及大、由近及远、由弱及强,并最终汇聚成如同浩荡钱江大潮一般的自发扩展的秩序。民间力量在浙江人烹制的财富大餐上的分量,必须用'蔚为壮观'这样的字眼才足以形容。"①

---

① 　胡宏伟:《如果卡尔·马克思来到今天的浙江,他将会有什么感想?》,参见 https://baijiahao.baidu.com/s? id=1702467272314387750& wfr=spider&for=pc。

第八章　文化支撑：浙江开放发展的
　　　　精神动力

　　文化在无形中塑造着人们的交往习惯和行为方式，文化包容性往往影响着一个地方的开放程度，文化及其蕴藏的精神力量是经济社会发展的重要支撑。德国学术巨匠马克斯·韦伯在其经典名著《新教伦理与资本主义精神》中，揭示了新教伦理孕育的"资本主义精神"对资本主义生产和发展的巨大推动作用。那么，支撑"浙江现象"以及浙江开放发展的精神和文化动力是什么？随着浙江经济社会发展逐步迈向更高台阶，浙江人开始更加主动地围绕该问题开展探索和研究。越来越多的人认识到，"文化基因"或者说浙江文化孕育出的精神动力，是推动浙江开放发展的一个关键因素。①

一、推动浙江开放发展的传统文化遗产

（一）浙东学派及其主张

　　在推动浙江开放发展的诸多精神文化资源中，浙东学派等文化血脉无疑是隐性但十分重要的因素。习近平同志在浙江工作期间，将"浙江精神"概括提炼为"求真务实、诚信和谐、

---

　　①　陈立旭：《我与浙江现象的文化底蕴研究》，参见 https://www.sohu.com/a/284672208_120027258。

开放图强"。① 解密"浙江精神"中的"开放图强"等现代精神特质,需要对浙东学派等浙江文化遗产有所了解。

浙东学派的思想渊源可以追溯到宋代,至明末清初,以黄宗羲为代表的经史学家以其丰富和具有开创性的思想著述,正式为该学派奠基。浙东学派是当时浙东地区发达的商品经济与中华民族传统儒家思想结合的产物,该学派虽然诞生于朝代更替的乱世,但其实用主义取向和"经世致用"思想一经诞生,还是长期影响了浙东地区的义利观念和价值取向。自学派诞生以来,其在潜移默化中塑造的"工商皆本""义利并举"等社会观念,对该地区乃至整个浙江的经济文化发展都发挥着长期作用。从思想文化传承的角度追根溯源,宁波等浙东地区乃至整个浙江的开放与发展,都深受浙东学派"经世致用"理念的影响。

浙东学派体系庞杂,学者辈出,著作繁多。广义的浙东学派还包括浙江中部地区以吕祖谦为代表的金华学派、以陈亮为代表的永康学派,以及浙江南部地区以叶适等为代表的永嘉学派。其中,永嘉学派及其对温州当代开放潜移默化的推动作用,尤为值得关注。

永嘉学派又称"事功学派""功利学派",可溯源至北宋的王开祖、丁昌期等人,后又由周行己、许景衡把"洛学""关学"传到永嘉地区(今温州),经融合发展,到南宋形成学派。南宋时期,永嘉地区人才辈出,郑伯雄、徐谊、陈傅良等均名重一时,稍晚的

---

① 廖芳玲、万斌:《改革开放四十年来浙江精神的演进》,《浙江学刊》2018 年第 3 期,第 5—11 页。

叶适则集永嘉学派之大成。① 永嘉学派的形成与该时期浙东南地区商品经济发达有着密切的联系,该学派在很大程度上代表了当时出现的富工、富商等新兴阶层的诉求。他们提出自己的理念,出版书籍,反对苛捐杂税,要求抵御外侮,维护社会稳定。与朱熹的"理学"、陆九渊的"心学"不同,永嘉学派提倡实事与功利,注重日常之事。黄宗羲曾评价永嘉学派:"永嘉之学,教人就事上理会,步步着实,言之必使可行,足以开物成务。"②

(二)浙东学派的精神意涵与影响

1.浙东学派的宗旨:经世致用

经世致用是中国儒家传统的一个重要方面。浙东学派则将经世致用的传统进一步发扬光大。该学派传承了宋明理学的思辨式研究,但更加注重问题导向以及学说主张与经济社会实践的结合。其代表人物虽然也像中国传统士人那样着眼于治国平天下的宏大叙事,但相比之下,更加注重社会现实和民生日常。

浙东学派不守门户之见,博纳兼容,强调文化和学术应服务于国计民生,倡导遵守客观规律,主张知识与社会实践以及人们的生产生活的紧密结合,并以社会效应为主要标准来衡量社会价值。儒家提出"经世"概念,是从入世的态度出发,在讲义与

---

① 叶适(1150—1223),字正则,号水心居士,温州永嘉人。南宋思想家、文学家,晚年讲学于永嘉城外水心村,世称水心先生。淳熙五年(1178年),叶适科考中榜眼。历仕孝宗、光宗、宁宗三朝,曾任泉州知州、兵部侍郎等职,因力主抗金、反对议和以及生性耿直等原因,仕途多有坎坷。后因遭遇弹劾,辞官返回故乡,从事讲学,直至去世。叶适是永嘉学派的主要代表人物,提出"既无功利,则道义者乃无用之虚语",主张"通商惠工,以国家之力扶持商贾,流通货币"的政策,留有《习学记言》等著作,今人合编有《叶适集》。

② 黄宗羲:《艮斋学案》,载《宋元学案》卷52,第1696页。

利、道与功的关系时,是重实用而轻思辨的,旨在引导士人经邦治国、经世济民、建功立业。浙东学派对此进行了扬弃,从"经世济民"之实学出发,提出了诸多更加契合现代经济规律的主张,对后世特别是浙江产生了深远影响,也在一定程度上构筑了改革开放年代孕育浙商的文化底色,促进了浙江商品经济的发展和市场经济的发展。

2.浙东学派的内涵:开拓创新

明清时期,浙东学派倡导的"不苟同,求自得,志创新",堪称浙东文化的精髓。浙东学派的文化遗产,在人文精神上体现为不惧困难、锐意进取,积极适应时代。这种人文精神塑造了浙东人民热情开放、锐意进取的创新精神,对浙江的发展发挥着长期的正面溢出作用。比如,步入近代,"宁波帮"身上的"敢为天下先"的精神,一直是历代宁波人披荆斩棘的内在动力。在新的历史时期,宁波正在探索建成具有宁波特色的创新型城市,创新能力显著提升,高端资源加速集聚,创新体系更加完善,创新环境日益优化。稍加考察就不难发现,宁波的当代创新实践,与浙东学派的主张及其塑造的浙江文化传统之间,存在着并不隐秘的内在联系。

3.浙东学派的灵魂:主体自觉

浙东学派的灵魂是主体自觉。它强调人应该对自身思考,勇于追求自我价值,主张不靠天不靠地,注重"以人为本"。此外,浙东文化也强调"自得",这种"自得"的内涵在于摆脱客观条件束缚,追求卓越。明清之际,主体自觉的特征在浙东学派代表人物身上表现得更趋突出。"心学"倡导者王阳明(浙江余姚人)、"浙东学派"创始人黄宗羲(浙江余姚人)、有"浙东史学殿军"之誉的章学诚(浙江绍兴人)等人,均创立了影响深远的理论

学说,将浙东学派主体自觉的内涵发挥得淋漓尽致。^① 主体自
觉对当代浙江的开放发展也产生了潜移默化的影响。市场经济
体制的建立和完善与主体自觉的文化基因风云际会、相互激荡,
催生了一系列与市场经济相适应的思想观念,营造了助力浙江
开放发展的"软环境"。

二、"三个地"赋予浙江的独特精神资源

浙江是中国革命红船启航地、改革开放先行地、习近平新时
代中国特色社会主义思想重要萌发地。"三个地"的特殊地位,
为浙江现代文化的发展熔铸了新的鲜明底色,培植起推动浙江
发展的红色根脉。

作为中国革命红船启航地,浙江体制机制始终传承着中国
特色社会主义的红色基因;作为改革开放先行地,浙江在体制机
制改革方面勇于创新,谱写了开放发展的时代新篇章;作为习近
平新时代中国特色社会主义思想重要萌发地,诸多"浙江先发"
实践在新时代拓展为全国层面的"顶层设计",彰显了浙江开放
发展的全国示范效应。

以"浙东学派"为代表的传统文化遗产和"三个地"精神资源
在改革开放进程中相互碰撞、相互交融,催生了新时代的"浙江
精神",构筑起推动浙江开放发展的宝贵"社会资本",也形塑着
浙江经济社会生活的方方面面。比如,浙江以"亲、清"为特征的
健康政商关系的形成,浙江民营企业普遍重视党建工作、主导传

---

① 王阳明和黄宗羲的学说影响甚巨,广为人知。名气稍逊的章学诚
也是一个颇具个性的学术巨匠,他的人生经历、个性与著述,同样体现了
鲜明的主体自觉特征。章学诚是史学大家、方志学奠基人,却因学问不合
时好,屡试不第,迟至41岁方考中进士,此后仕途亦不顺利。他一生颠沛
流离,穷困潦倒,晚年更是贫病交加,却能坚持"撰著于车尘马足之间",在
思想学术上做出了杰出贡献。

承"红色根脉"的自觉行动,以及"企业政治学"的深入人心……诸如此类具有浙江特色的积极现象的出现,均与浙江的精神文化基因存在着千丝万缕的联系。①

在浙江精神文化基因的无形作用下,这片土地上成长起来的党的干部普遍具有开放、务实、进取的特征,他们熟悉市场规律和企业运作规律,愿意为企业发展努力创造良好条件。而浙江企业家中,也涌现出了众多"市场政治家"。他们"以政治家的手法把握市场,经营企业",同时坚持党的领导,在市场行为中坚持把握正确的政治方向。这建立在浙江企业家群体对中国政治、中国市场和中国经济社会运行规律的深刻认知和准确把握之上——正如浙商中的代表人物之一南存辉先生所说:"政治就像天气一样,如果企业家不懂天气,怎么可能做好?"②

一言以蔽之,正如新教伦理孕育的"资本主义精神"在促进资本主义发展过程中功不可没,在社会主义的中国,浙江精神文化基因的现代传承,对这片土地上良好政商关系的形成、良性政社互动的构筑以及现代企业家精神的孕育,同样厥功至伟。传统精神文化基因撑起了"浙江精神"的历史底色,孕育了包括"四千精神"在内的多种现代优秀精神,对浙江开放发展起到了明显的推进作用。

三、"四千精神"与浙江走向开放的推动力量

2023 年 3 月 13 日上午,十四届全国人大一次会议闭幕后,新任国务院总理李强首次出席记者会并回答中外记者提问。在

---

① 浙江企业家信奉的"企业政治学"主要内容包括多做少说、政治稳健、爱国守法、为人可靠,通过实干创造良好业绩。参见章敬平:《浙江发生了什么? 转轨时期的民主生活》,东方出版中心 2006 年版,第 159 页。

② 章敬平:《浙江发生了什么? 转轨时期的民主生活》,东方出版中心 2006 年版,第 155 页。

谈到民营经济的发展时，他特别提到了当年江浙等地发展个体私营经济、发展乡镇企业时所创造的"四千精神"。在全世界镁光灯汇聚之时，李强总理特意提及"四千精神"，足见该精神在其心目中的分量。这也让"四千精神"在诞生多年之后，又一次引发了广泛关注。

"四千精神"是对改革开放早期浙江人不怕艰难、敢为人先、干事创业精神的概括。所谓"四千精神"，即"历经千辛万苦，说尽千言万语，走遍千山万水，想尽千方百计"。习近平同志曾指出，"长期以来，浙商不仅创造了大量的物质财富，也形成了一种独特的'浙商文化'"。① "四千精神"即浙商文化的重要根基和底色。

（一）历经千辛万苦开创基业

浙江地处中国东南部，山多地少，缺乏农耕和矿产等资源优势。但凡事都具有两面性，资源劣势也让浙江避开了所谓的"资源诅咒"，浙江人另辟蹊径，依托勤劳和智慧走出了一条艰苦创业、开放发展的道路。改革开放之初，开始经商创业的浙江人手中既无资金，也无资源和经验，几乎都是白手起家。不过，他们吃苦耐劳，从小生意做起，"白天当老板，晚上睡地板"，经过不计其数的彻夜打拼，历经千辛万苦，将产品卖到了全国、全世界，也把工厂和企业办到了全国、全世界。在千辛万苦的创业路上，浙江人充分发扬了思想开放、善于学习、勇于创新的精神。他们善于把握市场规律，敢于做新时代的弄潮儿，勇于走出去；他们不断突破体制障碍，创新思想观念，做改革开放的先锋，闯出了一系列特色发展之路，形成了"温州模式""台州模式""义乌模式"等独特的地方开放发展经验。

---

① 习近平：《"浙商文化"是浙商之魂》，《浙江日报》，2006 年 6 月 16 日，第 1 版。

(二)说尽千言万语创造机遇

相对于中国古话中常说的"酒香不怕巷子深",浙江商人可能更信奉"酒香还要勤吆喝"的现代营销理念。他们忧心于自己的产品不能被市场认可,无论是做"小买卖"还是经营"大生意",都愿意兼做推销员并不断提升自身的营销能力。老一辈的浙商并不因自己普通话的不标准而不愿开口,相反,他们带着浓重的乡音,走向全国各地乃至走出国门"勤吆喝"。他们一遍又一遍向各地的人们介绍自己产品的性能和优势,洽谈商务合作,开拓市场空间,不遗余力地通过千言万语为企业发展逢山开路、遇水架桥。说尽千言万语,并非靠巧舌如簧对顾客进行"洗脑",而是浙江人百折不挠精神的体现:既然我相信自己的产品和发展思路,一次不认可,那就再来第二次,两次不行,那就再来第三次……带着这种不惧怕失败,失败后也决不退缩的韧性,浙江人一步步地在更大的空间实现了更大的发展。

(三)走遍千山万水广开商路

中国人有眷恋故乡的情结,执着于"月是故乡明",背井离乡则常被看作迫不得已之举。历史上,诸如走西口、闯关东一类的人口迁徙,总是充满辛酸与眼泪。不过,画地为牢、故步自封往往造成贫困落后,走出去才能打开新天地,对此,中国人自古也有清醒的认知。在改革开放早期,浙江人基本以个体和家庭为单位,走向全国乃至世界各地寻找最适合自己的发展空间。在实现了初步发展后,在各地创业的浙江人又承继近代以来的商帮传统,开始加强互助合作,实现组团式发展,各地"浙江商会"随之大量涌现。通过走遍千山万水广开商路,浙江产品的销路得以拓宽,"浙江人经济"也在全国、全世界播下种子,开花发芽,茁壮成长。

（四）想尽千方百计拓展经营

浙江人在生产经营过程中，总是善于采用各种策略抢占先机、创造商机。考察浙江多地的生产经营和商业模式不难发现，浙江人善于"无中生有"，以有效的经营运作弥补资源禀赋方面的短板。引进当地所不具备的原料，凭借技术和经营上的领先优势，制造出质量过硬的优质产品，形成一县一市制造业的专门特色，这在浙江全省是一种普遍现象。比如，义乌本身并不制造小商品，但通过对各地产品的汇集，办成了全球规模最大的小商品交易市场；再如，浙江海宁并不出产皮革，却能够将各地的优质皮革运输至此，吸引全国各地乃至全球的客商。行业的聚集带动了规模效应，提升了产业附加值。

四、"浙江精神"与浙江的开放发展

（一）"浙江精神"的提出和发展

在"浙江现象"受到关注的同时，浙江省委、省政府也认识到，"浙江现象"蕴藏着浙江人的精神和品质以及浙江治理的经验和特色等，其重要性已经大大超越现象的本身，必须加以系统总结，形成理论认知，从而更好地指导实践。而这些工作中最根本、最核心的问题，就是提炼和宣传好"浙江精神"。

1999 年 12 月，时任浙江省委书记张德江同志在浙江省社科联第四次代表大会上提出了"提炼浙江精神，总结浙江经验，开拓浙江未来"的重要任务。随后，浙江省理论界积极响应，加强对浙江精神的研究提炼和阐释宣传。2000 年 7 月，在浙江省委十届四次全会上，以"自强不息、坚忍不拔、勇于创新、讲求实效"为主要内容的"浙江精神"被首次正式提出。2005 年 1 月，时任浙江省委书记习近平同志做出了关于"深入研究浙江现象、充实完善浙江经验、丰富发展浙江精神"的批示，要求"浙江精神的调研应从浙江文化的历史传承、社会精神文明、文化综合实力的作用等诸角度进行"，亲自确定了"与时俱进的浙江精神"的研究方向和基本框架，并修改和审定研究报告。①

2006 年 1 月，《浙江日报》刊登了习近平同志的署名文章《与时俱进的浙江精神》。文章回顾了"浙江精神"的优秀历史传统，剖析了"浙江精神"在当代的生动展现，指出"浙江精神"在新时期新阶段必须与时俱进，进而系统地将"浙江精神"概括为"求真务实、诚信和谐、开放图强"十二个字。新的十二个字的概括，既体现了对十六个字的"浙江精神"的继承和弘扬，又体现了对现实发展变化的回应和创新，特别是"开放图强"的提出，更是将浙江文化传统中的开放基因，以及新的历史时期浙江在开放发展实践中形成的重要精神特质融合进来，具有重要意义。

在组成"浙江精神"的十二个字中，"求真务实"是浙江优秀传统文化精神内核的重要组成部分，"诚信和谐"是社会主义先进文化建设的重要要求，"开放图强"是浙江外向型经济发展的重要经验和必然要求。"求真务实、诚信和谐、开放图强"的提出，体现了浙江省委、省政府注重地域精神文化传承和弘扬、凝聚精神力量推动浙江更好发展的自觉意识，彰显出浙江人民在改革开放中形成的精神风貌和价值取向，既具有厚重的历史感，又体现了鲜明的时代感。

(二)"浙江精神"对浙江开放发展的推动作用

习近平同志在"之江新语"专栏中深刻阐释了文化支撑之于经济发展的重大价值："任何经济又离不开文化的支撑：文化赋予经济发展以深厚的人文价值，使人的经济活动与动物的谋生行为有质的区别；文化赋予经济发展以极高的组织效能，促进社

---

① 段治文主编：《浙江精神与浙江发展》，浙江大学出版社 2013 年版，第 8 页。

会主体间的相互沟通和社会凝聚力的形成；文化赋予经济发展以更强的竞争力，先进文化与生产力中的最活跃的人的因素一旦结合，劳动力素质会得到极大的提高，劳动对象的广度和深度会得到极大的拓展，人类改造自然、取得财富的能力与数量会成几何级数增加。"①对浙江而言，"浙江精神"是"浙江现象"的根与魂，是浙江经济的活力与韧性的重要源头之一。

"浙江精神"不是凭空捏造出来的，而是从浙江人民艰苦奋斗的生动实践中淬炼出来的，是从浙江经济社会发展最本质的特征中抽象出来的，具有鲜活的生命力。与此同时，"浙江精神"作为浙江人民的共同价值取向，又反过来激励着浙江人民在创新创业的道路上披荆斩棘、不断开拓，为浙江的开放发展提供源源不断的强大精神动力。

开放发展是"浙江精神"的题中之义。在十二个字的"浙江精神"中，"开放"是其重要的组成内容。习近平同志在《与时俱进的浙江精神》一文中指出：

> "开放"，就是全球意识、世界胸襟，就是海纳百川、兼容并蓄，以我为主，为我所用。"开放"，就要进一步树立开放理念和兼容胸怀。要在高度的自省中虚心汲取全人类创造的一切文明成果，使我们的思想观念、生活习惯、行为方式和精神素质不断适应开放的世界和全球化竞争的需要，让开放的精神结出更多惠及浙江千万人民的硕果。"开放"，就要进一步增强全球眼光和战略意识。要有跳出浙江发展浙江的大手笔，具备积极参与全球化合作与竞争的勇气和胆略，在更大范围、更广领域、更高层次参与国内外的经济合作和交

---

① 习近平：《文化是灵魂》，《之江新语》，浙江人民出版社 2007 年版，第 149 页。

流,努力提高对外开放的水平。"开放",还要进一步提升做世界公民的文明素质和人文情怀,关心全人类的文明进步和共同发展。①

浙江开放发展的实践孕育了"浙江精神","浙江精神"又推动浙江进一步开放发展的实践。一方面,"浙江精神"中的"开放"基因,决定了浙江的发展必然要走开放的道路;另一方面,浙江在不断开放发展中进一步强化了兼容并蓄的精神品格,强化了"浙江精神"中的开放特质。浙江人发展经济,没有现成的榜样可以学习,没有现成的教科书可供参考,一切都是依靠自己的探索与尝试。他们思想解放,勇于开拓,敢于冒险,会做生意。他们不会外语也敢出国创业,走遍世界。全球到处都有操着浙江口音的生意人,到处都有以"浙江村""温州街""义乌城"命名的地方。这背后体现的无一不是浙江人开放创新的品格和精神。正是这种敢为天下先的精神,支撑着浙江人一步一步走向成功。

1. 求真务实推动了浙江外向型经济的形成和发展

浙江外向型经济的形成,与浙江人求真务实的精神品质密不可分。在改革开放的时代大潮中,求真务实的浙江人既不墨守成规,端体制饭碗、吃大锅饭,也不盲从盲动、四面出击,在市场化浪潮中迷失方向。他们以求真之精神探索市场规律,以务实之态度创新方法手段,闯出了既能充分发挥自身优势、彰显浙江特色,又顺应时代需求、符合市场需要的开放发展之路。

"'求真'就是追求真理、遵循规律、崇尚科学。"②浙江人的

---

① 习近平:《与时俱进的浙江精神》,《哲学研究》2006 年第 4 期,第3—8 页。

② 习近平:《与时俱进的浙江精神》,《哲学研究》2006 年第 4 期,第3—8 页。

"求真"精神,在开放发展方面集中表现为他们善于把握市场规律,通过开动脑筋、勤奋探索,找到切实可行的好办法、好方案。市场经济的规律是什么？获取发展资源靠什么？商业成功的要素还缺什么？浙江人在发展的道路上一边苦干一边勤学,一边在实践中不断积累经验和知识,一边用实践中摸索出来的理论指导自身的发展实践。理论与实践一次次结合和碰撞,在广大浙商的心中书写了一本本充满了真知灼见的"生意经"。

"'务实',就是要尊重实际、注重实干、讲求实效。"①浙江人的"务实"精神,集中表现为浙江人讲求实效、实干兴业,能够以最小的成本实施谋求发展的好思路、好方案。发展的道路从来都不是一帆风顺的,特别是对许多走出省门、国门闯荡的浙江人来说,创业道路上的艰辛和困难远远超出常人的理解和自身的预期。但是浙江人务实的精神品质给予了他们强大的精神动力。哪一条路被证明是走得通的,再苦再累也要闯;哪一种方法是管用、奏效的,不管多难也要上。他们坚信,只要路子选得对,勤奋实干就是成功的不二法门。在创业创新的道路上,广大浙商不骛虚声、不求虚名、苦干实干,以结果论英雄,创造了一个又一个商业奇迹。

2.诚信和谐是浙江经济社会发展的重要价值取向和文化基石

"'诚信',就是重规则、守契约、讲信用、言必信、行必果。"②市场经济是信用经济,必须遵循契约精神。契约不仅需要法律的保护,也需诚实守信作为道德支撑。改革开放以来,浙江历届省委、省政府都非常重视信用建设,积极在全社会弘扬诚信文化,信用浙江建设从自发到自觉,久久为功,为浙江的开放发展

---

① 习近平:《与时俱进的浙江精神》,《哲学研究》2006年第4期,第3—8页。

② 习近平:《与时俱进的浙江精神》,《哲学研究》2006年第4期,第3—8页。

营造了诚实守信的营商环境、市场环境和社会伦理环境。

"'和谐'就是民主法治、公平正义、诚信友爱、充满活力、安定有序、人与自然和谐相处。"①"和谐"是浙江开放发展的重要特征。浙江的开放发展不仅仅是经济发展,更是涵盖政治建设、文化建设、社会建设、生态建设以及党的自身建设的全方位建设。发端于浙江、传承了大半个世纪的"枫桥经验",核心要义就是及时消弭矛盾、实现社会和谐。习近平同志提出的"绿水青山就是金山银山"理念注重经济发展与生态建设的辩证统一、和谐发展。和谐的要求也体现在浙江开放发展的方方面面,比如,坚持以人为本的发展导向,强调区域协调发展,注重产业协同发展,等等。

3. 开放图强是浙江经济社会发展的突出特征和前进方向

"'开放',就是全球意识、世界胸襟,就是海纳百川、兼容并蓄,以我为主,为我所用。"②党的十一届三中全会之后,浙江经济的起步和"浙江人经济"的逐步形成,就是从浙江人打破封闭开始的。在发展经济过程中,浙江人不论走到哪里,都能够与当地的风俗文化和谐交融,与当地的人们和睦共处,在世界各个角落立足扎根。同时,浙江人善于吸纳新知识、学习新技术、接纳新生事物,并将其转化为发展的机遇和动力。

"'图强',就是勇于拼搏、奔竞不息,就是奋发进取、走在前列。"③浙江人勤于创业、敢于创业,"四千精神"就是浙江人自强不息品格的写照,是对图强精神的生动概括。在创业道路上,浙

---

① 习近平:《与时俱进的浙江精神》,《哲学研究》2006 年第 4 期,第 3—8 页。

② 习近平:《与时俱进的浙江精神》,《哲学研究》2006 年第 4 期,第 3—8 页。

③ 习近平:《与时俱进的浙江精神》,《哲学研究》2006 年第 4 期,第 3—8 页。

江人不怕吃苦，不愿得过且过，没有小富即安，哪怕在事业上取得了一点成绩，也仍能够朝着更大的目标迈进。可以说，"图强"精神一直激励着浙江人勇立潮头、干在实处、走在前列，是浙江开放经济的"雪球"能够越滚越大的内在动力。

"浙江精神"的提出及其宣传工作取得的成效，让文化因素和精神力量对浙江开放发展的推动作用从自发走向了自觉，进一步彰显和放大了文化和精神动能作为经济社会"润滑剂""催化剂"的作用，也为推动浙江走向更高水平的开放发展提供了新动力。

浙江立足本土文化资源，努力发扬传统文化中的有益元素，积极提炼适应时代发展潮流的地域精神的做法，为地方实现自身更好发展提供了有益的样本和借鉴。"浙江精神"中包含的现代元素和时代精神还具有一定的普适性，虽然很难被其他地区简单地复制和照搬，却无疑是对中华民族优秀文化和美好精神品质的发扬传承。从这个意义上说，"浙江精神"不仅属于浙江，也是我国现代化进程中时代精神的重要组成部分，值得其他地方参考和借鉴。

结语　世界大变局中浙江开放发展的新机遇新挑战

　　习近平总书记指出："以开放促改革、促发展,是我国改革发展的成功实践。改革和开放相辅相成、相互促进,改革必然要求开放,开放也必然要求改革。"①本书多次强调,"改革"与"开放"相辅相成,是中国特色社会主义道路伟大探索实践中一枚硬币的两面。40 多年来,不断扩大对外开放是我国建设中国特色社会主义道路中积累的最宝贵的历史经验之一;新时代,"对外开放"进一步上升为"开放发展理念",成为习近平总书记系统阐释的新发展理念中的重要组成部分。与此同时,在中国成为最大新兴经济体并不断壮大自身力量之后,全球化的历史性转型重塑了我国对外开放的外部环境,导致中国与外部世界的关系发生了重大变化。国内外宏观环境变迁也重塑了浙江对外开放的目标与动力。尽管浙江曾长期在对外开放中走在前列,但面向未来,浙江对外开放在面临新机遇的同时也必然迎来诸多新挑战。浙江如何利用机遇、化解挑战,不仅对自身的未来发展至关重要,对其他地区也有借鉴和参考意义。

---

　　①　《习近平主持召开中央全面深化改革领导小组第十六次会议强调坚持以扩大开放促进深化改革　坚定不移提高开放型经济水平》,《人民日报》,2015 年 9 月 16 日,第 1 版。

一、我国对外关系的历史传统与当代变迁

(一)天下体系与中国对外部世界的态度

我国传统文化对世界秩序的主张是"天下体系"。在这种观念中,中国以其文化昌盛、文明发达,成为这个体系当仁不让的核心。我们对待外部世界的态度,自然也就是"远人不服,则修文德以来之"一类的文化怀柔主张。尽管如此,从先秦到唐宋,我国对外部世界一直持一种开放的态度。

明清两代实施闭关锁国政策后,中国对外部世界的变化缺乏认识,也缺乏主动了解的兴趣。在我们相对熟悉的亚洲东部,实践中又构建了一种以中国为中心的"朝贡体系",这也助长了我们的自大情绪。1793 年英国人马戛尔尼使华被无数学者反复研究,有人认为乾隆皇帝的傲慢让中国失去了融入世界、开启现代化进程的第一个重要机会。当然,"两个世界的最初碰撞"不成功,不能归罪于哪个人,它有其复杂的历史和文化根源。

20 世纪 80 年代,邓小平同志在强调坚持对外开放政策时,曾语重心长地谈到了明代以来闭关锁国政策给我国造成的伤害:

> 现在任何国家要发达起来,闭关自守都不可能。我们吃过这个苦头,我们的老祖宗吃过这个苦头。恐怕明朝明成祖时候,郑和下西洋还算是开放的。明成祖死后,明朝逐渐衰落。以后清朝康乾时代,不能说是开放。如果从明朝中叶算起,到鸦片战争,有三百多年的闭关自守,如果从康熙算起,也有近二百年。长期闭关自守,把中国搞得贫穷落后,愚昧无知。中华人民共和国建立以后,第一个五年计划时期是对外开放的,不过那时只能是对苏联东欧开放。以后关起门来,成就

也有一些,总的说来没有多大发展。当然这有内外许多因素,包括我们的错误。历史经验教训说明,不开放不行。①

(二)近代以来我国与外部世界关系的变迁

在 1840—1949 年的百余年中,救亡图存是中华民族历史的主线。哈佛大学费正清教授提出了"冲击—回应"模式用以描述中国近代历史,这一模式尽管不乏争议也不尽全面,但还是大致描绘出了鸦片战争发生至新中国成立前,中国与外部世界关系的总体面貌。总体来看,中国这段时期是在努力跟上世界的发展,争取以平等的身份加入世界体系。

1949 年以来,中国与外部世界关系的演化,也经历了几个阶段:在新中国成立至改革开放之前(1949—1978 年),中国与西方世界基本隔绝,中国与外部世界总体上是一种对立关系。改革开放后大约 30 年间(1978—2008 年),主动融入西方主导的世界秩序成为中国与外部世界关系的主线,我们的策略是利用西方资本和技术发展自己,总体上是全球体系的参与者、融入者、追赶者,但尚未成为世界经济中的主角。不过,以 2008 年国际金融危机发生、北京奥运会举办和 2010 年中国 GDP 跃居世界第二位为大致时间节点,中国与外部世界的关系正在逐步由"世界开放中国"转变为"中国引领世界的开放"。在世界经济陷入困境的背景下,中国经济发展为世界带来了巨大的正面溢出效应。

党的十八大以来,我国的开放发展无论在内容还是在形式上都迈上了新台阶。中国特色的大国外交不断开拓新局面,日渐强大的中国正在主动承担更多的全球和地区责任,积极通过

---

① 《邓小平文选》(第三卷),人民出版社 1993 年版,第 90 页。

"奋发有为"的新外交引领世界规则的制定，而我国的开放发展理念和对外战略也随之发生了三重转型：从世界秩序的参与者到规则制定者；从立足国内的"对外开放"到基于世界共赢的"中国责任"；从以"韬光养晦"为基调的"发展外交"到"奋发有为"的新对外战略。

在180多年来中国与外部世界关系几经变迁的同时，全球化也正式开启，先后发生了3次全球化浪潮。第一次全球化浪潮发生在19世纪下半期至"二战"前，主要是第二次工业革命推动的结果，中国在这次全球化浪潮中虽然做出了一些努力（如洋务运动、戊戌变法），但未能成功融入，最终进一步被边缘化，沦为半殖民地国家。第一次全球化浪潮被两次世界大战打断，在全球化因战争受阻的几十年中，西方世界发生大分裂，在中国共产党的领导下，中华民族实现了独立，成立了新中国。

"二战"后至20世纪70年代发生了第二次全球化浪潮。这主要得益于大战过后主要国家经济的起飞和技术进步。当然，由于"冷战"的发生，这轮全球化主要发生在西方世界，更多的是"半球化"。社会主义国家则被隔离在"铁幕"之后，我国也由于受到西方的封锁和制裁，没能分享到这轮全球化的红利。

第二次全球化浪潮在20世纪70年代"石油危机"冲击下终结，但在计算机和信息技术的带动下，第三次全球化浪潮很快开启。这次全球化与我国国内的改革开放几乎是同步启动的，而我国也充分抓住了这次全球化带来的历史机遇，在30年左右的时间中跃升为世界第二大经济体。可以说，我国是这次全球化的最大获益者之一。

（三）从"睁眼看世界"到胸怀"两个大局"

中国与外部世界、中国与全球化关系的变迁，堪称"初闻不知曲中意，再闻已是曲中人"。当前日益接近实现中华民族伟大复兴目标的中国，不仅已经是曲中人、局中人，而且已经成为国际舞台上重要的作曲者、造局者之一。在这种新的历史起点上，我们尤其需要全面准确地认识中国与外部世界关系的历史、现实和趋势。

鸦片战争发生、中国被迫打开大门之后，对外部世界的认知、态度和参与方式始终关乎我国国运。在我国的综合实力、国际地位和与外部世界的关系均发生了重大变化的时代背景下，领导干部更需要通过胸怀"两个大局"精准定位我国所处的历史坐标与世界坐标。

2003 年 11 月 6 日，时任浙江省委书记习近平在《浙江日报》的"之江新语"专栏发表了《要有世界眼光和战略思维》一文，提出各级党政"一把手"要站在战略高度，"努力增强总揽全局的能力，放眼全局谋一域，把握形势谋大事"。[①] 这一论断深刻揭示了树立世界眼光对于地方党政领导谋划地方发展的重大意义。

正确处理中国和世界的关系，是事关党的事业成败的重大问题。习近平总书记指出，"认识世界发展大势，跟上时代潮流，是一个极为重要并且常做常新的课题"，并强调"当今世界是一个变革的世界，是一个新机遇新挑战层出不穷的世界，是一个国际体系和国际秩序深度调整的世界"。[②] 鲁迅先生有句名言："无穷的远方，无数的人们，都和我有关。"这是文学家的人道关怀。但全球化发展到今天，拿这句话来形容中国与世界的关系，也是恰当的。在新时代背景下，"渡人也是渡己"，积极参与全球治理、推动全球治理体系变革，也是维护我国自身利益的必然选择。

---

① 习近平：《要有世界眼光和战略思维》，《之江新语》，浙江人民出版社 2007 年版，第 20 页。

② 《习近平谈治国理政》（第二卷），外文出版社 2017 年版，第 442 页。

（四）新时代"两个大局"的同步交织和相互激荡

习近平总书记指出："当前,我国处于近代以来最好的发展时期,世界处于百年未有之大变局,两者同步交织、相互激荡。"①这段重要论述对于理解新时期"两个大局"之间的关系及其发展趋势具有重要指导意义。

1. 历史方位:我国处于近代以来最好的发展时期

历史方位是纵向比较,是同我们自己的过去相比。这种比较可以使我们坚定信心,更好地谋划未来。我们要从历史和理论的视野理解习近平总书记所强调的"最好的发展时期"。

历史地看,从前期积累、发展潜力、制度支撑等各方面看,我国都处于"近代以来最好的发展时期"。就理论层面而言,一个大国的崛起分为准备、起飞、冲刺、完成四个阶段。我国正处于最关键、最敏感、与外部世界关系最复杂的第三阶段,也就是冲刺阶段。因而需要突破多种瓶颈制约,在更好把握世界与中国的关系中继续发展自己。

2. 时代背景:世界处于百年未有之大变局

世界"百年未有之大变局"突出表现在以下几个方面:一是全球"风向变",主要指全球化等重大趋势遭遇逆全球化、贸易保护主义、反建制力量的挑战,正在经历艰难转型;二是世界"力量变",主要指大国对国际秩序和全球治理主导权的争夺日趋激烈;三是国际"格局变",主要指大国全球战略调整和冲突加剧让世界充满不确定性;四是发展"动能变",主要指新科技革命和发展模式转换成为塑造世界的新力量。此外,新冠疫情的发生让以上四大方面的变化进一步加速,进一步加剧了"百年未有之大

---

① 《习近平谈治国理政》(第三卷),外文出版社 2020 年版,第 428 页。

变局"的演化。

传统以西方为中心的世界秩序建立在欧美的技术红利、中心红利和制度红利之上,但当前欧美在这三个维度同时陷入困境。旧的"霸权治理"模式已经难以为继,全球治理创新成为解决日益紧迫的全球性问题、重塑国际秩序、推动构建人类命运共同体的必由之路。世界"百年未有之大变局"加速演进,这为中华民族伟大复兴战略全局带来了新的发展机遇、生长空间、资源条件,同时也带来了新的外部环境风险。

3.世界坐标:三个"前所未有"与四重国际角色

在明确了我国所处的历史方位和时代背景之后,我们还要进行横向比较,也就是将我国的发展放到整个世界的发展变化中去考察,从而定位我们的世界坐标。习近平总书记曾强调,"现在,我们前所未有地靠近世界舞台中心,前所未有地接近实现中华民族伟大复兴的目标,前所未有地具有实现这个目标的能力和信心"。[①]

我国发展的世界坐标是四重国际角色的有机统一:一是发展中国家,二是社会主义国家,三是新兴大国,四是正在崛起的大国。这四重身份统一于三个"前所未有"的国际定位。三个"前所未有"首先强调"前所未有地靠近世界舞台中心",这也意味着我国日益接近世界矛盾的中心,意味着我们需要做好应对更加复杂的外部挑战的准备。

二、开放发展新理念的提出与我国对外关系的转型

党的十八大以来,党中央提出并多次强调"推进双向开放","积极参与全球经济治理和公共产品供给,提高我国在全球经济

---

① 中共中央宣传部编:《习近平总书记系列重要讲话读本》,学习出版社、人民出版社 2014 年版,第 133 页。

治理中的制度性话语权，构建广泛的利益共同体"①。党的二十大报告基于国内国际形势的发展变化，进一步强调"加快构建以国内大循环为主体、国内国际双循环相互促进的新发展格局"②，同时表示，"中国坚持对外开放的基本国策，坚定奉行互利共赢的开放战略，不断以中国新发展为世界提供新机遇，推动建设开放型世界经济，更好惠及各国人民"③。这表明，开放发展既是我国传统国家治理方略的一贯主张，也是因时代发展和外部环境变迁，内涵有了重大更新的"新理念"。当前，日渐强大的中国正在主动承担更多的全球和地区责任，积极通过"奋发有为"的新外交引领世界规则的制定，而我国的开放发展理念和对外战略也随之发生了三重转型。

（一）从世界秩序的参与者到规则制定者

我国对多边外交参与的日益增多，既是世界政治经济发展形势使然，也是自身实力提升之后主动融入世界的必然选择。在各国联系日趋紧密的国际新环境中，任何大国都无法回避"远方效应"的影响，在多边大舞台上发出自己的声音，不仅是中国作为大国的责任，也是中国争取良好外部发展环境的迫切需要。

改革开放40多年特别是进入21世纪以来，我国综合国力发生了让全世界瞩目的变化。在21世纪的前10年中，中国经

---

① 国家行政学院编写组编著：《中国新发展理念》，人民出版社2016年版，第131页。

② 习近平：《高举中国特色社会主义伟大旗帜　为全面建设社会主义现代化国家而团结奋斗——在中国共产党第二十次全国代表大会上的报告》，人民出版社2022年版，第28页。

③ 习近平：《高举中国特色社会主义伟大旗帜　为全面建设社会主义现代化国家而团结奋斗——在中国共产党第二十次全国代表大会上的报告》，人民出版社2022年版，第61页。

济在世界的排名连续超越了几个老牌的资本主义发达国家。2007 年中国对世界经济增长的贡献率超过美国,跃居世界首位。2008 年国际金融危机发生后,中国经济虽然也受到冲击,但率先实现了复苏,为稳定世界经济做出了重大贡献。2010 年更是超越日本成为世界第二大经济体。经济的迅速发展无疑大幅提升了我国的综合实力,为中国国际地位的提升奠定了物质基础。随着中国和平发展不断取得新成就,"中国模式""北京共识"等词汇成为国际社会的流行语,这表明中国的国际影响力和"软实力"不断增强,也彰显了中国特色社会主义的强大生命力。国际环境的变化使中国在国际体系中的重要性进一步提升。与此同时,我国通过广泛参与全球和区域合作、承担全球治理责任,更全面和深入地融入了世界。

在全球治理成为时代需求并面临转型的历史背景下,中国已经成为全球治理体系变革的主要倡议者和正能量。"全球治理"已经成为频繁出现于中国政治话语中的重要概念,中国领导层围绕全球治理问题的一系列表态,向世界展现了一个日益发挥"主角"作用的大国的责任担当和勇气。中国国内治理模式继续引发世界性关注,虽然中国一贯反对将自己的模式强加于人,但中国探索自己发展道路的样板意义愈发凸显,这本身就是对全球治理的重要贡献。"一带一路"建设的顺利推进以及亚洲基础设施投资银行等中国倡议的国际组织的成立和不断壮大,表明中国正在成为全球公共产品的重要提供者,并得到了越来越多的认同和支持。

(二)从立足国内的"对外开放"到基于世界共赢的"中国责任"

2019 年 3 月 26 日,中国国家主席习近平在巴黎出席了中法全球治理论坛闭幕式。在其所作的题为《为建设更加美好的地球家园贡献智慧和力量》的重要讲话中,习近平主席围绕破解治理赤字、信任赤字、和平赤字、发展赤字四个方面进行了简短而深刻的阐释。

"四大赤字"的提出，堪称我国对当今世界根本问题认识的新界碑，也是对邓小平关于两大世界根本问题重要论述的继承和发展。早在 1985 年，邓小平就指出，"现在世界上真正大的问题，带全球性的战略问题，一个是和平问题，一个是经济问题或者说发展问题"①。在 1992 年的南方谈话中，邓小平再次强调这两大问题"至今一个也没有解决"。

当前，全球治理赤字和信任赤字的凸显，也让和平和发展两大"全球性的战略问题"在不少领域和地区变得更加紧迫；"四大赤字"交织下的世界面临着"百年未有之大变局"，人类也站到了新的十字路口。在全球性的严峻挑战面前，习近平主席在上述讲话中呼吁："各国应该有以天下为己任的担当精神，积极做行动派、不做观望者，共同努力把人类前途命运掌握在自己手中"②。

进入 21 世纪以来，中国综合国力、国际竞争力、国际影响力已经迈上一个新台阶。为了防止重蹈大国崛起带来的冲突甚至战争的旧路，避免"修昔底德陷阱"，中国不会成为现存国际秩序的激烈挑战者和"革命者"，只会成为负责任的积极建设者和温和"改革者"。不过，作为最大的新兴市场，在新兴大国与发达国家的角力中，我国已被置于争端的前沿位置。随着中国的发展，中国将不可避免地承担更多的国际责任，也需要以更加积极的姿态参与国际事务及国际体系改革。

我国已经成为全球第一货物贸易大国和主要对外投资大

---

① 黄中平等：《改革开放 30 年纪实》，人民出版社 2009 年版，第 188 页。

② 习近平：《习近平外交演讲集》（第二卷），中央文献出版社 2022 年版，第 175 页。

国,在世界经济和全球贸易中的影响力日趋上升。从经济规模、发展经验以及资金和技术等具体领域看,中国有责任更有能力通过提供更多的国际公共产品,为世界经济的可持续增长做出更大贡献。与此同时,世界特别是发展中国家经济发展对资金和基础设施的需求日趋迫切。

新型义利观的提出则是我国开放发展理念从立足国内的"对外开放"向基于世界共赢的"中国责任"转型的集中体现。改革开放以来特别是迈入 21 世纪以来,随着中国与发展中国家的贸易、投资等经济往来日益紧密,中国与发展中国家利益联系增多、义利关系中"利"的层面在客观上被放大,已经成为不争的事实。随着中国国家实力的增强,有些发展中国家担心中国强大后会改变与发展中国家站在一起的立场,一些西方媒体也趁机混淆视听,污蔑中国搞"新殖民主义",给中国与发展中国家的友好合作蒙上阴影。此外,地区合作的扩大和周边争端的增多,也要求中国在处理周边关系问题时掌握好义利之间的分寸与平衡。

在这种背景下,义利关系问题已经成为中国外交领域,特别是中国处理同周边国家和广大发展中国家关系问题的一个重大原则性问题。在中国实力迅速增长及其与外部世界关系发生重大变化的情况下,以习近平同志为核心的党中央新一届领导集体提出在外交工作中要坚持正确义利观,一再表示中国有义务对贫穷的国家给予力所能及的帮助,有时甚至要重义轻利、舍利取义。亚洲基础设施投资银行在体现中国在亚洲的道义担当的同时,也向世界表明中国不是国际体系中坐享其成的"搭便车者",而是将以更加积极的姿态参与国际事务,成为和平发展的实践者、共同发展的推动者、多边贸易体制的维护者、全球经济治理的参与者。

（三）从以"韬光养晦"为基调的"发展外交"到"奋发有为"的新对外战略

中国的和平发展道路包括两个方面：内部的和谐发展和外部的和平稳定。在改革开放开始后 30 年左右的历史中，由于内部发展问题在我国国家战略中占据压倒性地位，我国的外交工作大体上是一种以"韬光养晦"为基调的"发展外交"。这种外交战略强调外交工作的目的是服务于国内改革开放和经济建设，不把追求更大国际影响力作为主要目标，甚至很多时候有意守拙，主动放弃对国际事务的领导权。不过，在中国角色前所未有彰显的背景下，只关注国内发展的外交取向面临巨大压力。与此同时，我国国内发展受国际因素与国内因素联动效应的影响越来越深，国内经济转型和拓展海外市场都需要依赖开展积极的外交工作创造条件。这些因素都让传统的"发展外交"面临转型。

2008 年国际金融危机发生后，面对世界新形势，中国在国际社会更加活跃、主动承担、积极进取的外交新取向日趋凸显。一方面，中国外交更加积极主动并不意味着放弃传统的外交理念。在新时期中国领导集体的外交战略中，习近平主席反复倡导的"人类命运共同体"概念居于重要位置。这一概念的提出，既体现了中国对世界相互联系新发展的认识，也是对新中国一贯的外交主张和理念的新发展，表明了中国坚持走同其他国家和谐共生发展道路的决心。另一方面，中国外交出现的新特征和新取向的确意味着中国对外战略正在发生转型。中国在外交姿态上越来越积极主动，更加强调大国外交的有效开展，甚至是建设性国际领导作用的发挥。以 2013 年 10 月高规格举行的周边外交座谈会上的新提法为标志，中国开始由强调"韬光养晦"的"发展外交"，步入更加突出在对外关系中的"奋发有为"的新阶段。①

　　我国对外战略的转型绝不意味着在对外交往中穷兵黩武。"奋发有为"的新外交更多体现在中国对全球治理的推动上,特别是中国作为最大新兴经济体对国际经济合作的引领上。在这种背景下,陆续提出的"一带一路""全球发展倡议""全球安全倡议""全球文明倡议"等重大倡议,已经成为中国"奋发有为"外交的重要标志,也是在实践层面关于"人类命运共同体"理念的最生动诠释。这种以经济合作促进国家间关系发展的举措,顺应了全球化和国家间相互依赖增强的总体趋势,有利于化解我国在安全等领域面临的外部挑战,有助于推动我国国内经济转型,在新的历史背景下实现开放发展。

　　发达国家和新兴大国之间围绕国际话语权和世界经济治理权的争夺将更趋尖锐。哈佛大学著名的经济学家丹尼·罗德里克(Danny Roderick)指出,开放是现代经济发展的重要因素,但并非充要条件。特别是对于新兴经济体而言,当其国内经济发展到一定程度之后,如果缺乏与开放相配套的政策和制度安排,开放政策本身就会逐渐丧失其对经济发展的促进作用。因此,对于新兴经济体而言,制定有效的投资战略,特别是创设相应的制度性安排,才能够让开放长期发挥作用。②

　　综合而言,在全球化和国家间相互依赖不断增强的时代背景下,中国的"奋发有为"新外交应当牢牢把握促进国际经济合作的重心,避免与大国发生对抗和冲突,并逐步地和平地争取在全球治理中发挥更大作用,这已经成为新时期中国对外战略的基本原则。中国从世界秩序的参与者发展成为规则制定者,从

---

　　①　赵可金:《建设性领导与中国外交转型》,《世界经济与政治》2012年第5期,第42—57页。

　　②　丹尼·罗德里克:《新全球经济与发展中国家》,世界知识出版社2004年版,序言。

立足国内的"对外开放"转向基于世界共赢的"中国责任"，以及"奋发有为"大国外交战略的实施，都有益于推动传统的"国际经济治理"向真正的"全球经济治理"转型，也将有助于构建一种更为公平合理的国际政治经济新秩序。

从全球分工和国内经济布局看，浙江位于开放经济前沿，是带动我国中西部对外开放的重要纽带。2008 年国际金融危机发生以来，我国国内外环境发生了较大变化，浙江经济也在扩大内需等政策指引下不断转型升级，但开放经济仍然是浙江需要考虑的基本背景。因而，浙江经济社会发展不仅要着眼于"新常态"之下的国内环境，还要充分考虑国际环境发展变化带来的机遇和挑战。

三、世界大变局：在风险中把握浙江开放发展的历史机遇

（一）在新冠疫情冲击下继续扩大对外开放

1. 疫情中的浙江与世界

2020 年，新冠疫情发生并蔓延至全球，成为全球化发展进程中的重大突发事件，也深刻改变了全球贸易形势和开放发展格局。在我国国内疫情得到有效控制之际，全球疫情防控形势却变得异常严峻；随着国外感染人数迅速超过国内，全球恐慌情绪空前弥漫，世界多国陷入了医疗人员和防疫物资短缺、公共卫生治理系统超负荷运转带来的严重混乱乃至社会危机之中。

病毒在全球肆虐不仅检验着世界各国的国家治理能力，还在考验人类的协作精神和协调能力。秉持"兼济天下"的传统情怀和新时代人类命运共同体理念，我国在外防疫情输入、内抓复工复产的同时，迅速而高效地展开了对国外抗疫工作的积极援助。浙江地处我国对外开放前沿，与世界多国存在紧密联系。在支援国外抗疫工作中，浙江同样干在了实处，走

在了前列。

在全球疫情防控形势趋于严峻之时，浙江海外浙商和华人华侨众多、与海外联系紧密的基本省情，既给浙江外防疫情输入、帮扶海外侨胞工作带来了较大压力，又给浙江积极支援国外抗疫工作提供了特殊的渠道和平台。

涉侨疫情发生后，浙江全省上下特别是涉侨部门和重点侨乡迅速行动，及时提供全方位的支援，既传递温暖和关怀又积极组织动员，有效发挥了华人华侨在全球抗疫中的"杠杆"和"传输带"作用。

随着海外疫情大规模暴发，不少海外侨胞和留学生选择归国。一时间，网络上出现了诸如"家乡建设你不在，万里投毒你最快"之类广为流传的论调，针对侨胞和留学生的非理性污名化舆论甚嚣尘上。相较而言，浙江从整体舆论氛围到各级党委、政府的表态行动，都显得温馨而富有人情味。在"防止境外输入"的过程中，浙江始终坚守原则，严格落实检疫、隔离等各项举措。

侨乡青田县第一时间选派 50 位党员干部，组成 3 个机场服务组，在温州、杭州、上海口岸，将归国华侨点对点送至集中观察点，确保每一位华侨安全落地，感受到家乡关怀。青田还派出 30 辆装有"防护舱"的车辆，为侨胞铺起安全回乡路。

2020 年 3 月，全球新冠病毒感染人数急剧上升，与浙江联系紧密的意大利一度成为海外感染人数最多的国家。浙江一些涉侨涉外部门、公益慈善组织和地方政府迅速行动，重点面向意大利政府、医疗机构和在意侨胞实施援助。在浙江防疫物资仍不宽裕的情况下，省慈善联合总会、省侨缘公益互助促进会等社会公益组织和民间社会组织积极组织募捐。青田县、文成县和温州鹿城区等侨乡也紧急行动，仅用 2 天时间就募集到 4556 箱包括口罩、防护服、护目镜等的防疫物资，并连夜将其运送到杭州萧山国际机场货运中心。随后，航空公司和海关、物流等部门也高效配合，一路"绿灯"，用最快的速度完成了通关装运，全部运抵意大利都灵。

随后，由浙江省组建的第二批中国抗疫医疗专家组一行 13 人从上海出发，赶赴意大利疫情最严重的米兰市。此行他们还携带了 9 吨由浙江省捐赠、当地急需的医疗救治物品。专家组落地后不倒时差立即投入工作，分成 3 个工作小组，深入当地医院、社区传输诊疗经验，积极参与救治工作。

在浙江医疗专家组抵达意大利的当天，由浙江病毒防控相关领域的核心专家和医务人员编写的《新冠肺炎防治手册》以多语种方式面向全球在线发布，为世界抗疫临床决策提供了科学、系统、实用的方案支持。

随着全球疫情暴发，浙江互联网企业巨头阿里巴巴集团的数字基础设施和数字化抗疫实践，也从服务中国走向驰援全球。疫情影响之下，全球运输严重受阻。菜鸟全球智能物流在升级到"战时状态"后积极应对，成为为数不多还在高效运转的全球物流网络之一。阿里巴巴集团推动组建的"世界电子贸易平台"（eWTP），更是成为全球救援运输的重要动脉。借助智能物流优势，当疫情在国内暴发时，阿里巴巴集团协助我国从全球采购物资；当国内外疫情形势反转后，阿里巴巴集团又协助我国向世界输出物资。

综合来看，浙江支援国外抗疫工作呈现出三个方面的突出特点。

其一，从援助工作的组织动员看，呈现出目标明确、对象聚焦、行动迅速、方式多样的突出特点。在目标和对象上，既锁定了意大利这样疫情严重、与浙江关系密切的国家，又重点帮扶了广大海外侨胞；在行动落实和支援方式上，既有防疫物资支持，也有医疗团队支援，还成立了关爱基金提供资金帮助，并积极向境外介绍患者诊疗和疫情防控的具体方案。

其二，从援助工作的参与范围看，各类社会力量的积极助力发挥了重要作用。除了政府、企业、公益组织等力量积极行动，诸如高校之类的社会力量也面向国际社会提供帮助。比如:浙江大学校长吴朝晖院士应达沃斯世界经济论坛之邀发表了题为《中国顶尖大学如何应对新冠病毒》的英文文章,分享了浙大在线教学、网上科研、智慧办公等抗疫经验;浙江师范大学也快速响应,筹措防疫口罩分批寄往海外各合作院校孔子学院。

其三,从援助工作的实施手段看,网络平台和数字技术的有效运用发挥了重要作用。全球疫情暴发后,浙江大学医学院附属第一医院联合阿里巴巴集团创建了"国际医生交流平台",通过11种语言的在线实时翻译、远程音视频会议等功能实现与海外医生在线协同,远程参与患者的救治。该平台上线首日就收到45个国家近200家医疗机构的求助信息。除此之外,浙江还有多家医院面向疫情严重的国家的医疗机构提供免费连线交流和咨询服务。阿里健康也联合支付宝开通了海外华人在线免费问医专区,上线当天即被中国驻意大利和驻日本大使馆推荐使用。阿里云还向全球医院免费开放了由达摩院研发的新冠肺炎AI诊断技术,只需20秒即可完成一次疑似病例CT诊断,且准确率高达96%以上。

患难见真情,危急时刻恰恰也是推动对外互联互通特别是民心相通的历史契机。对于具有开放发展传统优势、正致力于推动对外开放迈向新阶段的浙江而言,积极支援国外抗疫既是长期加强对外联系进程中的本能选择,又是拓展海外联系渠道、促进与国外民心相通、进一步扩大对外开放的必然要求。

2.在逆境中坚持扩大对外开放

2020年春,习近平总书记考察浙江时赋予浙江"努力成为新时代全面展示中国特色社会主义制度优越性的重要窗口"的新目标新定位,进一步把浙江与全国、全世界紧密联系起来,赋予浙江面向全国、面向世界、面向未来更高的角色定位和更大的使命担当。面对2020—2022年新冠疫情蔓延带来的严峻挑战,浙江坚持在逆境中自强不息,在共建"一带一路"统领下,致力于推动高水平对外开放,不断推动自身发展,并将自身打造为新时代地方参与人类命运共同体建设的生动样本。

逆境之下,浙江对外贸易逆势增长。2021 年,全省进出口规模首次突破 4 万亿元,达 4.14 万亿元,较 2020 年(下同)增长 22.4%,高出全国 1.0 个百分点。其中,出口规模首次突破 3 万亿元,达 3.01 万亿元,增长 19.7%;进口规模首次突破 1 万亿元,达 1.13 万亿元,增长 30.3%,进口增速高出全国 8.8 个百分点。2022 年,浙江省进出口规模再创历史新高,出口贡献率位居全国第一。全省进出口规模达 4.68 万亿元,同比(下同)增长 13.0%。其中,出口规模为 3.43 万亿元,增长 14.0%;进口规模为 1.25 万亿元,增长 10.7%。

(二)世界大变局对浙江开放发展外部环境的重塑

习近平总书记提出了"当今世界正经历百年未有之大变局"的宏观论断。从国际环境看,一方面,我国发展仍处于重要战略机遇期的基本判断没有变;另一方面,重要战略机遇期在国际环境方面的内涵和条件发生了很大变化。2008 年国际金融危机给世界经济带来了严重冲击,虽然这种影响随着全球经济的复苏逐渐趋弱,但危机导致的贸易保护主义兴起、激进政治势力上升、国家治理风险增大,以及由全球政治冲突加剧等带来的多维中长期政治后果,仍在继续显现并给国际局势造成了不利影响。近年来,世界政治发生的显著变化已经在很大程度上重塑了我国和平发展的外部环境。

历史性的金融危机也让全球化走到了一个十字路口。全球化最初是一个西方化的过程,西方国家的器物、技术、制度、观念的全球传播,构成了"全球化"的主要内容。西方国家既是这种全球化模式的动力来源,又是最大获利者。正因如此,来自非西方被边缘化地带的反全球化运动,并不是什么新现象,甚至可以说它与西方主导的全球化进程相伴而生、一路随行。比如：在拉美和非洲等传统"第三世界"地区，对于西方国家通过全球链条掠夺资源、制造贫困的指责从未停息；在伊斯兰世界的反抗运动中，反对西方主导世界，要求"回到过去"是一句著名口号。不过，这些来自非西方的反全球化声音，只是被获利者当成了一些不和谐音符，很少有人认为它们会真正威胁到全球化潮流本身。

随着 2008 年国际金融危机中长期政治后果的不断显现，特别是 2016 年英国脱欧和特朗普当选美国总统，此前被人们偶然谈及的"反全球化"被"逆全球化"之说取代，后者还迅速超出研究领域，成为媒体津津乐道的话题。特朗普虽然在 2020 年败选，但其支持者仍然众多，其 7000 余万张普选票比当年奥巴马当选总统时的普选票还要多，其所代表的全球化逆流、贸易保护主义、民粹主义和反建制主义观点仍在全球肆虐。

如果说"反全球化"代表着体制外的反抗，"逆全球化"则更多折射出体制内的不满。欧美是"西方"的代名词，英国脱欧搅乱了欧洲，特朗普当选给美国带来了前所未有的冲击——在世界性的民粹主义浪潮中，西方的主体部分对待全球化和自由贸易的态度发生了重大变化。西方推动的全球化遭到了来自内部的质疑甚至否定，在这种情况下，它作为一种世界潮流已经走到了十字路口。在"逆全球化"大背景下，贸易保护主义可能长期影响世界各国的对外开放，并给我国很多地区带来压力，而浙江这样外向型特征明显的省份更是首当其冲。

世界面临"百年未有之大变局"，突如其来的新冠疫情在 2020 年席卷全球，让世界大变局加速演进，推动世界进入了"动荡变革期"。新冠疫情的全球传播极大地影响了世界的生产、消费、市场流通、国际经贸和劳动就业等诸多方面。在疫情引发全球资本和国际原油价格大幅度波动的背景下，国际产业和贸易结构的大变革被加速推进，世界的开放发展受到严重打击。疫情虽然具有时段性，但其对世界经济的影响将是历史性的；疫情带来的复杂效应远不止于经济领域，它也给我国共建"一带一路"、引领世界开放发展和构建人类命运共同体带来了历史性的机遇与挑战。尽管如此，"经济全球化是时代潮流。大江奔腾向海，总会遇到逆流，但任何逆流都阻挡不了大江东去。动力助其前行，阻力促其强大。尽管出现了很多逆流、险滩，但经济全球化方向从未改变、也不会改变"①。当前的经济全球化之所以遭遇逆流、受到一些人的反对，问题并不在于全球化本身，而在于以往西方打造的全球化模式存在严重问题。过去几百年中，西方推动的全球化及其构建的贸易体系、供应链体系，本质上是以西方为中心的，是一种霸权式、掠夺式、不公平的经济交往体系。党的十九大报告即提出"推动经济全球化朝着更加开放、包容、普惠、平衡、共赢的方向发展"。

中国作为国际社会中积极作为的"行动派"，却常常面临被"观望者"质疑、"抹黑"乃至打压的境遇。在"一带一路"倡议提出之初，国际社会中不少国家抱有疑虑。"一带一路"建设的推进始终与各种质疑声音相伴而行。

在世界"百年未有之大变局"加速演进、世界进入"动荡变革期"的新背景下，我国面临的国际环境更加复杂，对外开放形势和国际贸易形势更趋严峻。党中央做出了"加快形成以国内大循环为主体、国内国际双循环相互促进的新发展格局"的重要部署。2020年4月10日，中央财经委员会举行第七次会议，习近平总书记发表重要讲话。《求是》杂志随后在当年第21期以《国家中长期经济社会发展战略若干重大问题》为题，发表了这篇重要讲话。这是党和国家在公开文献中首次使用"新发展格局"这一重要概念。需要指出的是，在此次讲

---

① 习近平：《坚定信心　勇毅前行　共创后疫情时代美好世界——在2022年世界经济论坛视频会议的演讲》，《人民日报》，2022年1月18日，第2版。

话之前 10 天左右的 3 月 29—4 月 1 日，习近平总书记考察了浙江，强调浙江要坚持新发展理念，并提出浙江"努力成为新时代全面展示中国特色社会主义制度优越性的重要窗口"的殷切期望，赋予浙江面向全国、面向世界、面向未来更高的角色定位和更大的使命担当。

当然，新发展格局的提出经历了一个长期过程，是党中央在综合把握国内国际两个大局、认识世界发展大势基础上做出的战略决策。正如习近平总书记 2020 年 8 月在经济社会领域专家座谈会上的讲话所指出的，"自 2008 年国际金融危机以来，我国经济已经在向以国内大循环为主体转变"。[①]

国际政治经济环境的复杂变化和新发展格局的提出，也孕育着我国特别是浙江发展的重大机遇。无论是"一带一路"倡议还是建设"三大国际银行"倡议，均已充分表明，在对外关系领域，积极进取已经成为新一届领导集体应对国际政治经济新环境的基本姿态。从发展趋势看，东亚正成长为全球无可替代的生产网络的中心。在未来的东亚新生产网络构建中，我国居于核心位置，东部沿海省份更是面临着重大历史机遇，浙江理应在新一轮对外开放中继续走在前列，从政策沟通、设施联通、贸易畅通、资金融通和民心相通五个方面，充分发挥浙江自身优势，实现浙江经济社会各领域的继续发展。

在政策沟通方面，浙江最早分享改革红利，具有市场化程度高、民营经济发达的突出优势，全省主要城市尤其是宁波、温州等地，需要加强上下政策联动沟通，探索对外合作新的模式和渠道；在设施联通方面，以浙江义乌为起点的"义新欧"铁路是目前全球最长的铁路线，嘉兴、温州也已开通了国际铁运，宁波、舟山

---

① 习近平：《在经济社会领域专家座谈会上的讲话》，参见 https://baijiahao.baidu.com/s? id ＝ 1675921859079344793&wfr ＝ spider&for ＝ pc。

等完全有资格竞逐"一带一路"中的"支点城市",浙江应继续推进国内外、海内外设施联通建设,力争成为亚欧大陆乃至全球海铁联运的桥头堡;在贸易畅通方面,浙江港口城市集中,海洋经济、外向型经济和小商品基地等优势需要进一步发挥,同时,可以利用阿里巴巴等大型电商公司优势,把浙江打造成东亚生产网络和全球网络经济的枢纽;在资金融通方面,浙江 2023 年经济总量已达到 8.2 万亿元人民币,民间资本充裕,应当充分利用资本优势,积极参与"一带一路"建设等国家重大对外战略工程;在民心相通方面,浙江是全国拥有公共外交协会最多的省份,浙商的活动已经遍布全球,应充分利用浙江与外部世界联系的资源优势,积极开展对外政治、经济、文化交往,在塑造浙江良好国际形象的同时落实"四个全面"战略。

四、构建新发展格局:浙江开放发展面临的挑战及其应对

新发展格局是引领新时期我国开放发展的战略决策,它不是封闭的国内单循环,也绝不意味着对外开放的力度下降——习近平总书记旗帜鲜明地强调:"中国坚持对外开放的基本国策,坚持打开国门搞建设。我要明确告诉大家,中国开放的大门不会关闭,只会越开越大!"[1]习近平总书记指出,"在前进道路上我们面临的风险考验只会越来越复杂,甚至会遇到难以想象的惊涛骇浪。我们面临的各种斗争不是短期的而是长期的,至少要伴随我们实现第二个百年奋斗目标全过程"。[2] 实现第二个百年奋斗目标的历史征程将是"百年未有之大变局"带来的国际后果集中凸显的历史时期,也是我国和浙江面临的国际

---

① 《习近平谈治国理政》(第三卷),外文出版社 2020 年版,第 194 页。
② 《习近平在中央党校(国家行政学院)中青年干部培训班开班式上发表重要讲话》,参见 http://www.xinhuanet.com/politics/leaders/2019-09/03/c_1124956915.htm。

形势深刻复杂演变、内部发展与外部变化交织加剧的历史时期。在构建新发展格局的新背景下,"百年未有之大变局"带来的世界大发展、大变革、大调整还将加速推进,让地方参与国际合作和拓展全球市场面临着更加错综复杂、变乱交织的国际环境。

(一)经济全球化与逆全球化交织加剧使浙江面临的外部环境更趋复杂

在实现第二个百年奋斗目标的历史征程中,经济全球化仍处于新旧转型、模式更新和特征重塑的历史转型期,逆全球化思潮依然强劲。经济全球化在"后疫情时代"因动能衰减、阻力上升,很可能出现中短期的新一波阶段性回潮甚至大幅度退缩,全球金融危机再度发生和世界经济整体衰退的风险仍然居高不下,我国发展战略机遇期在国际环境方面面临的内涵与条件不断变化。

大势之下,世界经济很可能长期面临基础不稳、动力不足、发展失衡、纠纷多发等系统性瓶颈。国际力量"东升西降""南升北降"态势将加速演进。以中国、印度等为代表的新兴经济体崛起仍然是影响国际秩序的最关键变量。受俄乌冲突、中东动荡等地缘政治危机和国际热点事件的影响,国际社会的分裂甚至局部碎片化特征很可能更趋严重,西方国家在霸权地位继续衰落的同时,内部分化也将进一步加剧,但仍能在一定程度上主导国际秩序。

推动浙江开放发展,必须综合研判"百年未有之大变局"中全球大势对浙江的影响,特别是把握经济全球化趋势和特征变迁可能带来的冲击。综合来看,世界仍将面临开放与保守、合作与封闭、变革与守旧两类力量的长期角力。经济全球化仍是大势所趋、不可逆转,但模式正在更新,动力必将转换,规则也会逐渐重塑。对浙江省域发展而言,要在坚定全球化大势不会改变信念的同时，把全球化转型带来的风险挑战估计得更充分一些，做好较长时间应对国际不利环境影响的准备。

（二）自由贸易与贸易保护主义长期博弈给浙江发展环境带来周期性冲击很可能成为常态

在实现第二个百年奋斗目标的历史征程中，贸易摩擦仍可能持续困扰中美关系，拖累全球贸易发展。新冠疫情对全球产业链、贸易链造成的严重冲击将给浙江构建新发展格局带来明显的负外部效应。

外部环境变迁给浙江外贸工作带来较大压力，但外部形势在变得更加严峻的同时也不乏机遇。浙江需要充分依托自身在制造业和数字经济等领域积累的优势，积极抢抓"后疫情时代"全球经济贸易结构调整中的隐藏机遇，以深入实施创新驱动发展战略、推动实体经济优化结构为抓手，在全球贸易链和产业链重塑的历史变迁中占据有利位置。

在实现第二个百年奋斗目标的历史征程中，我国在日益靠近世界舞台中心的同时，也被卷入世界矛盾的中心。主张中美贸易乃至两国关系全面"脱钩"的力量很可能长期存在，贸易保护主义倾向很可能持续抬头。在总体严峻的贸易形势下将不断出现新的摩擦和争端，对浙江外向型经济发展形成周期性冲击。西方国家特别是美国可能长期推行"产业回归""再工业化"战略，新起步的发展中国家则凭借成本优势加速吸引劳动密集型产业转移，浙江制造业将面临更加激烈的国际竞争。

面对世界经济和国际贸易领域的新态势，浙江要按照习近平同志主政浙江时提出的重点要求，把握内源式发展同开放型发展之间的辩证关系，以新时代积极参与"一带一路"建设为统领，进一步解决好本土经济与外部经济特别是世界经济的"融合"问题。

面对国际产业发展和分工格局出现的新趋势，浙江在发展新兴经济的同时,也要把重塑实体经济竞争优势作为推动省域发展的紧迫任务。作为外向型经济特征明显的省份,浙江需要降低对西方国家的贸易依存度,以创新驱动为内核提升应对外部风险的能力。

(三)推动全球有序治理的建制力量与全球反建制、不稳定力量之间持续角力给浙江开放发展带来新的风险和不确定性

在实现第二个百年奋斗目标的历史征程中,推动全球有序治理的建制力量与全球反建制、不稳定力量仍然是加速国际秩序重构的两大基本因素,两者将同步上升、持续角力。在变乱交织的世界局势中,国际秩序深度调整和大国竞合博弈加剧成为长期态势。我国与传统西方大国特别是美国的正面冲突很可能持续增多,竞争与对抗关系将呈长期性;国际热点和摩擦冲突将长期不断,霸权主义和强权政治还会以各种新形式扰乱国际秩序;各类"黑天鹅""灰犀牛"事件很可能频发、多发,我国周边安全引发重大变乱的风险仍然存在,这些将给我国和平发展环境带来新的变量;西方对华强硬势力和右倾保守力量很可能进一步增长,一些国家以邻为壑、转嫁危机、损人利己的做法将给国际合作带来新的障碍;在全球治理需求上升、主要国家需要携手推动国际合作的同时,地缘政治冲突和现实利益引发的结盟、对抗、制裁、冲突也将同步发展,进一步加剧世界乱象。从较长一段时间来看,需要充分估计全球不确定、不稳定因素持续增多将给浙江开放发展带来的新风险、新挑战。

随着浙江"走出去"战略走向深入和海外经济的持续发展,国际和地区局势动荡、恐怖主义、海盗活动、重大自然灾害和疾病疫情等将给浙江海外利益和海外浙江人的人身安全带来更大风险。浙江要强化忧患意识和海外风险意识,坚持以习近平总书记的总体国家安全观为指引,做好应对大国竞合博弈带来政治风险的准备,着力化解在重点和高危地区参与"一带一路"建设面临的安全风险、道德风险等各类风险挑战。重点企业和高新企业尤其要防范西方国家政治打压、技术要挟、国内法规制裁等可能造成的困境。还应以进一步深度参与"一带一路"建设为契机，在巩固传统国际合作和海外市场的基础上，通过积极开拓新兴市场分散国际经营风险。

（四）在综合研判全球大势的基础上抓住浙江开放发展的历史机遇

在实现第二个百年奋斗目标的历史征程中，浙江作为改革开放的先行地，必须坚持以更加主动的姿态参与经济全球化进程，在不确定性中把握确定性，在应对不稳定性中发掘潜在机遇，创新发展更高层次的省域开放型经济，努力在我国全面开放新格局中发挥引领作用。

当前，由大数据、物联网、区块链、生物技术、人工智能等新产业、新技术、新业态引领的新一轮科技革命和产业变革已经开启，汇聚着推动世界发展、引领新型全球化的强大势能。

世界发展新旧动能转换进程在很大程度上决定着未来国际社会的面貌。未来 5 年则是世界发展新旧动能转换的关键时期。浙江能否抓住历史机遇，通过抢占竞争制高点、掌握发展主动权，巩固和扩大自身在新一轮科技与产业革命中的优势，将在很大程度上决定着浙江在未来世界分工体系和全球产业链中的位置。浙江必须进一步提升世界眼光，增强在新技术革命中走在世界前列的意识，用国际先进标准来衡量和要求自己，积极利用世界发展新旧动能转换中孕育的浙江开放发展历史机遇，加快培育竞争新优势。

在实现第二个百年奋斗目标的历史征程中，印太地区特别是太平洋西岸有潜力成为世界经济增长的关键引擎。浙江地处太平洋西岸腹地，已经在新一轮科技革命中积累了一定的前期优势，有条件、有能力在我国陆海内外联动、东西双向互济的开放新格局中发挥桥头堡作用。

总体来看,国际形势正在发生历史性的深刻复杂变化,对于正在致力于高水平推进社会主义现代化建设的浙江而言,机遇前所未有,挑战前所未有。推动新形势下浙江的发展,必须以习近平新时代中国特色社会主义思想和"八八战略"为指引,提升总揽全局的能力,增强斗争精神,加强抵御外部风险、化危为机的本领,放眼全局谋一域,把握形势谋大事。

无论国际风云如何变幻,中国开放发展的基本国策不会改变。早在改革开放之初,邓小平同志在会见撒切尔夫人时便指出:"如果开放政策在下一世纪前五十年不变,那末到了后五十年,我们同国际上的经济交往更加频繁,更加相互依赖,更不可分,开放政策就更不会变了。"①这表明,开放发展是中华民族的百年大计、国之大者、根本战略。面对新的历史时期国际形势的风高浪急甚至惊涛骇浪,习近平总书记多次强调,中国开放的大门只会越开越大,②向世界展现了中国在处理自身发展与外部世界关系问题上坚定不移的态度。

浙江的开放发展走过了辉煌历程,创造了具有中国特色、浙江特点的开放型经济形态。面对地方发展与国际环境之间的关联互动日益紧密的时代趋势,谋划浙江发展必须从人类命运共同体的立场和观点出发,必须树立世界眼光和战略思维,坚持"跳出浙江发展浙江",统筹考虑和综合运用国际国内两个市场、国际国内两种资源、国际国内两类规则,观大势、思大局、重运筹、谱新篇。

---

① 《邓小平文选》(第三卷),人民出版社 1993 年版,第 103 页。
② 习近平:《深化伙伴关系　增强发展动力——在亚太经合组织工商领导人峰会上的主旨演讲》,《人民日报》,2016 年 11 月 21 日,第 2 版;习近平:《开放共创繁荣　创新引领未来——在博鳌亚洲论坛 2018 年年会开幕式上的主旨演讲》,《人民日报》,2018 年 4 月 11 日,第 3 版。

参考文献

英文文献

[1] Peter B. Evans, Dietrich Rueschemeyer, Theda Skocpol. eds. Bringing the state back in [M]. Cambridge: Cambridge University Press, 1985.

[2] Simon Springer, Kean Birch, Julie MacLeavy. The Handbook of neoliberalism[M]. London: Routledge, 2016.

[3] Charles Gore. The rise and fall of the Washington Consensus as a paradigm for developing countries[J]. World development, 2000(5):789-791.

[4] John Fenwick, Karen Mille, Duncan Tavish. Co-governance or Meta-bureaucracy? Perspectives of Local Governance Partnership[J]. England and Scotland, Policy and Politics, 2012(3):405-422.

[5] Margaret Thatcher. Margaret Thatcher: There's No Such Thing as Society[EB/OL]. https://newlearningonline.com/new-learning/chapter-4/margaret-thatcher-theres-no-such-thing-as-society.

[6] Ronald Reagan. The Presidential Inaugural Address[EB/OL]. https://www.reaganfoundation.org/media/128614/inaguration.pdf.

中文著作

[1] 马克思.资本论(第一卷)[M].北京:人民出版社,1972.

[2] 毛泽东选集(第四卷)[M].北京:人民出版社,1991.

[3] 邓小平文选(第三卷)[M].北京:人民出版社,1993.

[4] 江泽民文选(第二卷)[M].北京:人民出版社,2006.

[5] 习近平.摆脱贫困[M].福建人民出版社,1992.

[6] 习近平.干在实处走在前列——推进浙江新发展的思考与实践[M].北京:中共中央党校出版社,2006.

[7] 习近平:之江新语[M].杭州:浙江人民出版社,2007.

[8] 习近平谈治国理政(第二卷)[M].北京:外文出版社 2017.

[9] 习近平谈治国理政(第三卷)[M].北京:外文出版社,2020.

[10] 中央党校采访实录编辑室.习近平在浙江(上)[M].北京:中共中央党校出版社,2021.

[11] 中央党校采访实录编辑室.习近平在浙江(下)[M].北京:中共中央党校出版社,2021.

[12] R.A.W 罗兹.理解治理:政策网络、治理、反思与问责[M].丁煌,丁方达译.北京:中国人民大学出版社,2020.

[13] 艾瑞克·霍布斯鲍姆.极端的年代:1919~1991[M].郑明萱译.北京:中信出版集团股份有限公司,2014.

[14] 卡尔·波兰尼.大转型:我们时代的政治与经济起源[M].冯钢,刘阳译.杭州:浙江人民出版社,2007.

[15] 陈洪才.鸡毛换糖史话[M].北京:中国国际文化出版社,2008.

[16] 陈一新,徐志宏.浙江改革开放 30 年辉煌成就与未来思路[M].杭州:浙江人民出版社,2008.

[17] 丹尼·罗德里克.新全球经济与发展中国家[M].北京:世界知识出版社,2004.

[18] 段治文.浙江精神与浙江发展[M].杭州:浙江大学出版社,2013.

[19] 弗朗西斯·福山.国家建构:21世纪的国家治理与世界秩序[M].黄胜强,许铭原译.北京:中国社会科学出版社,2005.

[20] 卢建文.民营经济"试验田":温州[M].北京:中国青年出版社,2008.

[21] 陆立军,白小虎,王祖强.义乌市场——从鸡毛换糖到国际商贸[M].杭州:浙江人民出版社,2003.

[22] 塞缪尔·亨廷顿.变化社会中的政治秩序[M].王冠华译.北京:生活·读书·新知三联书店,1996.

[23] 苏珊·斯特兰奇.权力流散:世界经济中的国家与非国家权威[M].肖宏宇,耿协峰译.北京:北京大学出版社,2005.

[24] 王祖强.浙江改革开放口述史[M].北京:中共党史出版社,2018.

[25] 徐剑锋.浙江开放40年[M].北京:社会科学文献出版社,2019.

[26] 章健主.浙江改革开放20年[M].杭州:浙江人民出版社,1998.

[27] 章敬平.浙江发生了什么?转轨时期的民主生活[M].上海:东方出版中心,2006.

[28] 浙江电视台摄制组.潮起浙江——浙江改革开放二十年纪实[M].杭州:浙江人民出版社,1999.

中文论文

[1] 习近平.与时俱进的浙江精神[J].哲学研究,2006(04):3-8.

[2] 鲍勃·杰索普,漆燕.治理的兴起及其失败的风险:以经济发展为例[J].国际社会科学杂志(中文版),2019,36(03):52-67.

[3] 本刊评论员.出口导向 贸易兴省[J].浙江经济,1988(02):2.

[4] 本刊评论员.再谈出口导向 贸易兴省[J].浙江经济,1988(08):2.

[5] 陈进华.治理体系现代化的国家逻辑[J].中国社会科学,2019(05):23-395.

[6] 陈剩勇.政府创新、治理转型与浙江模式[J].浙江社会科学,2009(04):35-42.

[7] 陈振明.评西方的"新公共管理"范式[J].中国社会科学,2000(06):73-82+207.

[8] 邓万春.内生或内源性发展理论[J].理论月刊,2011(04):44-46.

[9] 杜润生.解读温州经济模式[J].浙江经济,2000(08):13-15.

[10] 费孝通.小商品 大市场[J].浙江学刊,1986(03):6-15.

[11] 何显明.浙江地方政府创新实践的生成机制与演进逻辑[J].中共宁波市委党校学报,2008(05):15-22.

[12] 江小涓.中国开放三十年的回顾与展望[J].中国社会学,2008(06):66-85.

[13] 赖存理,赵建华.浙江对外开放基本经验初探[J].浙江统计,2009(1):15-18.

[14] 廖芳玲,万斌.改革开放四十年来浙江精神的演进[J].浙江学刊,2018(03):5-11.

[15] 罗伯特·B·丹哈特,珍妮特·V·丹哈特,刘俊生.新公共服务:服务而非掌舵[J].中国行政管理,2002(10):38-44.

[16] 马力宏.政府与市场关系的浙江模式——浙江30年变化的一个分析视角[J].中国行政管理,2008(12):33-37.

[17] 潘家玮,沈建明,徐大可,等.2005年浙江块状经济发展报告[J].政策瞭望,2006(07):4-9.

[18] 庞金友.国家极化与当代欧美民主政治危机[J].政治学研究,2019(03):44-56.

[19] 齐晓华.对外直接投资理论及其在国内的研究[J].经济经纬,2004(01):126-128.

[20] 渠敬东,周飞舟,应星.从总体支配到技术治理——基于中国30年改革经验的社会学分析[J].中国社会科学,2009(06):104-127.

[21] 任剑涛.找回国家:全球治理中的国家凯旋[J].探索与争鸣,2020(03):26-41.

[22] 史晋川.制度变迁与经济发展:"浙江模式"研究[J].浙江社会科学,2005(05):17-22.

[23] 宋葛龙.以体制创新为根本动力和关键措施推进城乡经济社会发展一体化[J].经济研究参考,2008(64):48-57.

[24] 汪锦军,李悟.走向"回应—赋权"型政府:改革开放以来浙江地方政府的角色演进[J].浙江社会科学,2018(11):4-13.

[25] 汪素芹.江浙沪开放型经济发展模式比较[J].世界经济研究,2005(12):21-25.

[26] 王杰.历史性的巨变——改革开放20年浙江经济和社会发展的伟大成就[J].浙江统计,1998(12):2-3.

[27] 王绍光.治理研究:正本清源[J].开放时代,2018(02):153-176.

[28] 徐邦友."八八战略":制度变迁的经典案例[J].中共宁波市委党校学报,2023,45(05):26-37.

[29] 徐康宁.开放经济中的产业集群与竞争力[J].中国工业经济,2001(11):22-27.

[30] 杨光斌.发现真实的"社会"——反思西方治理理论的本体论假设[J].中国社会科学评价,2019(03):13-26.

[31] 杨光斌.一份建设"有能力的有限政府"的政治改革清单——如何理解"国家治理体系和治理能力现代化"[J].行政科学论坛,2014,1(01):33-36.

[32] 杨立华.建设强政府与强社会组成的强国家——国家治理

现代化的必然目标[J].国家行政学院学报,2018(06):
57-62.

[33] 袁晖.浙商"走出去"的国际化困境[J].浙江统计,2009(12):
19-21.

[34] 张宇燕.中国对外开放的理念、进程与逻辑[J].中国社会
科学,2018(11):30-41.

[35] 赵可金.建设性领导与中国外交转型[J].世界经济与政
治,2012(05):42-57.

[36] 郑普顺.天台"犁豆事件"始末[J].炎黄春秋,2011(11):
63-66.

中文报纸

[1] 习近平."浙商文化"是浙商之魂[N].浙江日报,2006 年 6
月 16 日.

[2] 习近平.坚定信心 勇毅前行 共创后疫情时代美好世界——
在 2022 年世界经济论坛视频会议的演讲[N].人民日报,
2022 年 1 月 18 日.

[3] 习近平.开放共创繁荣 创新引领未来——在博鳌亚洲论坛
2018 年年会开幕式上的主旨演讲[N].人民日报,2018 年 4
月 11 日.

[4] 习近平.深化伙伴关系 增强发展动力——在亚太经合组织
工商领导人峰会上的主旨演讲[N].人民日报,2016 年 11
月 21 日.

[5] 习近平主持召开中央全面深化改革领导小组第十六次会议
强调 坚持以扩大开放促进深化改革 坚定不移提高开放
型经济水平[N].人民日报,2015 年 9 月 16 日.

[6] 本报记者曾毅.宁波:民营经济拔节向上[N].光明日报,
2023 年 04 月 25 日.

[7] 单玉紫枫.开放大市绘鸿篇[N].宁波日报,2018 年 09 月 14 日.

[8] 丁晓强.做敢于担当作为的好干部[N].浙江日报,2018 年 8 月 7 日.

[9] 韩庆祥,黄相怀.资本主导与西方困局[N].光明日报,2016 年 9 月 28 日.

[10] 何勇."八大王"平反:温州模式劫后余生[N].中国经营报,2010 年 1 月 25 日.

[11] 柯银斌.马云展现企业公共外交长才[N].旺报,2017 年 2 月 6 日.

[12] 鲁冠球.现在可以说了[N].浙江日报,2013 年 1 月 29 日.

[13] 陆立军,杨志文.新发展理念的义乌探索与实践[N].浙江日报,2018 年 1 月 12 日,第 7 版.

[14] 马灿."温州八大王"民营经济嬗变符号[N].民营经济报,2008 年 11 月 28 日.

[15] 钱江奔涌向大洋——习近平总书记在浙江的探索与实践·开放篇[N].浙江日报,2017 年 10 月 9 日.

[16] 邵燕飞,奚金燕.谢高华:是时代、人民造就了今天的义乌[N].衢州日报,2018 年 12 月 24 日.

[17] 省委党史研究室.贸易兴省战略[N].浙江日报,2011 年 05 月 22 日.

[18] 王晋,刘春沐阳.义乌传奇——义乌小商品市场改革发展纪事[N].经济日报,2018 年 9 月 17 日.

[19] 一个又一个商帮衰落了,"宁波帮"为何能历久不衰?[N].宁波晚报,2012 年 4 月 13 日.

[20] 赵启正.中国企业应成为公共外交的主角[N].企业观察报,2014 年 7 月 28 日.

[21] 郑永年.中国的政治过程"多元一体"[N].环球时报,2021 年 6 月 21 日.

中文网络资料

[1] 习近平. 在经济社会领域专家座谈会上的讲话[EB/OL]. (2020-08-24)[2022-03-04]. https://baijiahao.baidu.com/s? id=1675921859079344793&wfr=spider&for=pc.

[2] 习近平. 在中央党校(国家行政学院)中青年干部培训班开班式上发表重要讲话[EB/OL]. (2019-09-03)[2023-05-07]. http://www.xinhuanet.com/politics/leaders/2019-09/03/c_1124956915.htm.

[3] "一带一路"国际贸易支点城市研究报告首发　义乌获评潜力城市[EB/OL]. (2015-06-18)[2022-07-07]. http://news.cnr.cn/native/city/20150618/t20150618_518881333.shtml.

[4] 陈立旭. 我与浙江现象的文化底蕴研究[EB/OL]. (2018-12-26)[2022-04-09]. https://www.sohu.com/a/2846722-08_120027258.

[5] 从马路市场到世界超市的义乌奇迹[EB/OL]. (2022-11-26)[2023-10-22]. http://www.yw.gov.cn/art/2022/11/26/art_1229663288_59403744.html.

[6] 打造中国公共外交的"温州样板"——温州公共外交协会成立十周年回眸[EB/OL]. (2022-09-13)[2022-10-17]. https://news.66wz.com/system/2022/09/13/105501884.shtml.

[7] 大有可为! 义新欧成"一带一路"与中欧交往的"金丝带"[EB/OL]. (2023-03-15)[2023-12-11]. https://baijiahao.baidu.com/s? id=1760416038889793193&wfr=spider&for=pc.

[8] 杭州统计局官网数据[EB/OL]. http://tjj.hangzhou.gov.cn. (2023-06-18)[2023-07-10].

[9] 杭州统计年鉴[EB/OL].(2023-07-10)[2023-07-15]. https：//www. hangzhou. gov. cn/col/col805867/index. html.

[10] 解码义新欧：一场横跨欧亚大陆的双向奔赴[EB/OL].(2023-03-10)[2023-11-16]. http：//zjydyl. zj. gov. cn/art/2023/3/10/art_1229691750_38952. html.

[11] 吴敬琏. 民间力量的成长有利改革[EB/OL].(2001-08-22)[2022-11-12]. http：//cn. chinagate. cn/economics/2001-08/22/content_2300258. htm.

[12] 南存辉. 高质量发展新产品 全面提升自身能力[EB/OL].(2019-03-08)[2023-09-03]. https：//baijiahao. baidu. com/s?id=1627438131005005181&wfr=spider&for=pc.

[13] 如果卡尔·马克思来到今天的浙江,他将会有什么感想？[EB/OL].（2021-06-14）[2022-12-13]. https：//news. hexun. com/2021-06-14/203774304. html.

[14] 刘亭. 如何看待浙江"市场大省"这顶帽子？——关于专业市场的答问[EB/OL].(2023-07-01)[2023-12-24]. https：//m. thepaper. cn/baijiahao_23697784.

[15] 树立开放强省鲜明导向打造"一带一路"战略枢纽[EB/OL].(2017-06-07)[2022-04-09]. http：//www. zjdj. com. cn/xbrsgc/gcdt/201706/t20170607_4180183. shtml.

[16] 未来可期！"义新欧"连接世界 改变浙江[EB/OL].(2023-08-14)[2023-11-19]. https：//www. kankanews. com/detail/6ryd8vbKNyK.

[17] 浙江省人民政府关于我省参与西部大开发工作的意见[EB/OL].（2002-05-08)[2022-03-04]. https：//www. zj. gov. cn/art/2002/5/8/art_1229591319_64391. html.

[18] 浙江省人民政府关于印发加快推进"最多跑一次"改革实施方案的通知[EB/OL].(2017-02-22)[2023-06-11]. http：//www. zj. cn/art/2017/2/22/art_12460_290539. html.

［19］浙江省长吹空调打喷嚏绷断皮带，朱镕基得知后大笑：你这个是报应［EB/OL］.(2018-12-16)［2021-11-21］.https://www.163.com/dy/article/H59LEPTH05371X68.html.

［20］"浙江人经济"现象扫描［EB/OL］.(2011-02-20)［2022-04-15］.http://zjnews.zjol.com.cn/system/2011/02/20/01-7307345.shtml.

［21］中共杭州市委关于全面提升杭州城市国际化水平的若干意见［EB/OL］.(2016-08-24)［2022-11-16］.http://cgw.hangzhou.gov.cn/art/2016/8/24/art_1229473528_5887-6117.html.

［22］中共浙江省委、浙江省人民政府关于进一步扩大对外开放加快发展开放型经济的决定［EB/OL］.(2000-01-26)［2021-11-06］.http://www.110.com/fagui/law_70085.html.

［23］中共中央关于全面深化改革若干重大问题的决定［EB/OL］.(2013-11-15)［2022-11-14］.http://www.scio.gov.cn/zxbd/nd/2013/document/1374228/1374228.htm.

后　记

　　全球化时代的世界历史一再证明,任何国家都不是世界经济中的孤岛,开放则经济兴,封闭则经济衰。开放是改革开放以来中国经济的鲜明底色,浙江则地处我国对外开放的前沿,是开放型经济的典型代表。

　　笔者攻读博士时的专业方向是国际政治,毕业后笔者来到中共浙江省委党校工作,在最初五六年的时间中,也曾一度纠结于宏观的国际政治专业方向如何与所在的省域相结合的问题——毕竟,省级地方党校的重要职能之一是服务于地方党委、政府的中心工作,服务于地方发展大局。

　　到浙江工作后,笔者有幸多次到宁波、温州、义乌等浙江各地调研。随着对浙江省情了解的逐步深入,笔者越来越强烈地感受到,“一切的政治经济都是全球的”和“一切的政治经济都是地方的”这两面,在浙江体现得格外充分。这让笔者对浙江开放发展的历程产生了研究兴趣。笔者决心围绕“浙江何以能够在开放发展中走在前列”这一核心问题,对浙江开放发展历程做一宏观考察,进而剖析其中机理。这本不成熟的著作,即是这种探索尝试的一个成果。

　　本书是中共浙江省委党校全面从严治党研究中心课题“浙江(地方政府)是如何推动开放发展的”的最终成果。同时,本书第三、六、七章和结语中的一部分内容,利用了作者主持的浙江省社科规划项目研究报告的成果(课题名称:"一带一路"在欧洲面临的风险及规避策略研究,项目号为 17NDJC301YB),因而本书亦作为该课题成果之一。感谢以上两课题相关机构提供的研究便利和对本研究的资助。本书能够出版,还要感谢诸多师长朋友的关心帮助,感谢浙江工商大学出版社任晓燕主任的大力支持。当然,文中必然存在的疏漏浅薄之处,概由笔者负责。

卜永光

2023-12-15